つながる技術

THE ART AND SCIENCE OF CONNECTION

Why Social Health Is the Missing Key to Living Longer, Healthier, and Happier

人生を豊かにしてくれる大切なこと

Kasley Killam

キャスリー・キラム

川上純子 訳

日本経済新聞出版

私のつながりの健康を
いつも揺るぎなく支えてくれる
マーカス、ママ、カーラ、そしてザックへ

本書でとりあげるストーリーは
いずれも私が見聞きしたり体験したりした実話です。
登場する人物のプライバシー保護の目的で名前や細部を変更したものや、
さらに匿名化するために複数のストーリーをまとめたものもあります。
また、内容を明確化するために編集した引用もあります。
私を信頼して話してくれたみなさんに感謝しています。
本書の執筆で嬉しかったのは、みなさんとつながれたことです。

科学的発見を正確かつ面白く、そして役立つ形で伝えるのは1つの技術です。
本書に出てくる内容は慎重なリサーチのたまものであり、正確を期した研究です。
さまざまなデータの中から、
専門家や普通の人たちの洞察を引き出した部分を取り上げています。
科学的エビデンスに根ざしたストーリーや
現実の体験から得られたストーリーを楽しく読んでいただければ幸いです。

キャスリー・キラム

Part 2 ACT つながるために行動する

Part 3 AMPLIFY つながりの健康を高める生き方

序

人とのつながりが健康を左右する

健康でいるためには、何をしたらいいのでしょうか？

医者や、健康情報を提供するブログ、インフルエンサーのアドバイスをきっちり守ること。

毎日1万歩歩くこと。

夜は8時間の良質な睡眠をとること。

新鮮な野菜をたくさん食べて、加工食品は避けること。

悩みがあればセラピストの力を借りて乗り越えること。

瞑想や入浴でセルフケアすること。


これで、からだやこころの健康状態はよくなります。

でも、そこで止まってしまいます。

今までのアドバイスの問題は、健康にとっていちばん大事な要素を見逃している点にあります。そう、人とのつながりです。

緊急連絡先として挙げられる人が1人もいなければ、完全に健康だとは言えません。長い休みがあっても家族と過ごすのはたった数時間だとか、一緒に何かを楽しめる親しい友だちがまったくいないとか、1人で自分とゆっくり向き合える時間が十分にない場合もそうです。

プラトニックな関係を含めた恋愛が大切だと思っている人も、相手の存在が自分の寿命を左右することまで理解しているでしょうか？　家族や友だちと一緒に過ごしたり、同僚をランチに誘ったり、近所の人と雑談したりするとき、そんなやりとりが心臓病、糖尿病、うつ、認知症にかかるかどうかを左右しているとしたら？[1]

からだの健康やこころの健康以外にも大事な健康があります。つながりの健康です。

つながりの健康（英語ではSocial Health：「社会的健康」と訳されることも多い）とは、人とのつながりがもたらす、人生全般の健康や幸せ《ウェルビーイング》のことですが、つながりの健康の価値はほとんど評価されていません。でも、からだの健康やこころの健康というものがあるように、人間関係、つまりつながりに関する健康もあるのです。本書のＰａｒｔ１で詳しく解説するように、つながりの健康を手にするには、家族や友だち、周囲の人や所属するコミュニティとの絆があり、支えられ、価値を認められ、愛されているという実感が不可欠です。

人とのつながりが食べ物や水と同じくらい重要であることは、数十年にわたる研究が証明しているのに、この知識は今も健康をめぐる研究の本流には取り入れられていません。だから、私たちは健康になれずにいます。

今日、つながりの健康が衰えている人がたくさんいます。米国では、親しい友人が10人以上いるという人が、この30年で20％も減っています。[2] 人々が独りで過ごす時間は、この20年で1カ月あたり平均24時間も増えています。[3] 読書クラブやスポーツリーグ、町内会といったコミュニティへの参加は、この10年で20％近く減っています。[4] そして、２０１９年の全米調査によれば、成人の約半数が自分は誰からもよく理解されていないと感じています。[5]

他国の研究でも同じような傾向が見られます。ギャラップの調査によれば、家族や友人の誰ともまったく口をきかずに数週間を過ごすほかない状況にある成人は世界で3億３０００万人もいますし、世界の成人の20％は助けを求められる相手が１人もいないと答えています。[6]

普段からたくさんの統計に目を通している私も、こうした数字には驚きました。

つながりがここまで失われているのは危険なことです。実際、脳卒中のリスクが32％、認知症のリスクが50％、早すぎる死を迎えるリスクが29％も上がっています。[7]

しかし、問題はつながりの欠如だけではありません。過剰なつながりや、むなしいつながりといった問題もあります。内向的な人は人づきあいが多すぎて疲弊していますし、外向的な人はつながりが広く浅くなりすぎていますし、10代の若者たちはソーシャルメディアに翻弄され、コミュニティは衝突だらけになり、人間関係のバランスが崩れてしまっている人がたくさんいます。また、ヘイトクライム（憎悪に基づく犯罪）が急増し、[8] 格差がどんどん広がり、[9] 人と信頼し合う感覚をもちにくい時代です。[10]

これは、公衆衛生上の緊急事態にほかなりません。10章で詳しく見ていきますが、英国や日本は孤立・孤独担当大臣を任命し、世界保健機関（ＷＨＯ）は「社会的つながりに関する委員会」を発足するなど、世界各地の指導者が対応策を打ち出し始めています。

しかし、私たち自身はどうでしょうか？　日常の中で周囲の人と意味のあるつながりを育み、結果として健康で幸せに長生きするためには、どうしたらいいのでしょうか？

私は10年にわたってこの問いに取り組んできました。本書の内容はまさに私自身が学んできたことです。本書では、家族や友だち、配偶者、同僚、隣人など、さまざまなつながりの重要性を考え、つながりの健康について語るための新しい言葉の数々や、もっと健康な人間関係を築いていくための具体的な戦略を示していきます。

失われていた鍵が見つかった

子ども時代、私の周りの人間関係は複雑でした。両親やきょうだいの愛情や支えを感じていたけれど、両親は不和から離婚に至り、家族も親戚もすっかりバラバラになってしまいました。学校では、自信もあったし友だちも多かったけれど、完全に溶け込めていると感じたことはありませんでしたし、小さなグループに分かれて意地悪し合う姿を見ると不安に駆られました。社会人になると、内向型人間なのに外向型人間のほうが報われる環境で働きました。何年ものあいだ、引っ越しを繰り返していろんな都市に暮らし、そのたびに親しい人たちと遠く離れ、人間関係をゼロから構築し直す必要がありました。

20代前半になると、こうした状況をなんとかしないといけないと強く思うようになりましたが、方法がわかりませんでした。何かと戦っている気がしたけれど、何と戦っているのかがわからなかったのです。自分の人生に足りないものを説明する言葉も持ち合わせていませんでしたし、そんな状況を直すツールももちろんありませんでした。

だから、社会科学研究者である私は、データに答えを求めました。人のつながりに関する学術論文に片っ端から目を通し、学会に出席してトップレベルの研究者から学んだり、ペンシルベニア大学ポジティブ心理学センターで働いたり、マインド&ライフ研究所の客員研究者としてひと夏を過ごすといった機会を求めました。そして、社会性のあるふるまい――感謝や優しさ、共感など、人とつながる行動――が脳の配線をつなぎ替え、身体の生理的機能を変化させることを学びました。よい人間関係（つながり）がある人は、幸せであるだけでなく、長生きすることも学びました。

期待していた以上の答えが見つかりました。長く、よく生きるには、愛が必要だ――データはそう示していました。

でも、それが本当のところ何を意味するのかが、まだはっきりとつかめていませんでした。どの研究者も同じテーマを扱っているのに、自分の分野というサイロに閉じこもっていました。全体像を示す納得のいくナラティブはなかったし、普通の人が自分の人生を歩むための明確な道筋を示してはくれませんでした。

そんなころ、2013年に私はスタンフォード大学の助成を受けて、人々がつながりを豊かにするためのモバイルアプリ開発やその普及キャンペーンのプロジェクトを推進することになりました。答えが見つかったのはこのときでした。プロジェクトのためにエビデンスを集めていた私は、謎を解く答えを発見しました。さまざまな学術成果を1つにするテーマであり、私が生まれてからずっと求め続けていた何かを一言で言い表す言葉です。

つながりの健康。

1970年代の初め、ロバート・D・ラッセルという南イリノイ大学の研究者が「社会的健康（つながりの健康）――ウェルビーイングの一面を解明する試み」という論文を発表しました。世界保健機関が健康とは「身体的健康、精神的健康、社会的健康がそろって良好な状態」と定義しているのに、3つ目のつながりの健康を誰もきちんと掘り下げていないことにラッセルは気づきました。そこで、調査やインタビューを行い、1つの定義にたどり着きました。そして、つながりの健康とは、「他者とのつきあい方、他者が自分に対して示す反応、社会的組織や道徳観との関わり方に関する、個人のウェルビーイングの様相」であると書きました。

初めてこの論文を読んだとき、すべてが腑《ふ》に落ちました。「これだ！」と思ったのです。「つながりの健康について、とにかく、ありとあらゆることを学ばなければ！」と思いました。

ところが、手に入る情報はほとんどありませんでした。図書館の蔵書やオンラインをくまなく探し、学術論文や一般メディアの情報もとことん探しました。ラッセルは2005年に他界しており、私が調べた限りでは、多少の言及は見つかったものの、彼の定義をしっかり探究した人はいませんでした。学術の世界以外では、つながりの健康はまったく議論されていませんでした（あれから10年経って、本書を執筆している今も、つながりの健康についてウィキペディアのページはありません)。

私は途方に暮れました。しかし、どれだけ歳月が過ぎようとも、つながりの健康について考えることはやめられませんでした。「つながりの健康」という言葉は、私が科学や自分の経験を通して知ったこと——人と人とのつながりは、幸せだけでなく、「健康」とも切っても切れない関係にある——を見事にとらえていました。からだやこころに加え、人間関係、人とのつながりが健康の基礎になる、と言えば、多くの人にとっておなじみの「〜の健康」という言い方を拡張して表現できる点も秀逸でした。

それなのに、つながりの健康は学術の世界で数十年も埋もれたままでした。なぜだろうか、と私は思いました。つながりの健康という概念が主流の研究対象にならなかったのは、私以外の人の心に響かなかったからでしょうか? それとも、ただ単に誰の目にも留まらなかっただけなのでしょうか? ポテンシャルが過小評価され、発見されないままだったのかも? そうかもしれませんが、つながりの健康という概念にふさわしい広報担当者《パブリシスト》が必要だったのだ、というのが私の仮説です。

それに、方法論も必要でした。からだの健康やこころの健康と同じように、つながりの健康についても、健康増進のための実際的な方法論があるべきですが、探しても見つからなかったので、私は自分で構築することにしました。

続く10年間、私はつながりの研究の探究という仕事に取り組みました。最初のうちは、友人や同僚との会話でつながりの健康という用語を使い、『サイエンティフィック・アメリカン』や『サイコロジー・トゥデイ』といった学術雑誌に論文を寄稿し、さまざまな業界の企業や組織、世界各地で講演を行いました。

人々の反応や感想から、つながりの健康という概念が腑に落ちるのは自分だけではないと確信しました。つながりの健康について発信を始めたころは、孤立無援だと感じていたので、他の人が会話や文章の中で当たり前のようにつながりの健康に触れているのを目にしたときは、驚いたし、嬉しかったのを憶えています。今では、私の仲間も、それ以外の人たちもこの言葉を普通に使っていますし、その声は日を追うごとに急速に大きくなっています。

言葉が広がっていくようすに勇気を得た私は、方法論の構築に取り組み始めました。1つの概念のリアルな価値を見極めるには、実験やデータの吟味だけでは不十分です。なぜなら、概念とは、本来リアルな生活の中にあるものだからです。そこで私は、当時生活していたサンフランシスコで検証を始めました。地元のリーダーたちを招いて集会を開き、実際に見聞きしている生活事情を語ってもらいました。すると、高齢者の多くが孤立感を抱え、10代の若者の多くがオフラインのつながりを強く求めていることがわかりました。また、若者と高齢者を集め、異なる世代が交流する午後の茶話会を催したこともあります。すると、このこときにできた世代を超えた人間関係は今に至るまで続いていて、つながるきっかけづくりは実はとても簡単だということがわかりました。高齢者コミュニティの構築を促進する地域のNPO（非営利組織）の運営に参加したときには、孤立していた高齢者が人とのつながりを育み、結果として健康状態もよくなる事例を目の当たりにしました。

孤独な人が増えているとするニュースの見出しを目にすることがますます増え、つながりの健康の探究にかける私の決意に拍車がかかりました。世の中にはつながりの健康に対するニーズが大いにあるし、できることがたくさんあるはずだと強く思いました。

そこで2019年に私は、ヴェリリー（Verily：グーグルの子会社で、ヘルステックの開発事業を手がけている）を思い切って退職し、ハーバード大学T・H・チャン公衆衛生大学院に入学しました。そこで、からだの健康であれ、こころの健康であれ、つながりの健康であれ、健康というものは自分の行動だけでなく自分を取り巻く世間とも密接な関係があり、影響を受けているという視点を得ました。公衆衛生に役立つツールの中で、人々の理解を深め、人類の健康を、歴史を通して改善してきたツールを把握し、孤独の防止策やつながりの促進に役立つ使い方を研究しました。

大学院修了後は、組織や企業と組んで、学んだことをプロダクトやサービス、広報キャンペーンに活かすべく活動を始めました。また、つながりの健康研究所《ソーシャルヘルスラボ》というNPOも創設しました。全米で地域コミュニティの構築に取り組む人々への少額助成プログラムを開始すると、ほんの少しのサポートと熱意があれば、誰だって地域の人のつながりを構築することができると証明できました。さまざまな業界の専門家や、世界中のさまざまな国の人たち数千人を招き、対話してもらう機会も連続して開催しました。すると、孤独感を減らすための画期的な方法が明らかになり、つながりの健康を高めるきっかけとなる機会を突き止めることができました。

こうして、謎を解くのに必要な残りのピースが手元に集まり、それをうまく組み合わせて活用する方法も解明できました。

これから、私が得た知見をみなさんに手渡していこうと思います。

つながりの健康を手にするためのロードマップ

からだの健康やこころの健康とは異なり、概念としても手法としても、つながりの健康について、実際的に役立つ探究はされてきませんでした――今までは。

本書では、私がこの10年で学び、実生活において実践・改善してきた、つながりの健康を高める知識と技術を、世界各地の何万という地域コミュニティや、小企業から大企業までさまざまな組織のみなさんに共有していきます。

Ｐａｒｔ１では、３ステップのメソッドで自分のつながりの健康の状態を評価し、自分に特有のつながりの健康のスタイルを見極め、つながりの健康とは何か、なぜつながりの健康が大事なのか、つながりの健康を高めてくれるものや損なうものを深掘りしていきます。

Ｐａｒｔ２では、つながりの健康を増強するための実践的なステップ、孤独や拒絶、葛藤を乗り切るための打たれ強いマインドセット、境遇は違っていてもつながりや絆のおかげで豊かに生きている人々の実例を紹介しています。

Ｐａｒｔ３では、世界各国の事例を取り上げ、つながりの健康というレンズを通して、自分の状況——地元や隣近所、あるいは職場から、私たちの生活を支えているテクノロジーや医療制度、政府のことまで——を見直していきます。

つまり本書は、からだやこころに加え、つながりという面でも健康をとらえ、日々の生活の中で人間関係やコミュニティを最優先して行動しよう、と呼びかけるものです。つながりの健康の実践をめざす運動の宣言《マニフェスト》でもあります。つながりの健康という概念は、研究者が論文の中だけで発見したり議論したりしていればいいものではありません。読者のみなさんや私が自らつながりの健康を実践する社会の一員とならなければなりませんし、そうすれば、みんなの寿命が延び、健康が改善し、もっと幸せに生きられるようになります。

つながりの健康（社会的健康）という言葉を初めて知った人もいるでしょう。人のつながりをめぐる技術と科学をもっと理解したいと望む人もいることでしょう。どちらの人にも読んでもらいたくて、私は本書を執筆したのです。

本書ではsocial healthという言葉を「つながりの健康」と訳しています。学術論文等では「社会的健康」と訳されることが多い用語ですが、socialには日本語でイメージされる「社会」だけでなく、1対1の人間関係、人と人とのつながりや絆を含んでいます。physical healthを「からだの健康」、mental healthを「こころの健康」と訳していることから、social healthも「つながりの健康」と訳しました。

Part 1

ASSESS

「つながりの健康度」を測る

1章

「健康」の意味を再定義する

身体的健康や精神的健康と同じように、社会的健康も私たちのウェルビーイングを決定的に左右する。

――ヴィヴェク・マーシー
（医師、米国医務総監）

古代の人々は、頭痛は悪魔が起こすものだと考え、病気を治すために神々に生け贄《にえ》を捧げていました。[1] １００年前の人々は、肺がんになる可能性を知らないままに、タバコを吸っていました。[2]

時代が下るにつれて、科学の発見や人々の尽力により、健康に対する理解は進みました。すると、健康になるための行動も改善されていきました。現代医学へのアクセスがあり、生活水準が向上し、健康増進のための法制度が整い、文化規範も変化した今、昔に比べれば、はるかに長く健康な人生を送れる可能性は高くなりました。1800年以降、小児死亡率は40％超から5％未満まで下がりましたし、[3]世界の平均寿命は40歳以上延びました。[4]

でも、この本は過去を語る本ではありません。未来を語る本です。私たちはもっと長く豊かな人生を送ることができるはずだし、それは人類にとって切迫した課題でもあります。健康の意味の進化の歴史の中で、今、私たちは再び重要なターニングポイントを迎えているのです。

健康の定義の変化を振り返ってみましょう。今日、健康といえば、身体的健康（からだの健康）と精神的健康（こころの健康）という2つの側面を指すのが一般的です。とりわけ欧米ではそうです。

からだの健康の理想的状態とは、からだの病気にかかっておらず、体調の管理ができており、体力もある状態です。私たちは定期的な運動、栄養たっぷりの食事、夜の良質な睡眠、禁煙といった行為を通して、からだをケアし、からだの健康を改善・向上させています。

実践している人はもちろん、そうでない人でも、こうしたことの重要性はみんな知っています。今の時代の常識だからです。

一方、こころの健康は、基本的に精神やこころに関わるものです。こころの健康に関する理想的状態とは、こころの病気にかかっていない、あるいはメンタルのコントロールができており、感情面のウェルビーイングや回復力もある状態です。私たちはセラピーを受けたり、瞑想したり、日記をつけたり、思考や感情のコントロール法を学ぶことを通して、自分のメンタルをケアし、こころの健康を改善・向上させています。

人々はからだの健康よりも遅れて、こころの健康の大切さを理解しましたが、今では重要な概念の1つと受け止められています。たとえば、私の両親の世代はセラピーを軽視していましたが、ミレニアル世代である私の知り合いのほとんどはセラピーに通ったことがありますし、そのことをオープンに話します。

からだの健康もこころの健康も、健康全体を左右しますし、相互に連動しています。からだが強くなれば、こころにもよい影響があるし、こころが強くなれば、からだにもよい影響がもたらされます。

問題は、からだとこころの健康の2つだけでは不完全だという点です。からだとこころにばかり注目しているせいで、私たちは健康状態全般やウェルビーイングを改善・向上し、寿命を延ばすための最大のチャンスを取りこぼしているのです。

序で触れたロバート・D・ラッセルは、1970年代初頭に論文を発表し、つながりの健康を初めて定義しようと試みた人ですが、時代は彼に追いついていませんでした。人のつながりや絆が健康によい影響もたらすという研究は存在していましたが、今に比べればエビデンスの量も質も乏しかったのです。何しろ、こころの健康ですら、論じる根拠を欠いていると見なされていた時代だったのです。

世の中は、つながりの健康という概念を受け入れる準備がまだできていませんでした。

しかし、50年以上が過ぎ、科学研究も人々の理解も進歩しました。本章の後半で詳しく説明しますが、健康には人のつながりや絆が必要不可欠だとするデータは山のようにあり、もはや無視することなど不可能です。さらに、コロナ禍や、孤独の蔓延とされる現象も起こる中、人生における人間関係の重要性が注目を集めています。２０２３年、米国医務総監（本章冒頭にも彼の言葉を引用しています）は、「私たちの社会における孤独と孤立の蔓延」と題した勧告を発出しました。勧告とは、国民に対し、喫煙や飲酒運転など、重大で緊急を要する公衆衛生上の問題について発する警告であり、米国文化のターニングポイントになることが多いものです。世界中のさまざまな国でも同様の警鐘が鳴らされ、世の中はつながりの健康を受け入れる準備が整いました。

この機運をしっかりと活用し、健康に対する私たちの理解を新たな時代に導いていくべきときが来ているのです。

つながりの健康とは何か？

ラッセルの最初に唱えた定義を進化させて現代風に言い換えれば、「つながりの健康とはつながりから生じる健康やウェルビーイングの様相」となります。からだの健康、こころの健康に対して、つながりの健康は人間関係（人とのつながりや絆）についての健康です。この3つの健康は互いに関連し合っています。たとえ強靭《じん》なからだとこころがあっても、大切に思える人間関係や絆がなければ、健やかに生きることはできません。

正面に3本の柱があるギリシャの神殿を思い浮かべてみてください（左頁の図）。神殿が全般的な健康を、3つの柱はそれぞれからだ、こころ、つながりの健康を示します。

神殿は3本の柱で支えられています。そのうち1本が弱かったり外れたりすれば、残りの2本に限度を超える負担がかかり、神殿の建物全体が崩れるリスクが生じます。他方、つながりの健康が高まれば、からだやこころの健康も高まります。もちろん、逆も真なりです。健康を支える3つの異なる柱は、お互いに高め合う関係にあるのです。

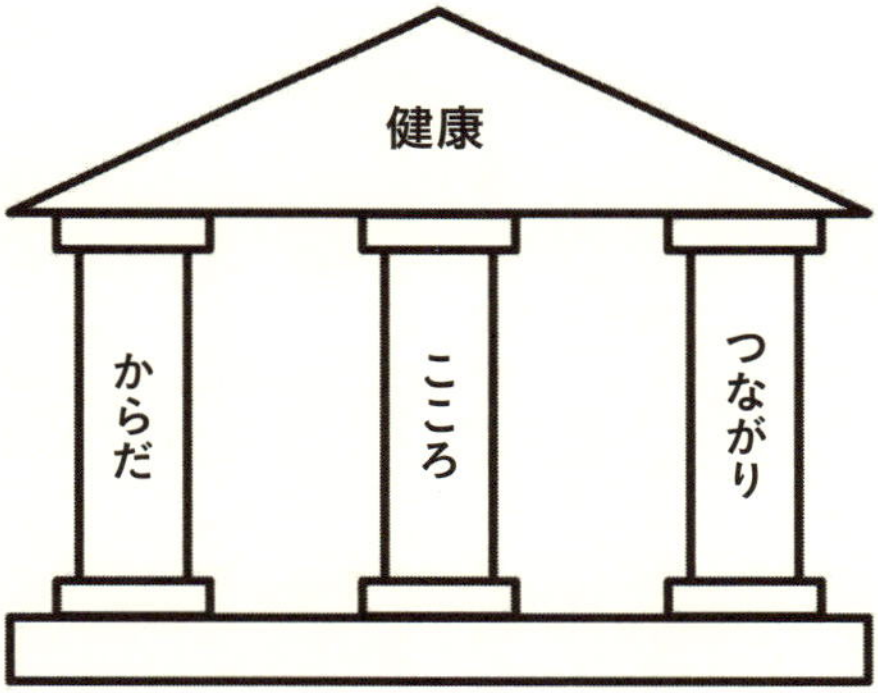
健康
からだ
こころ
つながり

からだとこころとつながりの3つの健康を切り離してとらえていると、誤解を招く危険があります。というのも、この3つが融合した状態が、健康な人間をつくるからです。それでも、3つを分けて考えることには役立つ面もあります。健康増進のための方法が、それぞれ違っているからです。それぞれの健康のメリットが他の健康にもいい影響を与えるとしても、です。

たとえば、アルコール依存症に苦しむジョンという男性を想像してみます。依存症は身体に甚大な悪影響を及ぼし（からだの健康への影響）、恥や絶望といった感情を引き起こし（こころの健康への影響）、ジョンの家族や友人との関係を悪化させてしまいました（つながりの健康への影響）。しかし、共感し、批判せず、回復への道を支えてくれるコミュニティがあれば、彼もよい影響を受け取ることができます。依存症と戦う中で、コミュニティとつながり、孤独を感じることが少なくなれば、つながりの健康が改善され、結果的にからだやこころの健康も回復しやすくなります。アルコホーリクス・アノニマス（アルコール依存症患者の自助グループ）が着実に成功を収めている大きな理由の1つはそこにあります。[5]

別の例を挙げると、運動もそうです。運動すれば、からだにエネルギーがみなぎるし、からだが鍛えられ、からだの健康が増進します。それに、こころの健康も改善されます。というのも、運動すれば脳内からエンドルフィンが放出されるので、気分がよくなるし、自分の体型についてもポジティブなイメージをもてるようになるからです。

からだやこころの健康が改善されると、人と交流する気力や自信が湧いてきて、つながりの健康も改善されます。つまり、からだ、こころ、つながりの3本柱は、互いに支え合いながら健康という神殿を維持しているのです。

健康やウェルビーイングについて、別の柱もあるのでは、と思う人もいるかもしれません。神殿の側面や背面に、たとえばスピリチュアルな健康や環境に関する健康を加える人もいるでしょう。心身を一体としてとらえるホリスティックな健康には複数の側面があり、文化によって重視する要素が異なっています。

しかし、ほとんどの文化で、とくに現代の欧米文化では、からだとこころの健康ばかりが語られ、それ以外は概ね無視されています。

これが問題です。

このあとで詳しく掘り下げますが、つながりの健康という柱は、からだやこころの健康と並んで日々の話題に取り上げられるべき価値があるほど、健康という神殿の構造にとって決定的に重要なものです。

からだの健康やこころの健康だけでなくつながりの健康も重要だ、という考え方は、単純すぎると思われる人もいるかもしれません。しかし、つながりの健康には深い意味がありま す。からだに栄養を与えても、人間関係や絆をないがしろにしていると、人生全体における 健康状態が悪化する可能性があるのです。逆に、からだやこころの健康を支える習慣を身に つけたうえで、人間関係や絆をいちばん大事にすると、寿命が延び、健康が増進し、幸福感 が増します。

つながりの健康とはいえないもの

つながりの健康は、健康の社会的決定要因とは別物です。健康の社会的決定要因は、主に公衆衛生に携わる人々が使用する用語で、収入や教育、雇用、住居など、健康に影響を与える非医学的要因を指します。こうした要因は、人とのつながりや人間関係とは関係ありません。むしろ、社会、環境、生活状況に関わる要因です。人のつながりや人間関係も社会的決定要因の一種だと考える向きもあるかもしれませんが、そうすると、つながりの健康のもつ甚大な影響力を軽視することになりかねません。

また、つながりの健康は、社会資本《ソーシャルキャピタル》でもありません。社会資本とは、人脈を通してアクセスできるリソースを指す言葉です。感情に関するリソース（支えられていると感じることなど）もありますが、もっと実際的なリソース（助言や機会をもらえることなど）もあります。社会資本という概念は、米国におけるコミュニティの崩壊に警鐘を鳴らしたロバート・パットナムの名著『孤独なボウリング――米国コミュニティの崩壊と再生』（柏書房）で知られるようになりました。社会資本はつながりの健康に影響を与えるものです。

最後に、社交的であることが、つながりの健康に直結するわけではありません。つながりの健康のスタイル（3章で診断します）によって、たとえばパーティーで社交を楽しめる人もいれば、疲れきってしまう人もいます。つながりの健康の維持には、うわべの社交ではなく、深いつながりや絆、支え合い、自分自身との良好な関係が不可欠です。

つながりの健康を築く材料とは

古代ギリシャでは、日干しレンガや木材、大理石、石灰岩を使って柱や神殿を建てていました。同じように、つながりの健康の柱も、さまざまな建材で造られています。

つながりの健康という建物は、日々のつきあい――普段から交流のある人、親しい人、自分に影響を与える人間関係やコミュニティ――によって形成されています。本書で詳しく掘り下げていきますが、健康やウェルビーイングに影響を与えるのは、家族や友人や恋人だけではありません。同僚や隣人のほか、たまたまドアを開けてくれた通りすがりの人やカフェでちょっとしたやりとりをするバリスタは、他人だけれどつながりの健康に影響を与える存在です。

つながりの健康という柱は、こうした材料の組み合わせでできています。

つながりの健康という柱は、意志や感情的知性、傷つきやすさ、返報性、葛藤の解決、自己洞察といった自分のスキルやツールによってできています。必要とする支えがあり、愛されている、理解されている、価値を認められている、自分のいる場所が好きだと感じられることが、強い柱の特徴です。

最後に、つながりの健康という柱は、神殿（健康）全体を支え、人生を通じて無数のメリットをもたらします。この点について説明しましょう。

つながりの健康を支える科学

世界各国の心理学者、神経科学者、社会学者、疫学者が、何十億人という被験者を対象とする何千もの研究を実施してきました。その結果はいずれも、つながりの健康が不可欠であることを示しています。

問題は、今まで、豊かなデータをとりまとめる筋道を見いだせていなかった点にあります。ある研究者は友情を、別の研究者は結婚を、また別の研究者は家族の絆を研究していました。長期的な関係を観察した研究もあれば、隣人や見知らぬ人とのささやかなやりとり、あるいは同僚との関係に着目した研究もありました。他者に親切にすることのメリットに注目した研究もあれば、誰かに支えられているという感情がもたらすメリットに着目した研究もありました。

今では、こうしたすべてがつながりの健康につながるという理解が生まれ、いわば世界がもっとくっきりと見えるレンズで、からだの健康やこころの健康と一緒にとらえることができるようになりました。特に、有意義なつながりや絆がもたらす3つの重要性が明らかになりました。長寿、からだの健康、ウェルビーイングへの影響です。

説明に踏み込む前に、これから述べることが各分野の研究を網羅するものではないことはお断りしておきたいと思います。そんなことをしたら、本書だけではとても足りないからです。本書の目標は、つながりの健康をめぐる考え方をとらえなおし、私たちが人としてよく生きるために実際に何ができるのかを掘り下げることにあります。さまざまな例を挙げて説明してきたのは、読者のみなさんにこの分野の研究の概要を把握していただき、科学的洞察を一種のジャンプ台として役立ててもらいたいと考えたからです。

もう1つ、専門的な注釈を述べておきます。本書では、科学の世界で系統的レビュー、メタ分析と呼ばれる研究結果を取り上げます。系統的レビューとは、ある特定のテーマに関連するさまざまな研究をくまなく調査し、主要な知見を総説する手法です。メタ分析は、多数の研究のデータを組み合わせて解析する手法です。いずれの場合もその目的は、相対的な結論を導き出し、数十年にわたる過去の研究から重要なことを取り出すことにあります。本書では質の高いエビデンスに着目するよう努めています。

それでは、つながりの健康がどのようにして長寿や健康や幸福をもたらすのかを深く見ていきましょう。

つながりの健康が寿命を延ばす

1979年、2人の疫学者が発表した1本の論文が、人間関係と寿命の関係についての学術界の理解と関心に劇的な変化をもたらしました。[6] 当時イエール大学の研究者だったリサ・バークマンとカリフォルニア大学バークレー校の研究者だったレオナード・サイムは、9年間にわたり7000人近い成人の追跡調査を行いました。すると、調査開始時にどれほどからだが健康でも、社会経済的ステータスが高くても、喫煙、飲酒、運動といった習慣や予防医療サービスの利用の有無にかかわらず、人間関係やコミュニティとのつながりが乏しい男性は早く死亡する可能性が2倍も高かったのです。孤立した女性の死亡リスクは、人とのつながりがある女性の3倍でした。

驚くべき結果でした。人との絆やつながりが欠けていると、他の健康習慣とは関わりなく、来る10年のあいだに死ぬ可能性が2倍から3倍も高くなることを意味していました。

この事実は、以来数十年のあいだにさらに数多くの研究によって検証されました。こうした研究成果をすべてまとめて検討したのが、世界中で15億人近い被験者を対象とした1100本以上の研究論文を総括し、2021年に『フロンティアーズ・イン・サイコロジー』に発表された論文です。[7] 非常に一貫した結果でした。

つながりの健康が衰えている人——家族の絆の強さ、社会的接触の頻度、配偶者の有無といった因子で評価します——は、どの死因についても死ぬ可能性が11%から53%の差で高かったのです。同じように、2023年に『ネイチャー・ヒューマン・ビヘイビア』に発表された系統的レビューとメタ分析の研究が18歳以上の人220万人超の健康状態を調査したところ、孤立したり孤独を感じていたりする人は、全死因死亡率（原因を問わない死亡率）のリスクがそうでない人より高いことがわかりました。[8]

実際、研究者たちの計算によれば、他の死亡因子と比べても、親しい人間関係の欠如は常習的な喫煙、過度の飲酒、運動不足や肥満、大気汚染への曝露に匹敵します。[9]

ネットフリックスで配信中のドキュメンタリーシリーズ『100まで生きる：ブルーゾーンと健康長寿の秘訣』を観た人なら、驚かないかもしれません。ギリシャのイカリア島、コスタリカのニコヤ、日本の沖縄など、100歳を超える長寿の人が世界一多いコミュニティでは、人々は家族を何よりも大切にし、日常的に支えてくれる人づきあいの輪に囲まれています。長生きするためには、豊かな人間関係を育むことが必要不可欠なのです。

つながりの健康と長寿の因果関係

社会科学者であるからには、人とのつながりが豊かな人が長生きだと述べるだけでは不十分であると私も承知しています。人とのつながりが多いほど長寿につながるという因果関係の証明が必要です。

これに取り組んだのが、英国の研究者たちです。とはいえ、1つの集団に社会的な絆を断ち切らせ、もう1つの集団の人間関係が豊かになるよう手配し、それぞれどうなるかを比較するなどということはまず不可能だし、倫理的にも問題がありすぎます。喫煙と肺がんの因果関係の研究と同じで、健康に関する因果関係を検証するなら一般的なガイドラインに従って入手できるエビデンスを使わなければなりません。その場合、たとえば関係性の強度と一貫性を評価し、可能性がありそうな他の説明を排除していくといった手続きをとることになります。丹念な分析によって、研究者たちは、「人との関係やつながりの強さと良好な健康状態や長寿には因果関係がある」という結論を得ました。[10]

しかし、人は長く生きることだけでなく、幸せに生きたいと望むものです。単なる長生きではなく、健康で幸せに生きるのに役立つのが、つながりの健康です。

健康に生きるということ

先ほど掲げたギリシャの神殿の比喩が示すように、つながりの健康の強さはからだの健康という柱を支えています。さまざまな形のつながりや絆は、免疫系を活性化し、病気のリスクを下げ、全体的な健康状態を向上させるなど、からだにさまざまな好影響をもたらします。

第1に、思いやりのあるつながりや人間関係は病気を防いでくれる可能性があります。これは、いわゆる風邪のような軽い疾患について言えることです。たとえば、人に支えられているという気持ちが強くあり、ハグしてもらう回数も多かった人は、2週間という期限の中で同じように風邪のウィルスにさらされても症状が少なかったという研究があります[11]（「1日1回のハグは医者いらず」！）。社会的な絆を結んでいる相手が1～3人しかいない人は、そういう相手が6人以上いる人よりも風邪を引きやすかったという別の研究もあります。[12]

つながりの重要性は、もっと深刻な病気にも当てはまります。社会的な絆が乏しい人は、不安や仕事の重圧といった他の有名なリスク因子をもつ人に比べて、循環器疾患を発症するリスクが29%、心臓発作を起こすリスクが32%高いという研究もあります。[13] また、コミュニティへの強い帰属意識がある人は、健康状態について「良好」「とても良好」という返答が2・

6倍高かったという研究もあります。[14]

今やすっかり有名なハーバード大学の幸福研究（『グッド・ライフ：幸せになるのに、遅すぎることはない』（辰巳出版）にまとめられている）において、ロバート・ウォールディンガーらは、ある集団に属する人々の生涯を80年にわたって追跡し、ありとあらゆる測定を行いました。結果は驚くべきものでした。被験者の健康に関する最大の予測因子は、育ちや教育、収入やライフスタイルではなく、人間関係だったのです。[15]

有意義なつながりや絆は、病気からの回復にも好影響を与えます。どのようなタイプの病気であれ、支えられているという気持ちをより強く感じている患者は、孤立している患者よりも症状が少なく、長く生きることができていました。

たとえば、2型糖尿病の成人を対象とした系統的レビューによれば、仲間や配偶者、家族、友人、あるいは医療専門家からの支えが大きい人ほど、血糖値や死亡リスクが低くなるなど臨床転帰も良好でした。[16] この知見を活用し、患者仲間と一緒に医師の診察を受けるといったサポートを治療計画に取り入れたプログラムは、同様のサポートを取り入れていないプログラムよりも、患者の健康状態の改善に成功していました。[17]

しかし、がんや病気は愛の力で治せるといった間違った希望を与えることはしたくないと思います。ある系統的レビューによれば、人とのつながりや絆による支えが乳がんの進行において重要な役割を果たしていたものの、進行の予測因子としていちばん重要なのは、やはりがんの重症度であり、不適切な治療や腫瘍の大きさ、転移のほうが、人とのつながりや絆による支えよりも、生存の予測因子として有効でした。[18]

人とのつながりや絆は、薬の代わりにはなりません。薬を力強く補完するものです。その人の社会的な絆は、病状や予後に影響を与えます。絆が強ければ、健康の維持や病気からの回復のチャンスが高まります。

私たちはみな人生のどこかで病気になるものだし、周りに病気に直面している人がいるものです。自分自身、あるいは大切な人が闘病している場合、治癒をめざすうえでつながりの健康は必要不可欠な要素だと考えるべきです。

対人関係は身体にどんな影響を与えるのか？

愛が欠けていると、私たちのこころ《ハート》は打ち砕かれ、からだに害が及びます。でも、正確にはどんなふうに害が起こるのでしょうか？　誰かに対して感じる親しみの感情は、からだの健康にどのように影響を与えるのでしょうか？

研究者たちが最もよく口にする答えは、「他者とつながっているという感情がストレスを和らげ、結果として身体内で起こるストレス反応も小さくなる」というものです。コルチゾールの上昇などのストレス反応は、免疫システムを弱め、ゆっくり時間をかけて病気を招きます。たとえば、２０１８年に７万３０００人超の被験者のデータをもとに行われたメタ分析では、人とのつながりや絆がしっかりある人ほど、身体に害を与える炎症が悪化しにくいことが確認されています。[19]

具体的に説明してみましょう。鋭い牙《きば》をもつトラに威嚇《いかく》される、同僚と意見が合わないなど、脅威を感じたりストレス要因にさらされたりすると、身体の防御システムが作動します。防御システムの作動状態が長く続くと、身体に負担がかかり、循環器系や自律神経が失調しますし、そうした不調は疾病率や死亡率に関わってきます。しかし、人とのつながりや絆があれば、感じる脅威が小さくなり、制御可能だと思えるため、連鎖反応が抑制されます。

たとえば、被験者が恋人または赤の他人の写真を見ながら、同意のうえで弱い電気ショックを受けたという研究があります。[20] 恋人の写真を見ていた場合は、赤の他人の写真を見ていた場合よりも、恐怖感の申告や苦痛に関連する脳の領域の活動が小さくなる一方、安心感に関連する脳の領域の活動はより大きくなっていました（採血などで注射を打たれるときには、愛する人の写真を持参して見つめましょう！）。

つまり、人とのつながりや絆は、病気を招く生理学的プロセスに対する防御力を与えてくれるのです。

また、人とのつながりや絆は、脳にも影響を与えます。2020年にマサチューセッツ工科大学（MIT）で行われた研究をはじめ、いくつかの研究が孤立した人々の神経反応を測定したところ、食事をとれない状態のときと脳の同じ領域の活動が活発化していました。[21] つまり、孤立は飢餓に似ていて、身体が脳に対して「必要なものが足りていない」というメッセージを発するのです。また、他の研究では、社会的に拒絶される体験によって、苦痛に関連する脳の領域の活動が活発化することがわかりました。[22] 帰属しているという感覚がなく、仲間からのけ者にされていると感じていると、心の痛みと同時に文字通りの身体的な痛みも感じるのです。

こうしたことは、さらに実際的に説明できます。他者は、自分が健康でいるのに役立つ情報や支援を与えてくれる存在です。たとえば、薬についてしっかり説明し、質問に答えてくれる思いやり深い医師や、服薬状況を確認し、手伝ってくれる家族を思い浮かべてみましょう。薬は健康を改善してくれますが、きちんと服薬するには支えてくれる人間関係が必要です。

2004年に発表されたメタ分析研究によれば、密に支え合う家族がいる患者のほうが、1人暮らしや独身の人より服薬アドヒアランス（指示通りに服薬しているかどうか）が2倍も良好でした。[23]

もっと幸せな人生を送るために

ギリシャの神殿の比喩が示すように、つながりの健康の強さはこころの健康という柱を支えています。

看護師のレクシとは、私が3年間協力していたマサチューセッツ州のタスクフォース「孤独を終わらせ、コミュニティをつくる」を通じて出会いました。レクシは患者をケアする仕事をしていましたが、２０１９年に、そのスキルが家庭で必要になりました。父親が末期の膵臓がんと診断されたのです。彼女は仕事を辞め、遠く離れた地に引っ越し、フルタイムの介護者になりました。

ご想像の通り、彼女にとっては人生における試練の時期になりましたが、大切な瞬間がたくさんありました。最期の日々を迎えた父親と充実した時間を過ごせましたし、父親の気持ちを理解し、代弁できることに誇りをもてましたし、可能な限り最高のケアを行うことができました。しかし、当時のレクシは27歳で、同年代で終末期の家族の介護をしている人は周りにいませんでした。

気分が落ち込みきったときには、自分の人生を終わらせることも考えたといいます。

レクシの生活にはとても大事なことが欠けていて、それが健康を害していました。介護の苦労の実態を知る人による理解と支えが是非とも必要だったのです。ありがたいことに、レクシは介護者が電話で互いに支え合う「アークエンジェルズ」というプログラムを紹介されました。同じような境遇の人と話すと、すぐに癒やしや安堵を覚えました。介護者の4人に1人はミレニアル世代だとわかると、孤独感も前より感じなくなりました。

「アークエンジェルズとつながった瞬間、支えてくれる仲間がいるんだと感じました。彼らの支えによって私自身がケアされて、前よりよい介護者になれただけではなく、父親ともっと一緒にいること、ともに過ごす時間を大切にすること、厳しい試練からたくさんの意義を汲み取ることができるようになりました」

レクシはアークエンジェルズの介護者仲間から力をもらいましたが、友人や家族を頼ることもできます。しかし、人を頼るときには、弱さも含めて自分をさらけ出さねばなりません。「振り返ってみると、もっといろんな人の支えを受け入れることもできたのに、と思うんです。もっと素直になって、家族や友人に支えてもらう機会をつくればよかった、と」とレクシは言います。

2018年に発表された系統的レビューは、介護者を支える力になるものに関する過去の研究を検討し、レクシと同じ結論にたどり着いています。つまり、人間関係を通じた支えがある介護者は、心の整理がつきやすく、不安や苦悩も減っていました。定期的に人と交流し、体験を共有し合い、友人や家族、専門家によるサービスの支援を受けている介護者のほうが、幸せな生活を送っていました。[24]

レクシの経験は、他者とつながること、つまり、他者が自分を理解し、気遣ってくれていると感じることによってストレスが軽減し、困難から立ち直る力が身につき、死を望む気持ちに歯止めをかけられるようになることを示しています。

これは、介護者だけでなく、万人に当てはまります。英国のある研究によれば、全国的なサンプルの中で最も孤独な人たちは、孤独感が少ない人たちよりも、17倍も高い割合で自殺を試みていました。[25] 同様に、2015年の系統的レビューによれば、感情面でサポートを受けること、実際的な支援を受けること、広く多様な人間関係やつながりがあることは、いずれもうつを緩和していました。[26]

しかし、つながりや絆がないことがうつを引き起こすというよりも、むしろその逆で、うつになった人が家族や友人と疎遠になるということもありうるのではないか、という疑問も湧きます。この疑問に答えるため、シカゴ大学の研究者たちは、多様な人々を含む50代と60

代の集団を5年にわたって追跡しました。すると、孤独は将来に生じるうつ症状を予測していましたが、その逆はなかった――つまり、孤独だという気持ちがうつを引き起こしていたのです。[27]

別の研究でも、子どもと成人について、同じ傾向が見られました。人間関係による支えがある人ほど、5年後のうつ傾向が低かったのです。[28] さらに、ニュージーランドの研究によれば、人とのつながりや絆が一貫してしっかりあるほど、将来のこころの健康状態がよいことがわかりました。[29]

こうした研究結果はみな、つながりの健康がよくないと、こころの健康の悪化を招くことを示しています。

興味深いことに、人間関係は感情より深いところにあるもの、私たちのこころや知性の機能そのものに作用します。2015年の系統的レビューとメタ分析によれば、対人的な交流が乏しいと、認知症の発症リスクが高まります。[30] 高齢者が恒常的に孤立したり孤独感を抱いていたりする場合、うつ、糖尿病、高血圧、教育の欠如、運動不足、喫煙といった他の主要なリスク因子がある場合よりも、認知症の発症リスクが49～60%も高くなっていました。[31]

つまり、年齢を重ねる中で認知能力を維持するには、運動や禁煙と同じくらい親しい人間関係があることが重要だと思われるのです。

幸せな人生とは、人とのつながりや絆のある人生だ

配偶者とのディナーや親しい友人との電話でのおしゃべりなど、最近、誰かとポジティブに交流したときのことを思い浮かべてみてください。どんな気分がしたでしょうか？　たぶん、幸せを感じたはずです。

同じように、今までの人生の中で、周りにいる人のコミュニティの一員になり、その人たちをよく知っている状態にあったときのことを思い出してみてください。子ども時代のサマーキャンプや、大学時代の寮生活、何らかの仕事に就いて働いたときのこと、あるいは趣味や交流グループに属してアクティブに活動していたときなどが思い浮かぶでしょう。あのころ、どんな時間を過ごしていたでしょうか？

幸せな時間だったはずです。

国連の持続可能な発展ソリューションネットワークは毎年、世界１４９カ国を対象とした「世界幸福度報告書」を発表しています。コロナ禍のさなかに実施された２０２１年の調査結果は、当然ながら厳しい内容でした。しかし、困難な状況下で喜びを見いだす要因について貴重な洞察を与えてくれるものでもありました。

重要な要因の1つは、ご想像の通り、人とのつながりや絆でした。

人間関係の量と質や、パートナーのいる生活には、同じくらい人生を守る力がありました。孤独や寂しさ、社会的な支えがない状態、独居は、心理的なウェルビーイングの低下と関連していました。[32]

同じような知見を示す過去の研究は無数にあります。カリフォルニア大学ロサンゼルス校（UCLA）の研究者らが『オックスフォード・ハンドブック・オブ・ハピネス』に発表した論文によれば、幸せは、人々が人との交流に費やした時間の量や友人の数に比例していました。[33]しかし、量や数だけが重要なのではありません。交流する時間を楽しみ、友人関係に満足していると、幸福感はさらに大きくなります。恋愛関係でも同じことが言えます。結婚している人は普通、幸福だとされます。しかし、結婚生活が幸福なら、その幸福感はより大きくなります。

親密でポジティブな人間関係から生まれる喜びは、すぐに消え去るどころか長続きする点が重要です。人とのつながりや絆が多い人ほど、生活満足度が高く、人生により深い意味や目的を見いだしており、そこからさまざまな恩恵を受けています。そうした人は将来に対してより楽観的で、燃え尽き症候群になりにくい傾向があります。

絶望しなくて大丈夫

　ここまで読んで、「自分は人とのつながりや絆もあまり多くない。だから、将来は惨《みじ》めな生活を送り、病気になり、早死にする運命なのだろうか？」と思う人もいるかもしれません。その可能性が高めであることは理解してほしいし、だからこそつながりの健康について真剣に考えるべきではあるのですが、朗報もあります。（たとえ内向型の人であっても）人とのつながりや絆の輪を広げ、（たとえ遠く離れて暮らしていても）関係を深め、つながりの健康全体を改善していくために実践できる確実なステップがあるのです。

　定期的な運動によって太り過ぎの人が強い身体を手に入れることは可能です。栄養不良の人も栄養価の高い食生活を送れば健康になれます。疲れ果てている人もしっかり睡眠をとる習慣によって身体を休めることができます。同じように、孤立し、寂しく孤独だと感じている人が幸せになることだって可能です。また、人間関係が過剰な人や、よくない関係にはまり込んでいる人も、周りからポジティブな支援を受けることで自分らしい自分を取り戻すことができます。

　本書ではその方法を紹介していきます。

「つながりの健康」の言語化が力を生む

これまで述べてきたさまざまな研究に通底するテーマが、つながりの健康です。結論をずばり言います。私たちは、友人や家族、コミュニティとのつながりや絆に、命がけで投資する必要があります。なぜなら、まさに命がかかっているからです。からだの健康やこころの健康と同じくらい、つながりの健康を改善する必要があります。なぜなら、つながりの健康は同じくらい重要だからです。

でも、それを実践できていないのが実情です。なぜできないのでしょうか？

つながりや絆の影響力は軽視されている

ほとんどの人が、健康におけるつながりや絆、人間関係の重要性を軽く考えています。

２０１８年に、米国と英国で、喫煙、飲酒、運動、肥満、社会的な支えなど、寿命に影響を与えるさまざまな要因に対する認識の調査と研究が行われました。すると、健康に与える人間関係の影響力を、実際よりはるかに低く見積もっていたことがわかりました。[34] 特に男性、若者、学歴の低い被験者においてその傾向が見られました。また、米国、英国、オーストラリアで行われた別の研究によれば、被験者は運動や体重こそ最も重要な予測因子だと認識していました（実際には、運動や体重の重要度はもっと低いのです）。逆に、社会的統合（社会とのつながりの状態）や社会的な支えの順位は低いと認識していました。

しかし、研究者たちの分析によれば、社会的統合や社会的な支えこそ、2大死亡リスクでした。[35] そして、これもおそらく驚くべきことではないのですが、米国と英国では、「ときどき、または、いつも孤立している・孤独だ・寂しい」と感じている人や人との交流のない人の5人中4人が、社会から切り離された状態を重大な問題だとは認識していませんでした。[36] 喫煙や運動などの影響はよく知られています。ただし、人とのつながりや絆が健康全体、ウェルビーイング、そして長寿を左右する決定的な因子だという理解が広がるには、まだまだ先の長い道のりがあります。

理解することは、個人が健康をめざすために取り組む1つひとつのステップを考えるうえで重要です。しかし、政府や医療制度が優先すべき課題を決定するうえでも重要です。2021年、世界的な調査会社ギャラップが、米国にとって最も緊急性の高い健康問題を調査したところ、回答した米国人の半数近くが新型コロナウイルスだと回答していました。[37] 他には、医療へのアクセスや医薬品の手に入りやすさという回答もあれば、肥満、がん、精神疾患、心臓病といった特定の疾病を挙げる人もいました。たしかに、いずれも重要な健康問題です。

ところが、人々の頭に真っ先に浮かんだ問題の中に、孤独はありませんでした。２０１７年に、孤独こそ公衆衛生上の疫病だと米国医務総監のヴィヴェク・マーシーが述べたにもかかわらずです。ギャラップの調査では、米国人全体の36％（10代後半の若者の61％、小児をもつ母親の51％を含みます）が「深刻な孤独」を抱えていると回答しているにもかかわらず、です。[38] 高齢者の孤立がもたらす健康問題に対する連邦政府の対策費用は70億ドル近くに上り、労働者の孤独によって米国経済から失われた生産性は４０６０億ドルと見られているにもかかわらずです。[39]

こうした知見を初めて目にしたとき、人はどうして人間関係の影響力をこんなに低く見積もってしまうのだろうか、という疑問が浮かびました。ふと、「健康習慣（health habits）」という言葉をグーグルで検索してみると、重要な手がかりが見つかりました。検索結果のトップには、ハーバード大学医学部やアメリカ国立衛生研究所、クリーブランド・クリニック（米国を代表する医療機関）、WebMD（オンラインの医療情報サイト）など、信頼できる医療情報ソースの記事が並び、「定期的な運動」「野菜を食べる」「夜はしっかり睡眠をとる」「タバコを吸わない」「水を飲む」など、有益な習慣が挙げられていました。

でも、つながりに関する記事は1つもなかったのです。健康にはつながりが欠かせないということを広く知らせるナラティブがどこにもないせいで、人々はその事実を知らないままなのです。メジャーで信頼できる健康情報のソースや医療の専門家も、人とのつながりや絆の力を低く見積もるか、まったく無視してしまっています。

これは、よく言って、機会が見過ごされている状態です。悪く言えば、致命的なダメージをもたらしています。

こうした事情を踏まえると、いくつかの目標がはっきりと見えてきます。1つは、人とのつながりや絆は「あればいいもの」ではなく必需品だという意識をもっと多くの人にもってもらうこと。もう1つは、人々がその意識を行動に移し、人間関係を通じて健康になるためのツールを提供し、人とのつながりや絆、コミュニティが当たり前のように息づいている社会をつくっていくことです。

そのためには、つながりの健康という考え方やそれを活用したアプローチを広める必要があります。

こころの健康だけでは不十分

「つながりの健康」の言語化にパワフルな効果がある2つ目の理由は、言葉にすることで人間関係がもつ力が信用されるようになるという点です。

ごくまれにメディアや専門家が助言の中で、人とのつながりや絆を健康習慣の1つに挙げることがありますが、たいていは、感情面のウェルビーイングにおけるメリットが述べられるだけで、からだの健康や長寿へのメリットは触れられません。人間関係がもつ幅広い影響力は見落とされ、評価されていません。というのも、人間関係の影響力は、こころの健康をめぐる言説の中に埋もれてしまっているからです。

これは非常に大きな問題です。

良質な人間関係がこころの健康によいということは、直感的に理解できます。周囲の人々の支えがあれば、幸福感が高まり、苦難から立ち直る力がもっと湧いてくるのは当然です。しかし、先ほども述べたように、人間関係の影響力がもたらすメリットは、こころの健康という範疇をはるかに超えて、病気のかかりやすさや死亡の可能性も左右しています。人間関係の力を軽視し、こころの健康に関する数多くの因子の1つにすぎないととらえてしまうと、こうした大切な事実が見過ごされてしまいます。

人間関係の重要性を認めると、こころの健康を強化するうえで人とのつながりや絆が不可欠であることが理解できるし、からだからこころ、そしてつながりへと健康の概念を広げていくことができます。

もちろん、こころの健康が重要ではないわけではないことは、はっきりと述べておきます。それどころか、私はこころの健康の重要性をよく理解している人間です。私は心理学の研究からキャリアをスタートし、カナダのクイーンズ大学の認知・精神疾患研究所に研究コーディネーターとして勤務しました。そうした中で、双極性障害や重度のうつ、統合失調症といった重い精神疾患で人生を壊された人々を目の当たりにしてきました。こころの健康は、からだの健康やつながりの健康と並ぶ、健康な人生に必要不可欠な柱であり、強化することでさまざまなメリットが得られるのです。

同時に、からだの健康やこころの健康にしか着目せず、つながりの力をこころの健康という枠組みの下に隠し続ければ、人々にとって大きな損失になります。人のつながりや絆は、健康な人生全体や長寿にとって非常に重要で、大きな影響を与えます。だから、陰に隠さず、堂々とスポットライトを当てるだけの価値があります。健康という舞台の上では、脇役ではなく主役となるべき存在なのです。

つながりの健康の特性をはっきりとつかむために、からだ、こころ、つながりという3つの健康を、それぞれが強化すべき対象、目標、行動という3つの面からとらえ直してみましょう。

同時に、からだ、こころ、つながりの3つが互いにつながっていることは、繰り返しておきたいと思います。たとえば、運動にはからだの健康とこころの健康の両方にポジティブな効果をもたらす力があります。セラピーにはこころの健康とつながりの健康の両方にポジティブな効果をもたらす力があります（研究によれば、セラピーによって社交不安や自己抑制的〔自分で自分に限界を定めてしまう〕思考を克服すると、孤独感や寂しさが小さくなります）。人と交わることにはからだ、こころ、つながりの健康にポジティブな影響をもたらす力があります。ギリシャ神殿の比喩を思い出してください。柱の1つを強くすれば、3つの柱全体が支えられるのです。

良質な人間関係にはさまざまな形がありますが、つながりの健康にとって必要不可欠なものです。そして、からだの健康やこころの健康にとっても重要なものだと理解できれば、健康全体にとっての重要性がもっと理解できるようになります。すると、次のような疑問が浮かんできます。人間関係をできるだけよいものにして健康で幸せな人生を末永く送るためには、どう行動したらよいのでしょうか？

注目すべき面	からだの健康	こころの健康	つながりの健康
対象	身体	心・精神	人間関係
目標（例）	・体力がある ・病気にかかっていない状態	・感情面のウェルビーイングを達成している ・不安や悩みがない状態	・人とのつながりや絆がある ・孤独感や寂しさがない状態
行動（例）	・運動と睡眠	・セラピーや瞑想	・人とつながる ・ボランティアに参加する

「つながりの健康」のポジティブなとらえ直しが必要

この疑問は、つながりの健康という言葉が非常に重要である3つ目の理由につながります。つながりの健康では、ものごとをポジティブにとらえ、よい点に注目することが重要です。詳しく説明していきましょう。

近年、孤独が大きな問題となっています。なぜなら、孤独は世の中に蔓延しているし、有害なものだからです。主要なメディアはどこも、孤独について大量の記事を掲載しています。米国、カナダ、オーストラリア、ドイツ、オランダなどさまざまな国で、孤独という問題に対応するための連合も結成されています。孤独の解決をめざすスタートアップは数千とは言わないまでも数百は立ち上がっており、「孤独経済《エコノミー》」が誕生しているとすら言えます。

こうした動きが本格化するはるか以前より、私は問題に積極的に関わってきました。ハーバード大学では、孤独のためのソリューションをテーマにして、公衆衛生学の修士号を取得しました。修了後は、記事を執筆し、レクチャーを行い、さまざまなセクターにまたがる取り組みにパートナーとして参加し、大企業や中小企業、ローカルな企業やグローバルな企業において、孤独に関するコンサルティングを手がけました。

ここで、告白しなければならないことがあります。実は、こうした活動の果てに、私自身が孤独に陥ってしまったのです。

誤解しないでいただきたいのですが、孤独が重要な問題、おそらく現代の最重要課題であるのは間違いありません。しかし、私はすっかり幻滅してしまっていました。理由は、「ダメな部分を直すこと」に躍起になっていたせいです。私たちは、よい面を大事に育んでいくことにもっと集中する必要があります。孤独という問題の解決策を探すことは大切だし価値のあることですが、つながりの健康を育むためのアプローチをもっと見つけなければなりません。

その2つは表裏一体ではないか、と思われるかもしれません。しかし、ポジティブな面に注目すればアイデアが湧きますが、ネガティブな面に注目してもアイデアは失われるばかりになります。この気づきから生まれたのが、ポジティブ心理学という分野です。

ポジティブ心理学というウェルビーイングの科学を創始し、ペンシルベニア大学ポジティブ心理学センターを創設したのは、米国心理学会の会長も務めた著名な心理学者マーティン・セリグマンです。私自身、2011年の夏にセリグマンの下で研究を行い、その後も数年にわたり協働した経験があります。

1990年代、セリグマンは米国などの富裕国に見られる不可解な傾向に気づきました。

食べ物や住居、雇用といった生きるための基本的ニーズは満たされているのに、不安、うつ、自殺願望を抱える人がたくさんいました。大きな成功を収め、傍目《はため》にはすべてを手にしているように見える人の中にも、そういう人が多数いました。銀行口座には何億円というお金があるのに、感情面は破産状態という人がとても多かったのです。いったいどういうことなのか、とセリグマンは思いました。

理由を探すうち、セリグマンは気づきました。心理学者はこころの「病気」についてはよく知っているけれど、こころの「健康」については無知も同然だということに。当時の研究や臨床活動では、惨めさを減らすことばかりに取り組んでいて、苦難を乗り越えて幸せになる方法への取り組みが欠けていました。そこで、セリグマンは持続的な幸福を手に入れている人の習慣やものの見方、考え方を研究し、実証し、知見を共有しました。こうしてポジティブ心理学という分野が誕生したのです。[40]

その後数十年のうちに、ポジティブ心理学の人気は爆発的に高まりました。ポジティブ心理学は、人々のうまくいっている面に着目し、そうした面を伸ばすための研究を行い、従来の心理学（セリグマンに言わせれば、人々の間違いやダメな部分の修正をめざすネガティブな研究方法）を補完します。ポジティブ心理学は象牙の塔を飛び出し、有力メディアの注目を集めました。

心理学の実践家が採用する一方、批判も受けました。

私はポジティブ心理学の研究から非常に重要なことを学びました。病気にかかっていなければ健康だという認識は間違いだということです。ネガティブな面の手当てばかりで、ポジティブな面を伸ばそうとしないのでは、ケアとしては不十分です。人が生存できる手助けをするのは、始まりにすぎません。最高に充実した人生を送るための手助けが必要です。

セリグマンと同僚たちは、こころの健康に欠けている部分に対応するだけでなく、すでに手元にある幸せのリソースにも着目し、心理学という分野のナラティブをとらえ直しました。すると、もっと多くの治療法があることが明らかになりました。人々の気分を改善するには、セラピーの受診や薬の服用だけでなく、目標を見つけること、楽観主義を身につけること、マインドフルネスを実践すること、苦難を乗り越える力を育むこと、そして、有意義な人間関係を築くことも役に立つことがわかったのです。

比較的単純なナラティブのとらえ直しによって、心理学者が自分の治療レパートリーに加えたり、一般の人々が日常の中で活用したりすることができる新たなアイデア、新たな研究、新たなプログラム、新たなツールが次々と登場しました。いずれも、とらえ直しがなければまったく考慮されず見過ごされていたかもしれないものばかりです。その意味で、ポジティブ心理学は革命的でした。

つながりの健康という概念にも、人間関係に関して、これに似た変化を起こす潜在力があります。人々がもっと有意義なつながりを育んでもっと健康に生きるための、新たなアイデア、新たな研究、新たなプログラム、新たなツールを生み出す力があります。つながりの健康という言葉には、強い力があります。なぜなら、次に述べる3つの重要なものの見方、考え方につながるからです。

つながりの健康は、インクルーシブで心地いいものです。人とのつながりや絆を育み、コミュニティの一員となることは、孤独な人を含めてどんな人にもメリットをもたらします。私たちはみな、病気でなくてもからだを動かし、栄養のある食べ物を食べ、しっかりと睡眠をとる必要があります。同じように、愛する人と時を過ごし、大事にされていると感じる必要があります。

つながりの健康は、ポジティブなナラティブであり、幸福を生み出す力をもっています。つながりの健康とは、投資すべき資産であり、育てるべき資源（リソース）であり、単に生存するだけでなく最高に生きるための力の源です。食いつないでいくのが精一杯のギリギリの生活や、生きていても楽しみのない人生、命はあるけれど健康ではない日々を求める人などいません。人は持続的な幸福を求めます。そして、有意義なつながりや人間関係がなければ、持続的な幸福は手に入りません。

つながりの健康は、前向きで予防的なものです。がんの宣告を受けるまでからだの健康を顧みないのはダメだし、不安発作が起こるまでこころの健康を振り返らないのもダメです。それと同じで、孤独が根を下ろす前につながりの健康を強化することが大切です。

健康は、からだとこころだけでなくつながりの問題でもあると再定義し、からだの健康とこころの健康だけでなくつながりの健康もあるのだと認識することで、私たちは次のフェーズに進むことができます。すると、長寿で健康で幸せな人生を送る可能性を最大化する新しい方法が見えてきます。

人のつながりや絆の価値を重視している人たちや、人のつながりや絆が健康には欠かせないとわかっている人たちはいますが、彼らにとっても、人のつながりや絆に取り組むための明確な枠組みはこれまで存在していませんでした。

これからは、それも変わっていきます。

こうしたビジョンの下、みなさんも自分のつながりの健康を見つめ直していきましょう。

2章

人間関係の謎を解き明かす

私たちには空気が必要なのと同じように、私たちは喜びを必要としている。私たちには水が必要なのと同じように、私たちは愛を必要としている。私たちにはみんなで共有する地球が必要であるのと同じように、私たちはお互いを必要としている。

――マヤ・アンジェロウ

あなたのつながりの健康は、どのくらい良好でしょうか？

この質問に答える前に、すぐに答えられる別の質問について考えてみましょう。からだの健康の状態はどうでしょうか？　血圧やコレステロールの正確な数値をすぐに言えなくても、全体として体調がいいかどうかはわかるはずです。体重は適正体重に近いかどうか、１日を通してエネルギーを感じているかどうかは、自分でもわかります。インフルエンザにかかっているかどうか、運動をして体力が上がったかどうかも、自分でわかります。

注目すべきは、からだの健康を総合的に示す数値は存在しないという事実です。からだの健康を1つでずばり示せる数値はありません。そこで医師や医療の専門家たちは、からだの状態を評価するためにさまざまな因子を確認します。心拍数、体温、体重を測定し、痛みのレベルや症状を問診するのです。体内で起こっていることを把握するためにレントゲン検査や尿検査をすることもあります。全体的な体調は、こうした数値を並べることでようやく把握できます。

また、からだの健康の向上のために本人ができることもわかっています。たとえば、栄養価の高いものを食べ、定期的に運動し、十分な睡眠をとるのはよいことで、喫煙はよくないことだというのは常識です。

からだの健康や病気を調べるのと同じように、人間関係の状態も調べることができます。特定の行動をとることでからだの健康を増進できるのと同じように、つながりの健康も改善することができます。

つながりの健康状態を評価する方法

健康という神殿を支える3つ目の柱、すなわちつながりの健康を把握するには、現時点でその柱がどこに立っているかを知る必要があります。そこで、最初の質問に戻りましょう。あなたのつながりの健康は、どのくらい良好でしょうか?

私が開発したのは3ステップの方法です。これで、つながりの健康をできる限り向上させるのに必要なものを確認し、突き止めます。からだの健康が時間をかけて改善されていくように、つながりの健康も人生を送るうちに変化します。だから、この方法は、つながりの健康の現時点での状態を評価するものです。

最初のステップでは、つながりの健康が向上する力を与えてくれる人を突き止めます。

2つ目のステップでは、そうした人とのつながり1つひとつの強さを精査します。

そして3つ目のステップでは、つながりの健康を最大限向上させる戦略を決定します。

3ステップに従って進むうちに、つながりの健康が良好な状態についてもっとよく理解できるようになります。

この章の最後には、記入することで自分の人間関係を把握できるワークシートを用意しています。さあ、始めましょう。

ステップ1　人間関係を見極める

運動、栄養、睡眠がからだの健康をもたらします。こうした力によって、からだの健康は増進します。

つながりの健康では、人間関係が人とのつながっているという感覚をもたらす源です。人間関係には3つのカテゴリーがあります。個人との関係、共同体（コミュニティ）、それ以外のつながりや絆です。

人間関係

つながりの健康をもたらす人間関係の中で最も重要なのが、家族、友人、恋人、同僚、隣人との1対1の関係です。人間関係には、恋愛感情のある関係も恋愛感情抜きの関係も含まれます。人間関係の中には、感情的に親密な関係もあれば、気軽でざっくばらんな関係もありますが、どの関係も重要です。

身のまわりのさまざまな人間関係を振り返ってみましょう。

トークや会話をピン留めしている相手は誰？

内輪と呼べる親しい人たちを、親しさの順に1位から5位まで挙げてみると、たいていは近親者や親友、(もしいれば)恋人が思い浮かびます。自分のことをいちばんよくわかってくれる人であり、支えてくれる人、信じられる人、秘密を打ち明けられる人、とても大事にしている人でもあります。当然ながら、たいていの場合は一緒にいていちばん楽しい人です。すでに触れたように、こうした関係がポジティブでしっかり安定している場合、喜びをもたらしてくれるだけでなく、心臓機能の強化、認知機能の向上、長寿といった長期的な健康にもつながります。愛する人と定期的に何かを経験し、時間を過ごすことは、何よりも生きる力を与えてくれます。そういう相手が誰なのか？　それを手っ取り早く特定する方法があります。スマホのメッセージアプリを開いて、トークや会話をピン留めしている相手を見るという方法です。

緊急時に誰に連絡する？

親しい人の中に、少なくとも1人は困ったときに連絡する相手がいるはずです。最近、私の友人の1人がひどい痛みに襲われ、緊急治療室で1日を過ごしました。不安な心で医師の診断を待つあいだ、友人はスマホを眺め、「今、電話していいのは誰だろう？」と自問しました。気兼ねなくこころの支えを求められる相手は2人いました。一緒に笑い合ったり、興味のあることを話し合ったりする人は他にもいましたが、緊急治療室から電話するのは気が引けたそうです。そして、それぞれの人間関係が与えてくれるメリットは違っているのだと実感したのです（幸いなことに、彼の痛みは深刻なものではなく、医師の指示で家に戻ることができました）。

魂《ソウル》で結ばれている人は誰？

アイルランド人の詩人・哲学者のジョン・オドノヒュウが1997年に出版した『アナム・カラ：ケルトの知恵』（KADOKAWA）によって、「ソウルフレンド」（恋愛感情抜きの《プラトニックな》ソウルメイト）というケルト文化の考え方が広く知られるようになりました。アイルランド語で「アナム・カラ」と呼ばれるソウルフレンドとは、通常の友情を超えた、深い絆で互いに結ばれている相手であり、こころの奥底に秘めた本当の自分や思い、こころを分かち合うことができます。「アナム・カラの友情は、互いを認め、互いに帰属し合うという行為である」とオドノヒュウは言います。私の経験から見ても、めったにお目にかかれない、非常に特別なつながりです。あなたの人生にそんな相手がいるかどうか、考えてみてください。もしいるなら、とても幸運なことです！

パーティーの招待客リストに誰を載せる？

自分の誕生日パーティーを計画中で、招待客リストをつくらなければならないとしたら、いちばん親しい人たちの次に、誰の名前を加えていくでしょうか？

親戚や気の置けない友人たち、同僚や隣人を加えるかもしれません。こうした人たちとの関係は、つながりの健康によい影響を与えてくれますが、影響はそれほど強くありません。この人たちは内輪の人たちより外側の輪にいて、ものすごく親しいわけではありません（相手に「愛している」と告げたりすることもありません）が、定期的な交流があったり、有意義なつながりを感じている相手です。

パーティーに招かない相手は誰？

つながりなら何でもよいとは限りません。敬意の欠けた関係、ネガティブな関係、あるいははどっちつかずの関係も、つながりの健康を損なう傾向がありますし、実際、健康全般を悪化させることもあります。だから、つながりの健康の基礎となる人間関係において、つきあわない相手を決めることは、つきあうべき人を決めるのと同じくらい重要かもしれません。4章で詳しく見ていきますが、人間関係には時間とエネルギーが必要とされるため、つきあう相手はしっかり選ぶ必要があります。たとえば、外向的な人はどんな誘いにも乗ってつきあいがちですが、つながりの健康から見ると、パートナーや家族などいちばん大事な人との関係にもっと注力したほうがよい可能性があります。仕事が忙しい人は、知恵を貸してほしい、業界内のつきあいに参加してほしいというリクエストを闇雲に引き受けてしまい、時間がうまく使えていない可能性があります。さらに言えば、虐待的な行動をとる人やストレスや害を与える人とは、きっちりと線引きをして距離を置く必要があるでしょう。そうしないと、自分のつながりの健康にも害が及ぶからです。

つきあいは十分？　それとも多すぎる？

自分が望むよりも孤独だと感じている人、つきあいは広いが浅すぎると感じている人、愛する人に十分な注意を向けることができていない人は、人間関係を再調整する必要があるかもしれません。日常生活の中で、改めて人間関係をしっかりと見つめ直していきましょう。

コミュニティ

次に、つながりの健康に関わる人間関係の2つ目のカテゴリーを詳しく見ていきましょう。コミュニティや集団というカテゴリーです。

カナダ人2500万人を被験者とした研究によれば、地元のコミュニティに所属しているというポジティブな感覚がある人のほうが、地理的条件や社会経済的ステータスの影響を排除しても、健康状態が良好でした。[1] 日本で10年にわたり1万1000人超の高齢者から集めたデータによれば、コミュニティ内での親しい関係やつきあいがあると感じている人は、循環器疾患や肺疾患などの死亡リスクが小さいことがわかりました。[2] また、所属しているグループ（集団）が多い人ほど、うつ症状が少なく、一度うつを発症した場合も再発する可能性が低いことがわかりました。[3]

つまり、こうした研究の結果として、つながりの健康にとって、グループのもつ価値を認識すべきであることがわかります。

「みんなは1人のために、1人はみんなのために」の法則

個人との人間関係（みんなは1人のために）だけでなく、コミュニティに所属する（1人はみんなのために）ことも、つながりの健康の元になる

どんなグループに属しているのか？

さまざまな種類やサイズのコミュニティが、つながりの健康を高めてくれます。住んでいる町内や国もそうだし、日々過ごしている学校や職場もそうだし、参加している趣味のグループやスポーツチーム、読書クラブもそうです。信仰している宗教や場所もそうです。あるいは、世代、性別、ジェンダー、人種、民族、性的指向など、自分のアイデンティティもそうです。自分のコミュニティだと感じられるものについて、振り返ってみましょう。

帰属したいと思える？

コミュニティは1対1の人間関係とは別の形で私たちに力を与えてくれます。すばらしいコミュニティに属することができれば、自分自身よりも大きな何かに属しているという感覚が得られますし、安心して自分らしくいられる場所になり、共通する何かを通じて他の人々

と心地よくつながれる場になります。たとえメンバー全員が知り合いではなくても、です。同じ集団に属する人とは、信頼して秘密を打ち明ける友人ほどには親密にならないかもしれません。しかし、定期的な交流の機会があれば、そこからもっと親しい友人になっていく可能性もあります。たとえば、前にも触れたアルコホーリクス・アノニマス（アルコール依存症者の相互援助グループ）や、希少疾患の患者のオンライン支援グループなどは、つながりの健康をしっかりと支える力を生んでいます。

その他のつながり

3つ目にして最後のカテゴリーには、ささやかな交流だけれどつながりの健康を向上させてくれるつながりが含まれます。軽視しがちな「弱いつながり」を伴うさりげないやりとりもそうです。たとえば、通勤で利用するバスの運転手と交わすちょっとした挨拶とか、職場のあるビルの警備員に笑顔を向けるとか、子どもの遊び場で他の親と何気ない会話を交わすとか、スーパーのレジの列に並んでいるときになんとなく会釈を交わすといったことが含まれます。他にも、故人を思い出し、こころはつながっていると感じるのもそうです。亡くなって長い時間が過ぎようとも、大切な意味があると感じ続ける関係です。

このカテゴリーには、人間以外の存在とのつながりや絆も含まれます。たとえば、信仰をもつ人が祈りを通して神とのつながりを感じたり、大好きなペットと遊んだり、本や映画の登場人物に強く共感したり、自然の中で過ごしたときに生きとし生けるものすべてとつながっているような感覚を得るのもそうです。この本では、主に人間関係やコミュニティに焦点を当てていますが、3つ目のカテゴリーのつながりが自分の人生にもたらしてくれる価値を検討することにも意義があります。

ステップ2

自分の人間関係の強さを振り返る

あなたのつながりの健康を支えてくれる人や存在がわかったとして、1人ひとりとあなたはどんなつながりを感じているのでしょうか？　そのつながりやコミュニティの質はどうでしょうか？　こうした質問を通して、それぞれの人間関係や存在がもつ力を把握できます。相手と自分はどのくらい親しくて、どのくらい満足を感じているのかがわかるのです。

たくさんの人を知っているだけでは十分ではありません。つながりを深める必要があります。つながりの健康を支えてくれる人やコミュニティとは、双方向に有意義な絆を結ぶ必要があります。

その関係は双方向？

つながりや絆とは他の人から受け取る愛情や理解、支えなど、気持ちのことだと考えている人もいるかもしれません。しかし、つながりや絆とは、自分から他者に手を差し伸べ、助け、相手を大切に思っていることをしっかり伝えることも必要です。

こころを通わせる関係を維持するには、お互いにやりとりし合う返報性の力が不可欠です。研究者も、長期的な人間関係の発展や友情の維持にとってギブアンドテイクが重要であることを突き止めていますし、たしかに納得のいく話です。[4] たとえば、自分のことばかり話し続けるとか、自分にとって都合のいいときや利益のあるときにしか連絡をしてこないといった自分本位の人を素敵だと思う人はいません。もちろん、与えるものと受け取るもののバランスは、関係を続けるうちに変化するかもしれませんが、全体には相互的であるはずです。

「タンゴは2人いないと踊れない」の法則

双方向の関係があるときに、つながりの健康はいちばん良好な状態になる。つながりの健康

が良好な人生を送るには、個々の人間関係においてもコミュニティにおいても、与えることと受け取ることの両方が必要となる

私自身、つながりのバランス感覚を身につけるために、試行錯誤を繰り返しました。若いころの私はひたすらギバー（与える人）でした。だから、友人たちは気に入らないことがあると私のところにやってきました。私はよい聞き手となり、自分の意見を差し挟むことなく距離をとることに満足していました。ギバーという役割は、当時の自分のアイデンティティの大きな部分を占めていました。

問題は役割が逆転することがめったにないということでした。レシーバー（受ける人）になる機会はまずなかったのです。でも、その理由はみなさんの想像とはたぶん違います。昔も今も、私の友人はすばらしい人ばかりですし、お返しをしようという気持ちがとても強い人たちです。受け取ろうとしなかったのは私なのです。人間関係において返報性がきちんと機能するためには、自分の弱さを見せる必要があります。そのことを私はあとから学びました。友人たちに支えてもらうには、自分の抱えるつらさを隠さず伝えなければいけなかったのです。1章でご紹介した、看護師のレクシと同じ状況です。振り返ってみると、私は自分の内面を押し隠しすぎたせいで、人間関係を深めるチャンスをいくつも失っていたのでした。

有意義なつながりや絆かどうか？

薬の力でうつ症状を緩和することはできるけれど、幸せや満足を得られるかどうかは保証できません。これは、ポジティブ心理学でも明らかになっています。同じように、多くの人に囲まれていても、自分が求める深いこころのつながりを必ず感じられるとは限りません。お互いを本当の意味で深く知り、大切に思うこと。自分を見てもらい、理解してもらい、愛してもらうこと。相手を見て、理解して、愛すること。こうしたことは、人が生まれながらに切望することであり、つながりの健康の核心です。

そして、逆もまた真なりです。1人でいても、つながっていると感じることはできます。愛されていると感じるだけで、世界が違って見えることだってあるのです。たとえば、たった1人でも大切に思い、目を配り、支えてくれる人がいる子どもは、大人になったとき、困難から立ち直る力（レジリエンス）をよりしっかりと身につけていることが、研究によってわかっています。[5]

「量より質」の法則

一般的に言って、人間関係については、量より質が重要だ

全年齢層の人々を対象にして、人間関係のネットワーク（家族や友人、同僚、隣人）の規模と内容をどうとらえているのかを調べた研究があります。すると、人間関係のネットワークの大きさより、人間関係に満足しているかどうかのほうが、ウェルビーイングの予測因子として優れていることがわかりました。「人間関係の量よりもむしろ人間関係の質をどうとらえているかが、『ウェルビーイングが良好』という回答に結びついている」という結論でした。[6]

とはいえ、量は無関係というわけではありません。持続的な幸福を実現するのに最低限必要な親しい友人の数は3人かもしれないとするデータもあります。[7] どんな文化においても、人々が深い絆を結ぶ相手は1人または2人、親しい友人は5人程度、それ以外の友人は15人ほど、というのが一般的です。しかし、友人の数がこれより多くても少なくてもまったく問題ありません。その人にふさわしいつながりの数については、次の章で詳しく見ていきます。

また、つながりの健康にとって重要な関係のあり方は、年齢によって変わる可能性があります。たとえば、ある研究は、20歳のときの交流の量と30歳のときの交流の質が、50歳になったときの社会的統合の状態、孤独、うつ、心理的ウェルビーイングを予測するとしています。[8] 若いうちは、たくさんの人と交流することが重要です。そうすれば、社交スキルを身に

つけ、アイデンティティを形成し、自分にふさわしいつながりの健康のあり方を見つけることができるからです。年齢を重ねるうちに、自分自身のことも自分の好みもわかってくる一方で、人とのつきあいにかけられる時間が少なくなりますから、優先する人間関係の数が絞られ、もっと深く力を注ぐことになります。

自分の期待通りの人間関係になっているか？

「タンゴは2人いないと踊れない」の法則や「量より質」の法則にてらして、自分の人間関係やコミュニティの満足度が理想的である場合もあれば、そうでない場合もあるかもしれません。後ほど、本章の最後にさらに細かく考察し、ワークシートに書き出していきましょう。

ステップ3　自分の戦略〈ストレッチ、レスト、トーン、フレックス〉を決める

からだの健康を大切に考え、からだの健康を得るための行動を起こさなければ、からだの健康を高めることはできません。つながりの健康についても、戦略がなければ、向上させる

ことは不可能です。

戦略とは、自分の人間関係の量や質に対する満足度を把握し、つながりの健康増進のために何をすべきか、ということです。主な戦略として、「**ストレッチ**（伸ばす）」「**レスト**（休む）」「**トーン**（調える）」「**フレックス**（ほぐす）」の4つがあります。つながりの健康の状態が変化すると、半年または1年ほどでとるべき戦略が変わることもあります。

4つの戦略については、Part 2、特に5章において、つながりの健康の基本から実践に移る際に、エビデンスに基づいて詳しく見ていきます。現時点では、今の自分の人生に必要なつながりの戦略を突き止めることに注力しましょう。

つながりの量が少ないときにはストレッチ

つながりや絆が少なすぎると感じているなら、必要な戦略は「**ストレッチ＝伸ばす**」ことです。新しい友人をつくり、新しいコミュニティに参加したり自分で立ち上げたりして、つながる人やグループの数を全体的に増やしていきましょう。知り合いが誰もいない新しい土地に引っ越したり、今までの人間関係がしっくりこなくなったり、孤立していて寂しいという気持ちがあったりする場合も、ストレッチ戦略が必要なサインです。地元のイベントに参加する、少なくとも1人は自己紹介する相手を見つける、最近増えてきた友だちを見つけるアプリをダウンロードして新しい友だちと会う約束をするといった方法があります。

からだの健康のためには、からだの可動域を広げて柔軟性を高めるために、筋肉を鍛えます。つながりの健康のためには、社交性を高め、人間関係を広げるために、つながりの筋肉を鍛えます。

つながりの量が多いときにはレスト

人間関係の数が必要以上になり、多すぎると感じる場合、必要な戦略は「**レスト＝休む**」ことです。人間関係やコミュニティの数を増やすのではなく、維持するか減らしましょう。つながっている人やグループの数には満足しているけれど、人間関係に充てる時間やエネルギーが足りず、人づきあいを負担に感じている場合や、人生のフェーズが変わって自分に必要なつながりの数が変わったと感じた場合も、レスト戦略をとるべきサインです。いちばん大切な人間関係やコミュニティに注力し、他の人間関係は手放し、何人かの人については連絡する頻度を減らす、ディナーやパーティーの誘いを断るという方法がありえます。

からだの健康の場合、怪我や故障を避けるため、エクササイズやワークアウトは休息をとりながら行い、体力を復活させます。つながりの健康についても、独りの時間と人と交流する時間のバランスをとり、自分自身やいちばん大切な人たちのためにしっかりと時間を割いて、つながりの筋肉を休ませる必要があります。

つながりの質が低いときにはトーン

現状の人間関係の内容に満足していないなら、とるべき戦略は「**トーン＝調える**」ことです。今、手にしている人間関係やコミュニティを深めましょう。友人や家族ともっと親しくなりたい、今の人間関係が思ったほど有意義ではないと感じているなら、トーン戦略をとるべきサインです。自分が抱えるつらさを友人に打ち明けてアドバイスを求める、大切な家族に感謝を伝えるカードを書いて送るといった方法もあります。

からだの健康であれば、体力増進のためには、筋肉の状態を調整する必要があります。つながりの健康でも、人間関係やコミュニティとのつながりを強くしたいなら、つながりの筋肉を調整する必要があるのです。

つながりの質が高いときにはフレックス

つながりが十分に強くて満足な状態なら、とるべき戦略は「**フレックス＝ほぐす**」ことです。フレックスではつながりを維持することが目的です。人やグループと有意義なつながりがあると感じている、大切に思っている相手にその思いをしっかり伝える習慣が身についている、つながりの健康の状態が概ね良好だと感じているといった場合は、フレックス戦略をとるべきです。すでにうまくいっている状態ですから、そのまま続けましょう！

からだの健康で考えると、しっかりついた強い筋肉を維持するには、ほぐすことが必要です。つながりの健康でも、相手としっかり向き合えている有意義なつながりからよい影響を受け取るためには、つながりの筋肉をほぐしてあげる必要があります。

どんなふうにつながりたいのか？

研究者が人とのつながりの度合いを測る場合に使用する尺度には、ＳＳＱ尺度やＵＣＬＡ孤独感尺度がありますが、いずれも自己申告に基づいています。なぜなら、つながりの健康は主観的なものだからです。脳のスキャンやバイオマーカーだけで医師がつながりの健康を見極めることはできません。本人の自覚や感覚の問診が不可欠です。

同じように、つながりの健康も主観的なもので、とらえ方は人によって違います。だから、自分がとる戦略が他の人と違っていてもおかしくありません。たとえば、長年にわたりいろいろなエクササイズを試した果てに、自分にはマラソンよりヨガが向いているとわかることがありますし、逆もありえます。ロッククライミングが好きな人もいれば、自転車が好きな人、ジムでバーベルを上げるのが好きな人もいます。つながりでも同じことが言えます。つながりの健康についても、自分に合っていると思える方法を探し、数値的な目標をめざすのではなく、人間関係において何に価値を置くのかを決めたうえで実践しましょう。

「人それぞれ」の法則

つながりの健康は、その人の好みや習慣によって人それぞれだ

ここで、考えるエクササイズに挑戦してみましょう。まず、最近、誰かとやりとりしていて力をもらえたと思えたときのことを思い出してください。

相手は誰だったでしょうか？　そのときあなたは何をしていたでしょうか？　対面とオンラインのどちらだったでしょうか？

すると、自分にとって重要なものが見えてきます。ハイキングや展覧会に出かけるなど、一緒に体験するつながりが好きなのかもしれませんし、あるいは、テキストメッセージや電話、フェイスタイム（FaceTime）でのチャット、メールといった短いやりとりを頻繁に交わすのが好きなのかもしれません。私の場合は、大好きな人たちと一緒にくつろいだ時間を過ごすのが好きです。きょうだいの家のベランダでゆっくりおしゃべりしたり、甥や姪と走り回ったり、友人と1対1でディナーに出かけたりするのが好きです。それ以外はあまり必要としていません。

今日から1週間、自分と人とのつながり方を見つめ直し、どんなつながり方が好き（嫌い）なのかを注意深く観察してみましょう。友人と電話で話すとき、職場でハプニングに遭遇して同僚と笑い合うとき、週末に家族と朝食をとるときの気分に注目してみましょう。また、フレンドリーなバリスタが調子はどうかと聞いてくれたとき、隣人が通りの向こうから手を振ってくれたときなど、ほんの小さなつながりの瞬間にも注意を払ってみましょう。

つながり方は変化する

2022年、夫の転勤をきっかけに、私たち夫婦は知り合いが1人もいないカリフォルニアの町に引っ越しました。いちばん近いところにいる親族は車で2時間の距離ですし、友人たちのほとんどは飛行機に乗らないと会えません。夫は週のうち数日は職場に行くので同僚との交流がありますが、私は在宅で仕事をしていて、チームメンバーや協力者とはズーム(Zoom)やメールでやりとりするのみです。離れていてもこころのつながりや支えを感じていましたが、物理的な孤立が与えるダメージは大きく、自分が対面の交流を今まで以上に強く求めていることに気づきました。

そこで私は、自己紹介のカードを書いて、新居がある通りに面した家の郵便受けに入れました。また、町のコミュニティの人との出会いを求めて地元の防災訓練に参加しました。ジムのワークアウトのクラスに参加して、ある女性に話しかけ、電話番号を交換しました。知人が紹介してくれた人と意気投合した場合は、もっと仲よくなるために頻繁に会う予定を立てました。少しずつ、意志をもって、近くに住む新しい友人をつくり、隣人と知り合いになると、地元のコミュニティの一員としての感覚が湧いてきました。

私の経験もそうですが、新しい都市に引っ越す、恋愛が始まる、あるいは恋愛が終わる、転職する、親になる、引退するなど人生に変化が生じると、人とのつながりや絆が増えた、あるいは減ったと感じることがあるものです。

「人間関係にも浮き沈みはある」の法則

つながりの健康は変化する。そのときの状況やステップを踏んで進むことによって浮き沈みが生じる

からだやこころの健康と同じように、つながりの健康も変化するものです。ワークアウトのルーティンもいい感じだし、体調もよくて概ねポジティブで幸せな日々を送れていると感じる年もあります。逆に、健康を維持するための習慣が守れず、健康を害している、悲しい、不安だ、と感じる年もあるでしょう。

そういう時期はつらいものです。でも、浮き沈みがあるということ自体はよいことです。というのも、人は変われることを意味しているからです。戦略を実践し、日々自分で決めて生きていく中で、つながりの健康は改善できます。両親に連絡する時間がなかなかとれない、配偶者や子どもたちと夕食をとれない、とれていても気が散って集中できないといった状況にある人もいるでしょう。自分を取り巻く環境を完全にコントロールすることはできません。でも、人間関係に関する習慣については自分で変えていけます。

つながりの健康状態を知るためのワークシート

ここまで、つながりの健康を評価するためのステップや法則を紹介してきました。ここであなたのつながりや人間関係をワークシート（91ページ参照）にまとめます。最初に、指示に目を通して、それから表に記入していってください。自分自身を振り返るためのエクササイズですから、他の人に見せる必要はありません（誰かに見せたい場合はどうぞ）。記入する時間（10～20分）を見つけたら、鉛筆1本とコーヒーか紅茶1杯を準備して、こころを落ち着けてください。参考までに、次章で記入例をご紹介しています。

1 自分の人間関係を見極める

表の「人間関係」の欄には、自分のつながりの健康に影響を与えている相手やコミュニティを記入していきます（最大15人／グループまで）。

- 交流の頻度に関係なく、自分にとって重要な人たち（たとえば、遠くに住む友人）や、重要度はともかく頻繁に交流している人たち（たとえば、職場で隣席の同僚）を含めること。

● 空欄を全部埋められなくても心配無用です。

2 人間関係の強さを振り返る

「強さ」の欄には、人間関係の満足度を記入します。

● 次の点を振り返ってください。

□ 自分のつながりの健康にとってポジティブな人間関係かどうか？

□ その人物やグループとは、自分が望む通りの親しさでつきあえているか？

□ 自分が望む頻度で交流しているか？

□ 相互的で有意義なつながりや絆を感じているか？

● 答えが「はい」なら ✔、「いいえ」なら ✕、「どちらでもない」場合は 〜 を記入します。

すると、つながりの強さや、もっとつながりを強くできる関係が一目で把握できます。

3 戦略を決める

つながりの健康全般の状況と、それぞれの人間関係やコミュニティについて必要な戦略を選びます。

人間関係	強さ	戦略

今の私にふさわしい戦略は ______________________.

● 今の自分に必要な戦略を表の下の記入欄に書き込みます。

□ 人間関係の数が自分の望む数より少ない場合、とるべき戦略は「**ストレッチ**（伸ばす）」です。

□ 自分が望み通り、あるいはそれ以上の人間関係をリストアップできた場合、とるべき戦略は「**レスト**（休む）」です。

□ ほとんどの人間関係が**✕**や**〜**だった場合、とるべき戦略は「**トーン**（調える）」です。

□ ほとんどの人間関係が**✔**だった場合、とるべき戦略は「**フレックス**（ほぐす）」です。

● それぞれの人間関係やコミュニティに対して必要な戦略は、右端の「戦略」欄に記入していきます。

□ **✔**を記入した人間関係やコミュニティについては、「フレックス（ほぐす）」戦略で現状を維持していきます。

□ **〜**や**✕**を記入した人間関係やコミュニティについては、ポジティブな関係なら「トーン（調える）」戦略を、ネガティブでつながりの健康を阻害する関係なら、「レスト（休む）」を選択します。

● **追加ステップ**……「トーン（調える）」戦略をとる人間関係については、実際に実現できそうな具体策を1つ考えてみてください（もちろん、この先を読んでから記入してかまいません）。

いくつかの注意点

● **「みんなは1人のために、1人はみんなのために」**……人間関係だけでなく、自分にとって大事だと思えるコミュニティも必ず記入してください。

● **「タンゴは2人いないと踊れない」**……それぞれの人間関係の強さを振り返るときには、双方向のつながりがいちばん強いということを思い出してください。

● **「量より質」**……人間関係の数より強さのほうが大事です。つながりが少なくても有意義だと感じられる場合もあれば、たくさんのつながりがあっても孤独だ、浅く広げすぎだと感じることもあります。

● **「人それぞれ」**……少数のおなじみの相手とつきあうほうが好きという人もいれば、人間関係を広げて交流するのが好きだという人もいます。つながり方には正解も不正解もありません。

●「人間関係にも浮き沈みはある」……現時点でつながりの健康状態が思ったほどよくないとわかった場合も安心してください。本書がその状態を変える方法を紹介します。

ワークシートに取り組むと、具体的にどんな戦略をとればいいのかという疑問が湧いてくるはずです。それぞれの人間関係やグループに対してどんなステップをとればいいのでしょうか？　この点については、Ｐａｒｔ２で詳しくご紹介します。

でも、今はまず、自分のつながりの健康状態を把握し、目標はどんな状態か、つながりや絆を通して最高の幸せを手に入れるのに役立つのはどんなことか、つながりの健康の足を引っ張るのは何かを知ることが大切です。

この点についいては、次の章で詳しく見ていきます。

まとめ

- 「人間関係」は、つながりの健康を高める相手やグループを指し、3つのカテゴリーに分類できる
  - □ 家族、友人、恋愛の相手、同僚、隣人
  - □ 所属しているコミュニティ
  - □ その他のつながり
- 人間関係の「強さ」は、そのつながりがもたらす満足度で決まる
- つながりの健康を高めるための方法が「戦略」であり、4つある
  - □ ストレッチ（伸ばす）戦略では、人間関係の数を増やす。
  - □ レスト（休む）戦略では、人間関係の数はそのまま、または減らす。
  - □ トーン（調える）戦略では、つながりや絆を深める。
  - □ フレックス（ほぐす）戦略では、つながりや絆を大切に維持する。

● つながりの健康を評価するための法則は5つある

□ **「みんなは1人のために、1人はみんなのために」**……個人との関係だけでなく、コミュニティに所属することもつながりの健康を高めてくれる。

□ **「タンゴは2人いないと踊れない」**……双方向のつながりこそ、つながりの健康を最も高めてくれる。だから、つながりの健康状態が良好な生活を送るには、人間関係やコミュニティにおいて与えることと受け取ることの両方が必要だ。

□ **「量より質」**……一般的に、人間関係は量より質が重要だ。

□ **「人それぞれ」**……人間関係のあり方は、その人の好みや習慣によって異なる。

□ **「人間関係にも浮き沈みはある」**……つながりの健康は変動する。人生の状況や段階によって浮き沈みする。

3章

つながりの健康のスタイルを見極める

人生全体においていちばん大事なのは人間関係だ。激しい風が吹き荒れる苦難のときも、自分を大切に思ってくれる人たちがいるとわかっていれば、柔軟に対応できる。だから、粉々に壊れることはない。

——フレッド・ロジャース

友人のテイラーの話をしたいと思います。

テイラーは最高の友だちです。「私の」親友とは言えないのですが（そうだったらいいのですが！）、友だちでいられて最高だと思える人です。テイラーはたくさんの人にとって大切な人なので、結婚式の花嫁付添人を13回も務めました。それに、独身最後のパーティーや、ブライダルシャワー（花嫁になる人を祝うパーティー）やベビーシャワー（出産前の女性に贈り物を贈るパーティー）も何回も企画しています。

テイラーとは、以前の職場で同じチームになって知り合いました。全米規模の大プロジェクトに一緒に取り組み、数年のうちにお互いをよく知るようになりました。私の誕生日にデスクに花束を置いておいてくれたり、ものすごくストレスが多かった日には退勤後に飲みに行こうと誘ってくれたりする人でした。彼女も私もその後転職し、別の街に引っ越しましたが、連絡はとり合っています。彼女と私のあいだにはたしかに絆がありますが、とにかく彼女は友だちと連絡をまめにとり続ける人です（私よりもずっと）。

1章で、つながりの健康とは、必要なときに備えて育てておくべき資産でありリソースであり筋肉だと説明しました。テイラーはこのことをしっかり理解しています。2020年に彼女の父親は、ステージ3の膵臓がんの宣告を受けました。5年生存率は12％という深刻な病状です。[1]友人一同と家族は支援に立ち上がり、テイラーや両親、兄弟を心から気づかい、20万ドルというお金を集め、膵臓がん研究に寄付しました。3年のあいだに手術と数回の抗がん剤治療を行い、父親は今もがんと闘病中です。

2023年に、テイラーと夫は休暇をとってハワイに行き、結婚1周年と妊娠を祝いました。新しい家族が生まれる喜びでいっぱいでした。ところが2週間後、恐ろしい知らせが届きました。検査の結果、赤ちゃんはおそらく死産になるだろうというのです。

悲しみの底に沈みながらも、テイラーは私にメッセージを送ってきました。「今のつらい状況を耐えられているのは、みんなとのつながりの力のおかげよ」と。

テイラーの友人たちは、頻繁に彼女のようすを確認し、デリケートな話題も臆さず語り合いました。それだけ深い絆がすでにあったのです。やがてテイラーは自分の試練を話せるようになり、気持ちを押し殺すのではなく、信頼する人たちとともに受け止め、整理していきました。つながっている人たちも、それぞれの方法で彼女を支えました。たとえば、プレイリストを作って送ったり、生まれなかった子どもの名義で寄付をしたり、心のこもった贈り物を届けたりしました。

大事に思ってくれる友人たちや愛してくれる家族による組織的な支援の力は、テイラーが父親の病気がもたらすストレスや子どもを産めなかったことによる精神的・身体的トラウマから立ち直るための土台になりました。からだとこころの回復を支えてくれたのは、人間関係でした。つまり、つながりの健康という柱が、健康という重い神殿を支え、からだの健康とこころの健康という2つの柱の傷を修復する力を与えてくれたのです。

テイラーの経験には、つながりの健康への取り組みについて、私たちみんなが学べることがあります。

つながりの健康が非常に良好な状態とは？

30代半ばのテイラーはコロラドに住んでいました。家族は近くに住んでいましたが、友人の多くは別の都市に暮らしていました。これから紹介するワークシートは、テイラーの現在のつながりの健康の状態や、1つひとつの人間関係のあり方を調べたものです。彼女の取り組みの背景事情がよくわかるように、ワークシートには通常より詳しく回答を書き込んでいます。

現在、テイラーがとるべき全般的な戦略は「フレックス（ほぐす）」です。彼女はつながりの健康が非常に良好な人の見本です。しかし、その実態はみなさんの想像とはかなり違っているかもしれません。

内向型人間の私から見ると、テイラーの親しい友人の数や、人づきあいに費やす時間の量は衝撃的です。そんなにたくさんの人と毎日電話で話したりしたら、疲れ果ててしまうと思います。テイラーの例を知って初めて、つながりの健康が非常に良好な状態はそういうものだと理解できました。

人間関係	強さ	戦略
夫	✓	フレックス（ほぐす）：毎日一緒に過ごしている。
両親	✓	フレックス（ほぐす）：毎週日曜に電話で話す。月に2回は直接会う。
兄夫婦	〜	トーン（調える）：週に数回はメッセージや電話のやりとりがあるけれど、義姉とはもっと親しくなりたい。義姉に直接電話をかけて話したいと思っている。
祖父母	〜	トーン（調える）：メールで連絡をとり合っているし、葉書を送ったりもするけれど、もっと直接会う機会をつくりたい。今年は祖父母を訪ねる旅行をもっと計画したい。
高校時代からの親友（2人）	✓	フレックス（ほぐす）：毎日メッセージや電話で連絡しているし、個人的なことも打ち明け合っている。住んでいる場所が遠いので、会うのは年に2、3回。葉書やプレゼントも送っている。
大学時代からの親友（5人）	✓	フレックス（ほぐす）：毎日、1対1またはグループチャットでメッセージをやりとりしているし、週に1回は電話で話している。住んでいる場所は遠いけれど、年に2、3回は会っているし、会えないときは葉書やプレゼントを送っている。
ジムの友人グループ	✓	フレックス（ほぐす）：週に2、3回はメッセージをやりとりしている。内容のほとんどは、ワークアウトか面白いネットミーム。

人間関係	強さ	戦略
大学時代の友だちグループ（前出の5人以外）	✔	フレックス（ほぐす）：週に数回はメッセージや電話で連絡をとっている。近くに住んでいるので月に1、2回は顔を合わせている。
元同僚で今は友人になった人たち	✔	フレックス（ほぐす）：近くに住んでいるので月に1、2回は顔を合わせている。
大学時代の友人たち	✔	フレックス（ほぐす）：2、3週に1回はメッセージや電話で連絡をとっている。住んでいる場所は遠いけれど、年に数回はみんなで集まる。
夫の姉	～	トーン（調える）：たまにメッセージで連絡する。比較的新しいつきあいなので、もっと仲良くなりたいけれど、姉は国外に住んでいる。休暇に夫と訪ねたときに、1対1で過ごす時間をもちたい。
友人の子どもたち	✔	フレックス（ほぐす）：月に2、3回はフェイスタイムで話すし、葉書やプレゼントを送ったりしている。
新しい職場の同僚たち	✕	トーン（調える）またはレスト（休む）：同僚たちのことはもっと知りたいと思っている。私は勤務形態がハイブリッドで、自宅で働く日もあれば、オフィスに行くこともある。オフィスに行くときには、一緒にランチやコーヒーに行く予定を立てたい。一方で、以前の職場にいたときよりも公私のけじめをつけたいと思っているので、夜や週末は完全に仕事から離れて過ごしたい。
隣人たち	✕	ストレッチ（伸ばす）：隣近所の人の多くは、知り合いになれていない。今年の冬は、年末の挨拶としてホリデーカードを配りたいと思っている。また、最近子犬を飼い始めたので、散歩のときに犬をきっかけにしてちょっとした会話ができたらと思っている。

適切なつながりの量とタイプ

つながりの健康が良好な状態とは、つながりの量やタイプが自分にとって適切な状態です。「人それぞれ」の法則を思い出してください。つながりの健康に関する好みや習慣は人によって違います。

普段の私の場合、夫とは一緒に時間を過ごし、家族とはグループチャットで連絡をとり合い、親しい人とはフェイスタイムや電話で1対1で対話します。テイラーとは異なり、友人や仲のいいグループとは、週に1回連絡をとり合うのが精一杯です。実際、私の親友の多くは別の都市や国に暮らしていて、話をするのは数週か数カ月に1回です。でも、話すときには何時間も話し合います。直接会うときには、充実した時間を過ごしています。長年、よく知っている間柄なので深い絆があります。親友たちには、連絡したいとき、する必要があるときには、いつでも電話をかけられるし、私の話を聞いてくれるとわかっています。逆ももちろん同じです。親友たちとは心のつながりや支えを感じていますし、向こうも同じように思ってくれているのがわかります。また、私は1人で過ごす時間も楽しむタイプで、長時間1人でいても寂しいとは感じません。

私とテイラーとでは、つながりの好みや習慣が違います。でも、それでいいのです。彼女が人間関係に割く時間の多さに私が唖然《あ》としていたら、「私は外向型の典型よね」とテイラーは笑っていました。でも、これから説明するように、テイラーのつながりのスタイルは何でもかんでも外向型というわけではありません。なぜなら、外向型という表現は社交の量を指すのであって、質を問うものではないからです。「自分にとって内輪の親しい人たちに会えばエネルギーをもらえるけど、初対面の人からはもらえない。すでに絆がある人たちだから力をもらえるの」

自分のつながりの健康のスタイル

つながりの健康が良好な生活を送るのに、たった1つの正しい方法などありません。私の研究では、たいていの人は「**蝶**」「**壁の花**」「**蛍**」「**常緑樹**」の4タイプのどれかに当てはまります。次頁に紹介するダイアグラムを見れば、つながりの好みや習慣にはいろいろなスタイルがあることがわかります。縦軸はつきあいの量の好みを示しており、上に行くほど頻度が上がります。横軸はつながりのタイプを示しており、カジュアルなつながりから深いつながりまで幅があります。

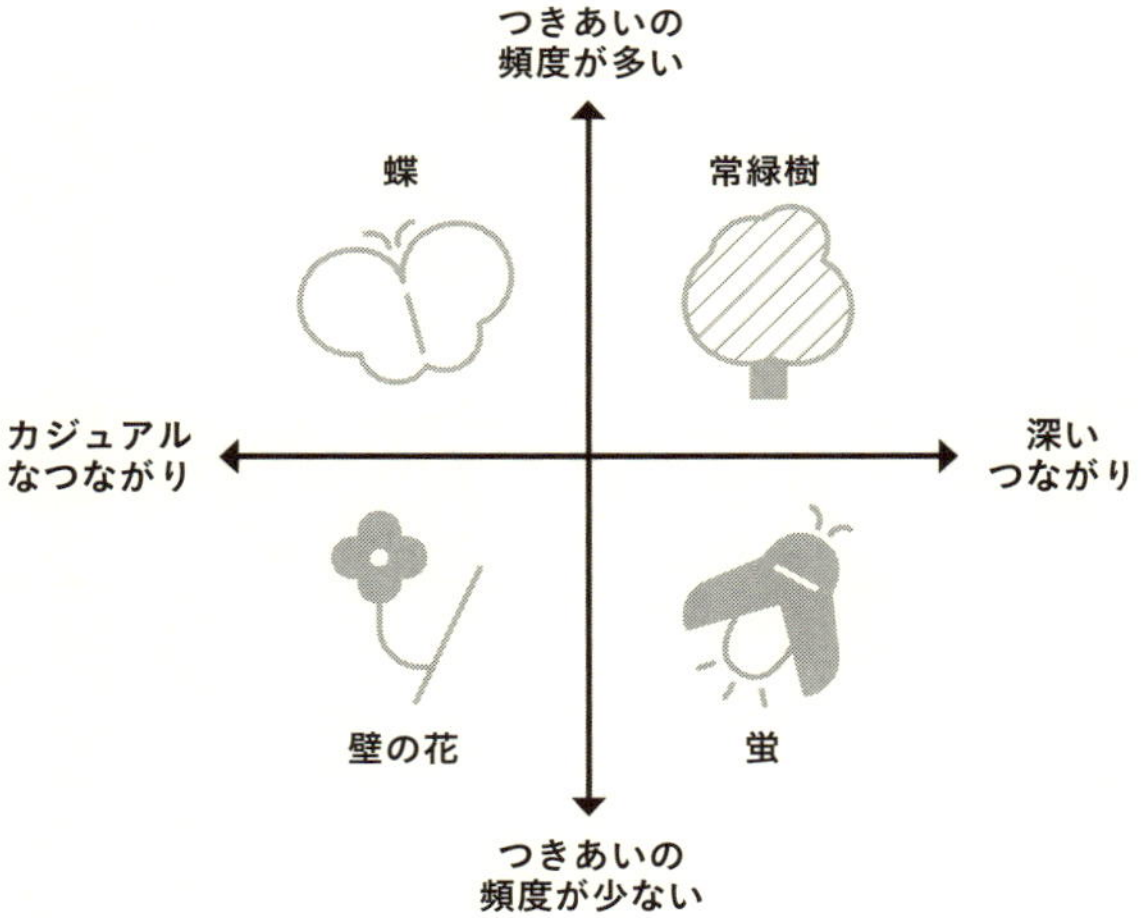
つきあいの
頻度が多い
蝶
常緑樹
カジュアル
なつながり
深い
つながり
壁の花
蛍
つきあいの
頻度が少ない

蝶

頻度の多いつきあいとカジュアルなつながりでいちばん幸せになれるタイプ

花から花へと飛びまわりながら、甘い蜜を吸って花粉を運ぶ蝶のように、蝶タイプの人は、カジュアルにつながり頻繁に交流するスタイルを好みます。パーティーのホストとしてもゲストとしても最高です。誰とでも話を合わせますし、パーティー会場内を飛び回ることも楽しめる人だからです。とはいえ、蝶タイプの人が深い会話やつきあいを大切にしないわけではありません。ただ、気軽なつきあいのほうが得意で、本人も楽しいと感じています。

壁の花

頻度の少ないつきあいとカジュアルなつながりでいちばん幸せになれるタイプ

英語でウォールフラワー＝壁の花と呼ばれるアラセイトウ（ストック）は春に咲き、一度枯れて、また生えてくる多年草です。控えめで、壁際や隙間に育つ花ですが、薬効成分が豊富で、古代ギリシャやローマでは医療に使われていました。壁の花タイプの人にとっては、頻度の少ないつきあいのほうが心地いいし、目立ちたくないと思っています。しかし、心の中には愛したいし愛されたいという気持ちが強く、またその能力もあります。

蛍

頻度の少ないつきあいと深いつながりでいちばん幸せになれるタイプ

私自身、少ないつきあいと深いつながりを好む蛍タイプです。自然界では、蛍は他の個体とシンクロしながら光を点滅させて、夜空に紛れるように飛びます。同じように、私の場合も人と交流する時間と1人で過ごす時間のバランスが大切です。愛する人と1対1の充実した時間を過ごしたり、少人数の人たちに声をかけて集まったりするのは好きですし、1人で過ごす時間も大好きです。

常緑樹

頻度の多いつきあいと深いつながりでいちばん幸せになれるタイプ

テイラーは常緑樹タイプです。1年中、季節を問わず緑の葉をつけているのが常緑樹です。頻繁に深くつきあうことでつながりの健康を維持するタイプなので、親友や秘密を明かし合う人とは定期的に話をします。常緑樹が青々とした葉に養分を貯め、足もとの土から栄養を得て周囲の植物相を豊かにしていくように、頻繁で深いつきあいが彼女と彼女が愛する人たちの活力になります。

あなたは蝶？　壁の花？　蛍？　それとも常緑樹？

1つのタイプがぴたりと当てはまる人もいれば、2つ以上のタイプのミックスという人もいます。スタイルが時とともに変わっていくこともあります。私の友人の場合、20代は蝶でした。友だちづきあいもよく、よい息子で、親しい人もたくさんいたし、高校や大学時代の友人全員と連絡をとり続けていました。つねに社交的で、毎週末にパーティーにでかけていましたし、いろんな人とブランチやディナーをともにし、家族を頻繁に訪ねていました。

その後、30代半ばで恋に落ち、婚約しました。すると、優先順位も変わりました。人生の次なるステージでは、常緑樹タイプになったのです。つながり方の戦略も、フレックス（ほぐす）からレスト（休む）に変化しました。つきあいの浅い知り合いと過ごす時間を減らし、いちばん親しい友人や家族にエネルギーを注ぐようになりました。結婚式も、きっと数百人のゲストを招いて盛大な結婚式を開くだろうとみんな思っていたのですが、親しい人だけを集めた小さな式を挙げたのでした。

つながり方のスタイルに優劣はありません。4つのタイプには違いがあるというだけです。壁の花よりも蝶のほうが社交的だから、つながりの健康に与える好影響も大きいということはありません。自分のつながりやつきあいの量やタイプに完全に満足している壁の花タイプの人もいます。ただ、私としては、壁の花タイプの人には、ストレッチ（伸ばす）戦略やトーン（調える）戦略を試して、実際にどんな気分がするか試してみては、とおすすめします。

別のスタイルも試してみて

内向型（壁の花または蛍である可能性が高い）にも、外向型（蝶または常緑樹である可能性が高い）にも、それぞれ程度の差があります。このことについては、少し説明してもいいかもしれません。というのも、そうした違いが人とのつきあい方に影響を与え、その結果、つながりの健康にも影響を与えるからです。

内向型と外向型の定義は、心理学者によって異なりますが、私はエネルギーのあり方の違いに着目してとらえています。内向型の人は、エネルギーを充電するのに1人になる必要がありますが、外向型の人は、他の人と交流するとエネルギーが湧いてきます。少なくとも、あなたの知っている人の3人に1人は内向型です。研究者によっては、半数近くは内向型だと推計している人もいます。

ステレオタイプはあるものの、内向型の人は必ずしもシャイで引っ込み思案だとは限りません。私もそうですが、外に出かけていって、ある程度までは他の人と過ごす時間を楽しむ人もいます。スーザン・ケインの『内向型人間の時代：社会を変える静かな人の力』（講談社）はこんなふうに説明しています。

外向型人間は、「ディナーパーティーを活気づけてくれる人」。というのも、群れるのが好きだからだ。一方、内向型は、たとえ社交のスキルが高く、パーティーやビジネスの会議を楽しんでいるように見えても、内心ではすぐに「パジャマ姿で家にいたい」と思ってしまうタイプだ。それでも、内向型の人もつながりが必要だし、つながりからメリットを受け取っている。これは普遍の真理だ。

こうした性格は、つながりの健康とどんな関係があるのでしょうか？　人間関係の数に結びついている可能性は高いです。蝶と常緑樹は人間関係のネットワークが広いのが普通ですし、壁の花と蛍は人間関係やコミュニティの数が少なくても満足感を得ています。また、ある種の戦略を当たり前のように受け入れられるか、怖いな、不安だなと感じるかという点にも影響を与える可能性が高いでしょう。外向型の人ならストレッチ（伸ばす）戦略は他より簡単でしょうし、内向型の人はレスト（休む）戦略のほうがしっくりきます。つながりの健康を維持できていると感じているなら、今のスタイルをそのまま続けて構いません。

とはいえ、いつもの快適《コンフォート》ゾーンを乗り越えて挑戦することには、必ずメリットがあります。ちょうど、いつもより少し重いウェイトを持ち上げることで筋肉の力を伸ばすのと同じです。2020年に『ジャーナル・オブ・パーソナリティ・アンド・ソーシャル・サイコロジー』に発表された研究を見てみましょう。[2] 被験者は1週間にわたって目立たない録音機を身につけ、1日に4回、どんなつきあいがあり、どのくらい幸せや絆を感じたかを報告しました。つきあいが頻繁で会話の内容が深いほど、ウェルビーイングも高いという結果でした。内向型も外向型も関係なく、です。違いがあったのは1点だけで、有意義な会話によって感じるつながりや絆の感覚は、外向型の人より内向型の人のほうが大きかったのです。しかし、そうした対話のメリットは、どちらのタイプにも全般的にもたらされていました。

この研究が教えてくれるのは、「チャンスがあれば、いつもと違うことに挑戦しよう」ということです。

蝶の人なら、トーン（調える）戦略をとって今あるつながりや絆を深め、レスト（休む）戦略をとって1人の時間を受け入れてみましょう。

壁の花の人なら、ストレッチ（伸ばす）戦略をとってもっと友だちを増やし、トーン（調える）戦略をとって心を開くようにしましょう。

蛍の人なら、ストレッチ戦略をとって社交の機会を増やし、レスト戦略をとって気軽な交流が生まれる余裕をもちましょう。

常緑樹の人は、レスト戦略をとって、自分自身との関係をしっかり掘り下げることもしてください。

実践すれば、驚くほど気分が一変するかもしれません。

5―3―1のガイドライン

自分にとって適切な量やタイプのつながり方がよくわからないという人は、一度実験してみる必要があるかもしれません（そのためのマインドセットについては7章で説明します）。研究から得られるさまざまな知見は、実験を始めるためのきっかけとして役に立ちます。

カナダの国勢調査のデータは、人とのつきあい方の習慣がウェルビーイングに大いに関連していることを示しています。この調査の知見から、有益なアドバイスを導き出せます。[3]

第1に、毎週5人の人と交流すること。第2に、一般論として、親しい関係にある人を少なくとも3人はもつこと。第3に、毎日少なくとも1時間は、人とのつきあいに割くこと。[4]

もう少し詳しく見ていきましょう。毎週やりとりする5人の中には家族や友人、あるいは同僚が含まれますし、つきあい方には直接会って時間を過ごす、電話で近況を知らせ合う、といった方法が含まれます。このとき、「人それぞれ」の法則を忘れないでください。あなた自身にも他の人にも、それぞれつながり方の好みがあります。親しい関係にある3人以上の人は、内輪と呼べる相手です。2章で述べたことを思い出してください。「トークや会話をピン留めしている相手は?」「緊急時に誰に連絡する?」といった質問に対しておそらく最初に思い浮かぶ名前がそうです。理想的には、この人たちとのつきあいは惰性にまかせず、毎日合計1時間はかけて向き合うこと。「量より質」の法則を思い出してください。とくに好きでもない人や、ソーシャルメディアで浅いやりとりをする相手に数時間費やすよりも、大事な人と数分でも有意義なつながりをもつことのほうが、得られるものが多いのです。

もちろん、こうした人数があなたにとっての正解の人数とは限りません。必要なカロリーが人によって違うのと同じです。壁の花や蛍の人にとっては多いかもしれませんし、蝶や常緑樹の人にとっては、少ないかもしれません。1日に1万歩歩いて、8時間睡眠をとり、水を8杯飲みましょう、といったアドバイスと同じで、あくまで目安ととらえてください。

5―3―1は目安となるガイドラインです。1週間に少なくとも5人の人とつきあう。一般的に、親しい関係を結ぶ相手は3人以上いるといい。1日のうち1時間は大事な相手とのつきあいに割くこと。

本書の執筆中に、カナダ公衆衛生庁、NPOと私も参加している諮問グループが協定を結び、現在入手可能なデータをもとに、つながり方のガイドラインを策定することになりました。政策立案者や公衆衛生の実践家、一般公衆に学んでもらい、つながりの健康の重要性をもっとしっかり認識してもらうことが目標です。[5] 米国政府や世界保健機関など、他の指導者たちも同様のガイドラインづくりを進めています。こうした動きは、今後もっと増えていくでしょう。今後数年のあいだに、読者のみなさんがお住まいの地域で、つながりの健康にとって役立つ標準的な知識に触れる機会は増えていくと思います。

これは、カナダ政府が食品選択ガイドラインで、1日にとるべき野菜や穀物、肉などの食品の量を定めているのと同じやり方です。私自身、1990年代にバンクーバーの小学校で食品ガイドラインを学んだのを憶えていますし、実際役に立ちました。カナダ人の80％以上はこのガイドラインを知っていて、バランスのよい食事を摂るべきだと意識しています。[6]

私が生きているあいだに、80％の人がつながりの健康のガイドラインを知り、互いを思いやる有意義なつながり方を身につけたなら、私たちはみんなもっと幸せになれるでしょう。

多様な人間関係を維持する

テイラーから学べることはもう1つあります。多種多様な人間関係を維持することの大切さです。彼女のワークシートを見ると、夫、家族、高校時代の友人たち、大学時代の友人たち、以前の職場の同僚、いろいろな集団とつながっています。親友たちとは毎日話をし、人生に起こったことを何でも明かし合っています。また、軽い知り合いとは、もっと気楽に連絡を取り合っています。

ハーバード・ビジネス・スクールの研究者たちが8カ国5万5000人を対象に行った一連の研究によれば、つきあう相手が多種多様であるほど、その人のウェルビーイングが高まっていました。[7] 財務のポートフォリオでも投資先が多様であるほど堅実な投資判断ができるのと同じで、人とのつきあいのポートフォリオも多様性があるほうが有利だという結論でした。

さらに、それぞれの人間関係から得られる健康上のメリットにも違いがあります。研究者たちが50本の研究論文（被験者は合計で10万人超）を分析したところ、支えてくれる家族がいると死亡リスクは低くなりますが、友人の支えでは低くなっていませんでした。[8] また、他の研究では、中年期以降になると友情がウェルビーイングに与える影響が非常に大きくなります。[9]

おそらく、さまざまなニーズを満たすのに、さまざまな人間関係が必要になるからでしょう。アドバイスや情報、実際的な援助、他者をケアする機会、自分には価値があると再確認すること、共通の関心、感情的な親密さに対するニーズは、年を重ねるほど大きくなっていきます。[10] 心理療法士、恋愛関係やセクシャリティの専門家として人気の高いエステル・ペレルは、西洋の近代文化では、こうしたニーズのすべてを配偶者や恋愛関係のパートナーが満たすことを期待するケースが多いがそれは現実的ではない、と指摘しています。[11]

たとえば、幸せな結婚生活は、健康状態全般の向上、[12] 死亡リスクの低下、[13] 人生に対する高い満足度[14] に関連しています。しかし、幸せな結婚だけでは、つながりの健康が良好な人生を送るのに十分ではありません。夫婦関係は人間関係の1つでしかありません。友人や家族、同僚、隣人、そして赤の他人でさえ、つながることでメリットがもたらされます。配偶者だけと日々を過ごし、友人との関係を放置していると、夫婦関係がどんなにすばらしくても、最終的には依存心や孤独感が湧いてきてしまいます。その場合、夫婦関係以外のさまざまなつきあいを増やすことで、それまでとは違う自分の一面を発見したり、新しい関心を探究したり、頼れる相手を広げたりすることができます。

親友はたった1人だけ、という状態についても同じことが言えます。親友と思える相手が1人でもいるのはすばらしいことです。でも、つながりの健康という観点では、親友を1人に絞る必要はありません。実際、恋愛関係、恋愛抜きの関係、家族、友人など、どんな関係の相手であっても、1人の相手に頼りきるのはリスクが高い行為です。しかし、つきあいに幅があれば、それぞれの関係から違ったメリットを得られます。

同僚や隣人など、それほど親しくないけれど定期的に顔を合わせる知り合いについても、同じことが言えます。コミュニティをつくっているのは、たいていの場合、こうした弱いつながりです。「みんなは1人のために、1人はみんなのために」の法則を思い出してください。つながりの健康には、個人との関係だけでなく、あなたが所属しているグループも必要です。職場でも隣近所でも、趣味や信仰などのグループでも、同じコミュニティのメンバーになることで、弱いつながりが生まれます。お互いのことをよく知らなくても、何かを共有する関係です。

また、コミュニティのメンバーになることで、共通点のない人ともつながることができます。普通、私たちは何かしら似たところのある人と関わることで友だちになります。お互いに関係がつくりやすいし、わかり合えて快適だからです。さらに、私たちは自分に似た人を好きになりやすいことが研究によってわかっています。しかし、習慣をはみ出してみると、人生はもっと面白くなります。もちろん、長期的な健康にもいい影響があります。

日本の研究者たちは、ジェンダー、年齢、人種、民族、社会経済的ステータス、信仰、職業など、さまざまなアイデンティティの要素に関して、自分に似た人とつきあう人々と、もっと多様な人たちとつきあう人々を比較しました。すると、多様な人たちとつきあう人々のほうだけに、健康によい影響が見られました。[15] つまり、自分より年上や年下の人、自分とは肌の色が違う人、違う信仰をもつ人などと友人になることにはメリットがあるのです。

あなたが記入したつながりの健康のワークシートを振り返ってみましょう。人間関係やコミュニティの種類、また経歴や生い立ちという点で、あなたの人間関係にはどのくらい多様性があるでしょうか？　ストレッチ（伸ばす）戦略やトーン（調える）戦略を実践して、もっとさまざまな人たちとつながることはできそうですか？

あなた自身がつながりの確かな土台になる

つながりの健康が非常に良好な状態を見ていくと、他の人と健全なつながりを育むには、自分自身が健全でなければならないことがわかります。そのためには、自分を知り、自分を大切にし、自分のニーズをしっかり満たしながら、自分を偽ることなく他の人とつきあい、つながる必要があります。

自分としっかり向き合う1つの方法が、セルフコンパッションの実践です。セルフコンパッションは、テキサス大学オースティン校のクリスティン・ネフ教授が世の中に広く知らしめた概念です。

彼女が述べているように、「セルフコンパッションとは、わかりやすく言えば、コンパッション（思いやり）を自分に向けること」です。誤りを犯したとき、自分自身を責める代わりに、優しい気持ちで理解することもできるはずです。課題に直面したとき、自分を批判し責めるのではなく、自分を支え、励ますこともできるはずです。「研究によれば、セルフコンパッションは物事に対処し、困難から立ち直る力を引き出すためのいちばん強力な手段であり、私たちのこころとからだの両方のウェルビーイングを大いに高めてくれるもの」[16]です。そして、私としては、セルフコンパッションはつながりの面でウェルビーイングを高める土台にもなることを付け加えたいと思います。

私はあるときVHSテープに録画された家族のビデオを見ていて、セルフコンパッションの考え方にものすごく納得しました。ビデオには、イースターの日に両親の家でおむつをしたよちよち歩きの子どもが満面の笑顔を浮かべてチョコレートエッグを探している姿が映っていました。まん丸な目をして、無邪気で、本当にかわいくて、世の中に汚されていない姿。見ていたら愛おしさが限りなく湧いてきました。少女をハグし、守り、一生つらい目に遭わないようにしてあげたいと思う気持ちがあふれてきて、気づけば涙がこぼれていました。

この少女は、私でした。

後で振り返ってみて、このとき私は、子ども時代の自分に対して、他者に向けるのと同じ思いやりの心を向けていたのだと理解しました。それは、他者から自分が受け取りたいと願っている思いやりでもあります。自分自身を愛し、尊重すれば、他者を愛し、尊重する関係も育みやすくなります。そして、見返りとして、自分は愛と尊敬を受けるに値するのだと思えるようになります。

あなた自身との関係を考えてみてください。1人になれる時間をつくっていますか？　他の人から受け取りたいと願っている愛や敬意、思いやりを、自分で自分に与えていますか？

もちろん、自分とつながることは、継続的に取り組むべきことであり、1回限りで完了するものではありません。マッチングアプリ、ヒンジ（Hinge）の研究ディレクターのローガン・ウリーは、『史上最も恋愛が難しい時代に理想のパートナーと出会う方法』（河出書房新社）という本を書きました。彼女の研究テーマは恋愛関係ですが、彼女が得た知見の多くは恋愛以外の人間関係にも当てはまります。ローガンは私に、研究中に突き当たった矛盾する2つの見解を教えてくれました。パートナーに出会うためにはまず自分が完成された人間である必要があるけれど、パートナーと出会うことで人は完成されるものであり、真実はこの2つのあいだのどこかにある、というのです。「他者との関係を育み、深めていくうちに、自分自身も成長し、自分との関係を育んでいくというのが、ベストです」

つながりの健康の成長を阻むもの

つながりの健康が良好な状態とは、蝶であれ、壁の花であれ、蛍であれ、常緑樹であれ、つながりのスタイルと量が自分に適している状態です。そんなときには、「ストレッチ」「レスト」「トーン」「フレックス」といった普段の戦略や習慣を超えた行動をとれることもあります。すると人間関係のバラエティが増えますし、自身が人間関係の確かな土台になっていきます。

しかし、そうした状態になるのを阻むものがあるとしたら何でしょうか？　良好で意義の深いつながりを阻む障害をいくつか挙げてみます。

自分には無理だと信じ込む

私は仕事柄、テイラーのようにつながりの健康が非常に良好な人から、親しいつながりや絆がなく絶望しきっている人まで、さまざまな人と話をする機会があります。そんな中、人間関係に悩む人には共通する傾向があることに気づきました。「自分には無理だ」と思い込むマインドセットに陥っているのです。

孤独感を抱えているジェーンという女性がいるとしましょう。研究によれば、孤独な人は人づきあいに関して過度に用心深く、ものごとのポジティブな面よりネガティブな面に注目しやすいことがわかっています。[17] そういう考え方が、ジェーンの行動に微妙に有害な影響を与えていました。たとえば、用心深くなりがちだし、自意識過剰になりやすいし、自分を疑い、他人の目に映る自分を意識しすぎているのです。そのせいで、ジェーンは人づきあいに苦労し、ますます悲観的な考え方に陥ってしまいます。自分には無理だという思い込みが引き金になり、つながりの健康がさらに悪化しているのです。

研究によれば、孤独に対する最も効果的な介入の1つが、「不適応的認知」、つまり、不正確で役に立たない思い込みを覆していくことです。ジェーンの場合、人と交流しているときに頭に浮かんでくる自動思考を特定し、それは事実ではなく仮説なのだと見なす方法をあるセラピストから教えてもらうことで自分を解放し、行動を変えられるようになりました。

しかし、無理だという思い込みがこころに染みついているせいで、人と深くつながれる自分の力に気づかない場合もあります。それどころか、つながってみることすら考えられない場合もあります。

2018年のある日の午後、私はミレニアル世代15人と「ペレニアル」世代（ミレニアル世代の中で最年長の層に属する参加者をこの会合ではそう呼んでいました）15人に交流を深めてもらうコミュニティ・イベントを主催しました。幸運なことに、受賞歴のあるインタラクティブ・アーティストのイヴァン・キャッシュ、それから、当時はIDEOのデザイン部門のリーダーで、今では『*Seek: How Curiosity Can Transform Your Life and Change the World*（求め続けよう：好奇心が人生を変え、世界を変える〔未訳〕）』の著者として知られるスコット・シゲオカがファシリテーターとして協力してくれました。

私たちは、見ず知らずの他人同士の参加者が、世代の異なるペアとなるようマッチングしました。次に、「4分間でどんな人生を送ってきたかを話してください」「今、直面している課題について話してください」「特に誇りに思っていることを1つ挙げてください」といった一連の話題を提供して、交流を促しました。

結果はすばらしいものでした。会ったこともない人に個人的な経験を打ち明け、思いもかけない共通点（あるペアは、同じ州内のほんの数キロ離れた場所で育ったことがわかりました）を見つけて絆を深め、笑い合い、涙を流すことさえありました。

最後に、参加者全員が車座になり、グループで交流を深めました。ある若い参加者は、「普段の生活の中では誰かとここまで深い会話を交わす機会がほとんどないことに驚きました。今日のような行動が当たり前になれば、私たちはもっと強くつながれるはずだと思います[18]」とコメントしてくれました。もっと深い会話を交わせる場所はあるはずだし、それは自分から求めていかなければならないものだ、とこの人は気づいたのです。「普段の友だちには、深い質問をしようとさえしなかったのはなぜだろう、と思うようになりました」

あなたが手に入れられるはずのつながりの健康を阻害している可能性がある思い込みや死角とは何なのか、深く考えてみましょう。

差別や逆機能は最悪

つながりの健康に強い関心を寄せる人々向けに発信している私のニュースレター（www.kasleykillam.com/newsletter で参加できます）で、過去にドジャー・スタジアムに野球観戦に行ったときの体験を書いたことがあります。茶色と金色のユニフォームを着たパドレスファンの私は、青いユニフォームのドジャースファンの群衆の中で明らかに浮いていて、そのせいで自分でも驚くほど自意識過剰に陥っていました。同時に、赤の他人でもパドレスファンを見かけると親近感が湧いてきました。ニュースレターで私は「これは典型的な『内集団』vs.『外集団』の状況です」と心理学用語を使って説明しました。内集団とは仲間内のこと、外集団とは仲間ではない人の集団を指します。「このとき私は、周囲の集団に属している、あるいは属していないという感覚がつながりの健康に与えうる影響につい振り返ることになったのです」と私は書きました。

私自身はドジャースファンからブーイングされても平気でしたが、コミュニティメンバーのヴィクターは、ニュースレターへの返信として、もっと重要な経験を共有してくれました。

ヴィクターは黒人で、1990年代後半、薬局のマネジャーとして働いていました。

「あのころ私は、自分以外全員白人のチームに対し、人種のことを気兼ねなく話せる雰囲気をつくろうといつも心を砕いていました。だから、『全米会議のたびに黒人がみんな同じテーブルに集まるのはどうしてですか』という質問を受けたとき、本当に嬉しかったんです。あなたの『内集団vs.外集団』のニュースレターを読んで初めて気づいたのですが、私はあのとき嬉しくなって、こんなふうに聞き返しました。『もし数千人規模の会議で参加者の98%が黒人だったら、みなさんならどうしますか？　どんな人のほうに寄っていきますか？』と」

ヴィクターはさらに続けます。「議論はよい形で盛り上がり、最後にこんな結論にたどりつきました。『ですから、今度、大きな集まりの中で居心地が悪そうにしている人がいたら、集団になじめない人だろうと決めつけず、声をかけて歓迎しましょう。そういう人は、きっかけがあればいい形で交流したいと思っているはずです。今のみなさんには、そんな人の気持ちがよくわかるはずです。相手の身になって行動しましょう！』」

ひいきのスポーツチームであれ、肌の色であれ、あるいは他のアイデンティティであれ、部外者であるという感覚はつながりの健康を阻害する要因になりやすいものです。人種差別、性差別、年齢差別、同性愛嫌悪など、差別に結びつく可能性がある場合は特にそうです。

たとえば、人種差別が集団の人間関係に与えるダメージについての研究もあります。[19]人種差別は文化のレベルにおいて「私たち」対「彼ら」という対立を生み、コミュニティの形成や社会的結束、団結を阻みます。対人関係のレベルでは、人種差別があると、人種の違いを超えた仲間としての関係に支障が生じます。すると、人種の違いを超えた仲間としてのつながりを育めないし、維持できないため、本来得られたはずのメリットを手にすることもできません。また、個人に関しても、人種差別が被差別者のつながりの健康に有害であることを示す研究はたくさんあります。[20]人種差別というリスク要因は、米国の状況を考えるとき、とくに深刻です。2022年には、米国人の成人の70％が人種間の関係について、「非常に」または「かなり」懸念を抱いていると回答し、[21]3分の2が現在の人種間関係に満足していないと回答しています。[22]

もっと広い目で見ると、どんな人間関係であれ、機能不全の関係は、関係者のつながりの健康を脅かします。たとえば、親が愛情を示さない家庭環境、同級生によるいじめ、パートナーからの物理的または心理的な虐待、同僚間でガスライティング（人を操作しようとする心理的虐待の一種）や防衛が習慣化している職場などがそうです。みなさんも、これまでの人生で少なくとも一度は毒のような人に出会い、多少なりとも不愉快な思いをしたことがあると思います。

どんな人間関係であっても、対立をなくすことはできません。それは想定しておくべきです。たとえば、家族や恋愛関係のパートナーが相手であっても、意見が合わない、フラストレーションを感じる、傷つく、といったことはあります。苦しいことではありますが、互いをもっとよく理解するきっかけになることもありますし、よい形で解決できれば絆が深まります。同僚が相手でも同じです。何年も一緒に働いていれば、衝突することがあるのは当たり前です。そういうときには、あなた自身が学び、共感し、一緒に働いていく能力を高めるための機会だと思って受け入れましょう。

しかし、相手のネガティブな毒が限度を超えていると、あなたのつながりの健康に害が及ぶこともありえます。もちろん、からだの健康やこころの健康にとっても有害です。良好なつながりの健康を維持するには、限界を定めておくことも必要です。

どう考えてもネガティブな人間関係なら、決別という結果も当然ありです。社会学者でコーネル大学教授のカール・ピルマーは著書『*Fault Lines*（断層線〔未訳〕）』の中で、6500万人の米国人が家族内に不和を抱え、そのうち3分の2以上が絶交状態にあるという現実を明らかにしました。また、こうした不和は、不和を抱える人だけでなく、彼らの大切な家族や子孫にまで破壊的な影響を及ぼすことがあるといいます。

一方で、私自身の経験としても、虐待や毒家族、どうにも相容れない違いがある相手とは、決別するほうが健全な場合があると思います。残念ながら、つながりの健康的には、離れることが最善だというケースもあるのです。2章で触れたように、つながりの健康に力を与えてくれない人を見極めるのは、与えてくれる人を見極めるのと同じくらい重要です。

他者に対して「好き」と「嫌い」の両方の感情を抱く場合もあります。愛憎半ばする関係は興味深いものです。たとえば、親戚を見渡せば1人くらいは、葛藤を感じる相手がいるものです。研究によれば、つながりの健康を維持するには、そうした相手との接点は最小限にするのがベストです。

臨床と実際の環境の両方で行われた一連の研究によれば、愛憎半ばする友人や家族、恋人との交流は、支えではなく血圧の上昇や炎症の増加、細胞老化の加速をもたらすことがわかっています。[23] たとえば職場の同僚や子どもの学校の教師がそうだとつきあいが避けられない場合もありますが、その場合は交流をできるだけよいものにし、ポジティブなつながりにすることで葛藤を中和する努力をしましょう。

思い出してほしいのは――

●**量より質**……すべてのつながりがよいつながりとは限りません。自分のつながりの健康にとって、ポジティブというよりネガティブな影響を与える関係やコミュニティは手放すことを自分自身に許してあげてください。

●**下り坂もいつかは上りに変わる**……他者との関係に悩んでいるなら、つながりの健康も浮き沈みがあることを知っておいてください。支えてくれる他の関係やコミュニティに頼ること、そうすればいずれうまくいくときがきます。

この2つは大事です。この本の目的の1つは、たくさんの人につながりの健康を理解してもらい、つながりの健康を高めるために必要なことは何かを話題にしてもらうことにあります。つながりの健康というレンズを通して、差別や逆機能（個人や組織にとってネガティブに働く活動）といった問題もとらえ直すことになります。差別や逆機能といった問題が自分のつながりの障害になっていないかを見つめ直しましょう。

デジタルなつながりは要注意

１９６０年代、私の母は高校を卒業すると、１年間デンマークに留学しました。長距離電話は今よりずっと料金が高かったため、母が両親と電話で話したのは、自分の誕生日とクリスマスの2回だけだったそうです。故郷の友人たちと連絡をとるには、手紙を送り合うのがベストの方法でした。打って変わって、２０００年代に母と高校生の私が1年間フランスで過ごしたときには、長距離電話はずっと手頃な料金になっていましたし、みんながメールを使っていたので、つながりを維持するのもずっと楽でした。

それから20年が経ち、ＳＮＳやメールの他、無料で即時に連絡できるコミュニケーションツールがあふれかえる現在では、つながり続ける方法より、つながりを断つ方法のほうが重要になっています。米国の成人は1日のうち平均3時間をスマートフォンに費やし[24]、10人のうち約7人がＳＮＳを利用し[25]、とりたてて意義のあるつながりを結ぶこともなく、惰性で画面をスクロールし続けています。ピューリサーチセンターのデータによれば、米国の10代の若者の95％がスマートフォンを使用し、半数近くがインターネットを「ほとんど絶え間なく」見続けています[26]。大多数がほぼ毎日、友だちとオンラインで時間を過ごしています。

デジタルデバイスでつながる時間は、私たちのつながりの健康によくも悪くも複雑な影響を与えています。一方で、10代の若者の81%は、デジタルデバイスのおかげで友だちとのつながりを感じられると述べています。[27] 他方、ペンシルベニア大学の学生に対し、フェイスブック、インスタグラム、スナップチャットの使用は1日30分までと制限したところ、3週間後、SNSを自由に使っている学生に比べて、孤独感や抑うつ感が大幅に減っていました。[28]

そもそも、デジタルの世界でのつながりによって「現実世界でつながりたい」という私たちの深い欲求が満たせると考えるのは問題です。2021年に発表された、ソーシャルメディアの利用と社会的不安、孤独の関係をめぐる系統的レビュー研究によれば、[29] 社会的不安や孤独を抱えている人の多くが、現実世界で足りないつながりや支えの埋め合わせとしてソーシャルメディアに手を伸ばしていました。ところが、求めているものは必ずしも見つからず、人と積極的に関わることなく、コンテンツの受動的な消費に時間を費やしていました。

テクノロジーは、つながれない現実を埋め合わせてくれるように見えるかもしれませんが、毒になることのほうがはるかに多いのです。

とはいえ、うまく使えば、テクノロジーはつながりの健康の向上に役立つパワフルな道具になります。具体的な使い方については9章で説明します。現時点では、テクノロジーがあなたのつながりの健康にとって役立つものなのか、それとも害を与えているのか、気をつけるようにしてください。まずは、「デジタルなツールを意義のあるつながりのために使っているだろうか？　それとも、大切な人と対面で充実した時間を過ごすことの代用にしてはいないだろうか」と自分に問いかけてください。

コロナ禍がもたらした希望

コロナ禍は悲劇をもたらし、多くのトラウマを残しましたが、人のつながりに関する研究にとっては特別な機会にもなりました。壁の花や蛍の人のほうが、蝶や常緑樹の人よりも比較的平気だったかもしれません。壁の花や蛍は1人でいることが苦にならないからです。しかし、全世界を巻き込んだパンデミック中は、どのタイプの人もいつもの人間関係に混乱が生じることが多かったはずです。

人々の人間関係のあり方に、いろいろな形で支障が生じました。100カ国、2000万人超を対象とした調査によれば、孤立と不確実性に支配された最初の数カ月間は、強い孤独感を抱える人の数が15％も急増しました。[30]　AARP財団とユナイテッド・ヘルス財団によれば、コロナ禍では、米国の高齢者の74％が友人とつながるのが難しいと感じ、3分の2は交流の機会が減っていました。[31] ハーバード大学の研究者らは、コロナ禍が始まると若年成人の43％が前より孤独になったと感じたと報告し、「世界的パンデミックによって、米国における孤立・孤独の流行がさらに悪化した」と結論づけました。[32]

しかし、人々の変化を経時的に追った別のデータからは、もっと楽観的な結果が読み取れました。２０２１年、研究者らは、７万２０００人超の被験者を対象とした25件の縦断研究と実証研究の結果を検討しましたが、ロックダウンがもたらした孤独や社会的支援のレベルに有意な差異は見いだせませんでした。[33]

次に２０２２年、研究者らは世界の25万人超の被験者を対象としたデータについて、メタ分析を伴う系統的レビューを行いました。孤独についてはわずかな増加が見られましたが、当時メディアの見出しにあったほどのセンセーショナルなものではありませんでした。[34] 実際、米国で18歳から98歳までの人々を対象としてコロナ禍以前に開始し、ロックダウンが全面的に実施されていたさなかに終了した研究では、人々はパンデミック中のほうが大きく支えられていると述べていたのです。多くの人が（安全な距離を保ちつつも）自ら進んで互いに気づかい、支え合おうとしていたのでしょう。[35]

一見すると矛盾するこれらの研究結果は、実際のところ、希望に満ちたメッセージを投げかけています。たしかに、人々を引き離す疫病の蔓延というカタストロフィ的状況は、つながりの健康にとっては障害です。しかし、「人間関係にも浮き沈みがある」という法則を忘れないでいてください。多くの人がパンデミックという障害を乗り越えましたし、コロナ禍前よりも有意義なつながりや絆が生まれることもあったのです。

コンテクストの中でつながりの健康をとらえる

私たちの生活に破壊的な影響を与えたコロナ禍は、人類の長い歴史における1つの試練でした。人類はこれまでもあまたの疫病や災害、戦争や虐殺を乗り越えてきたのであり、社会を構成する揺るぎない構造や文化規範、イデオロギーに比べれば、コロナ禍の影響は比較的一時的なものでした。よくも悪くも、私たちのつながりの健康に影響を与えるのは、そうしたもっと広範で永続的な社会事情のほうです。しかもそれらは、私たちが気づかぬうちに影響を与えています。

ロバート・D・ラッセルは序で取り上げた論文の中で、研究を経て浮かび上がってきたつながりの健康の補助的な条件にも触れています。個人のウェルビーイングという次元に加え、

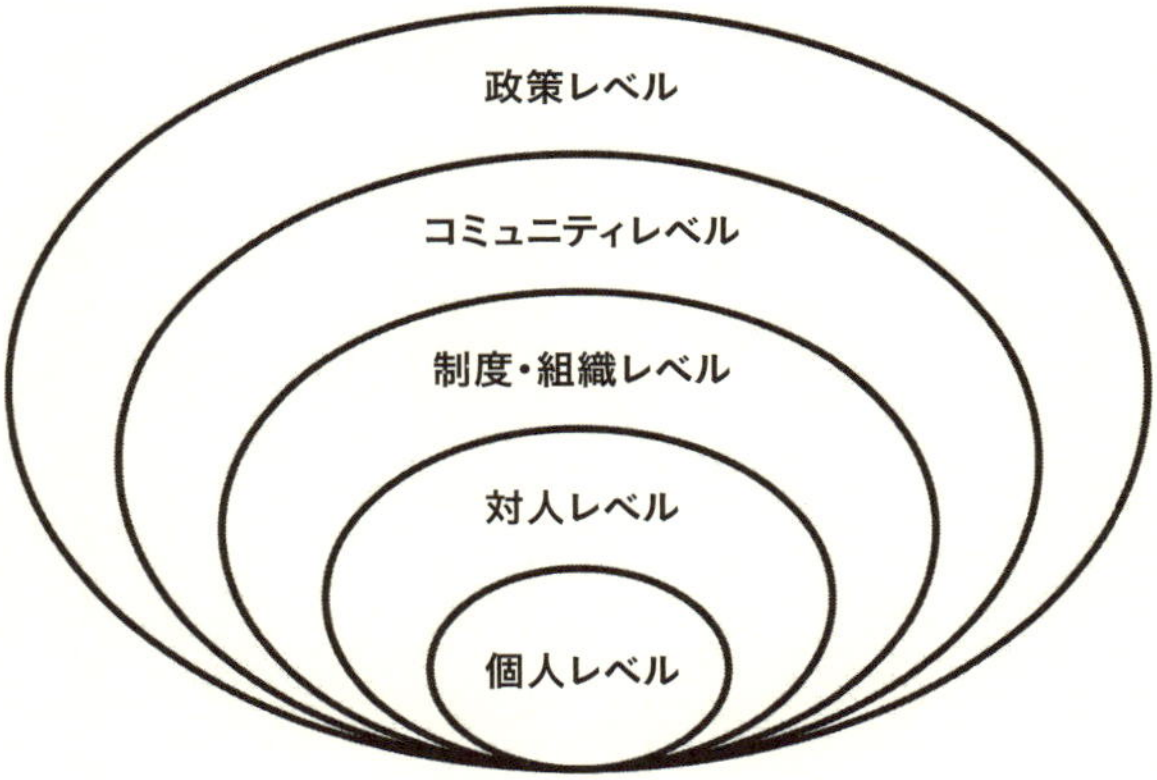
政策レベル
コミュニティレベル
制度・組織レベル
対人レベル
個人レベル

つながりの健康は社会の条件としても解釈できそうに見えたのです。ラッセルはこの2つの次元の整合性をとろうと苦心していました。

私は、この2つは完全に調和した関係にあると見ています。公衆衛生の専門家は、さまざまな要因に影響される個人の健康状態を示すのに社会生態学的モデルを使用しますが、これがラッセルの定義を理解するのに役立ちます。前頁の図では、各領域が社会のレベルを示しています。

このモデルを見ると、みなさんも、そしてみなさんの健康状態も、みなさんを取り巻くコンテクスト（個人レベル、対人レベル、制度・組織レベル、コミュニティレベル、政策レベルとの関係）の中に組み込まれているのがわかります。法の整備といった社会への介入から、教えるスキルを伸ばすといった個人レベルの介入まで、各レベルにそれぞれ対応策を講じる機会があります。

喫煙を例にとりましょう。喫煙を減らすには、健康への長期的な影響を教育するといった個人レベルでの介入が可能です。また、職場でタバコを禁止するといった制度・組織レベルでの介入も可能です。あるいは、タバコの売上に対する税金を上げるといった政策レベルでの介入も可能です。理想的には、これら3つをすべて実施することになりますし、実際に実施したからこそ、米国では1965年には40%超あった成人の喫煙率が、2018年には14%まで激減しました[36]。

このモデルを人のつながりや絆にも適用してみると、みなさんのつながりの健康は、みなさんの知識や態度、スキルや行動だけでなく、みなさんを取り巻く世界の力によって決定されています。成長する過程で交流する対人関係、進学した学校や日々を過ごす職場、さまざまなリソースや規範を伴うコミュニティ、そして暮らしている社会の法律や文化。これらのすべてがつながりの健康に影響を与えます。だからこそ、私たちを取り巻く広い意味での文化や制度、コンテクストを無視することはできません。

この考え方を活用するために、3つの例を考えてみましょう。いずれも集団全体のつながりの健康を高める際、障害にも、すばらしい機会にもなりうる例です。

つながりの健康を育む制度や政策とは

法制度はみなさんのつながりや絆を育む能力を抑制したり助長したりする力を生み出すことがあります。育児休暇を考えてみてください。育児休暇は、居住する国や地方自治体の法律によって決定され、勤務する組織の規則に従って実施されます。私は現在米国に住んでいますが、新生児の親は3カ月の育児休暇を取るのが普通です。

一方、私の親しい友人の1人はドイツ人ですが、彼女が娘を出産したとき、育児休暇が最長で3年取れる可能性があると知り、衝撃を受けました。彼女は出産後1年で、時短勤務での職場復帰を選択しましたが、いつ復帰しても必ず仕事が用意されていますし、気が変われば変更できる自由もあります。非常に柔軟性のある政策のおかげで、彼女は思う存分子どもとの絆を育み、自分と娘の健康を大切にし、愛する家族と時間を過ごすことができています。また、こうした条件のすべてが、家族の短期的かつ長期的なからだの健康、こころの健康、つながりの健康によい影響を与えています。

保守であれリベラルであれ、政治的な立場にかかわらず、つながりの健康という視点で社会の課題や選挙の候補者を見極めるのは重要です。自分の隣近所や国のつながりや絆にとって、どんな影響が及ぶだろうか、と考えてみるのです。有意義なつながりや絆を育むことで、個人の健康や幸せや長寿によい影響が生じ、それによって社会全体にもよい影響が及ぶのだと理解したうえで、どんな政策や候補者に投票すべきかを考えましょう。

「私」vs.「私たち」

つながりの健康をコンテクストの中でとらえるもう1つの例として、自分が暮らしている社会の文化が個人主義と集団主義のどちら寄りか、という視点が挙げられます。一般的に、米国やオーストラリアは個人に重きを置く文化であり、人々は個人の自立や自己努力による達成を優先する傾向にあります。一方、ブラジルやインドは集団に重きを置き、人々は互いに頼り合う関係や集団としての調和を優先する傾向にあります。[37]

個人主義とつながりの健康の脆弱さには相関関係があることをさまざまな研究が示しているのは、おそらく驚くべきことではありません。たとえば、237の国や島、地域の16歳から99歳までの5万6000人を対象とした研究によれば、個人主義の傾向が強い文化ほど住民は孤独を感じていました。[38]「私たち」より「私」を優先するせいで、人々の心が離れてしまうのです。

しかし、文化が個人のつながりの健康に与える影響は単純ではありません。たとえば、個人主義が強い国のほうが新しい友人関係を結んだり新しいコミュニティに参加したりするのが簡単だとする研究もあります。つまりストレッチ(伸ばす)戦略が実行しやすいのです。[39]生まれついた社会集団への執着が小さいのが理由として考えられます。

同様に、健康面への影響もさまざまです。ヨーロッパ諸国で4万人超を対象とした調査では、集団主義が強い国の人のほうが、孤独になったときの健康への影響が大きくなることがわかっています。[40] おそらく、家族やコミュニティに大きな価値が置かれる場所にいると、人とつながれない状態は受け入れがたく恥ずかしいという感情が強くなり、健康への悪影響も大きくなるのでしょう。

ソロ活の隆盛

過去数十年のあいだに人々の暮らし方のトレンドにもさまざまな変化が生じ、個人や集団のつながりの健康の形も変わりつつあります。まず、1人暮らしをする人の数が大幅に増えました。世界各国で独居世帯の数が未だかつてないほど増えています。[41] 多くの人が生涯に複数回引っ越しており、1カ所にとどまらないのも普通です。

また、序でも述べたように、いわゆる社交クラブのメンバーになる人が減っています。こうしたトレンドが必ず人々の分断を招くわけではありませんが、リスク要因ではあります。また、全体として、家族やコミュニティの価値は衰退しています。この点について、私は憂慮しています。

総合すると、さまざまな例が、つながりの健康は社会をつくる条件になること、政策や文化、トレンドなど、暮らしている国や社会の要因の影響を受けることを示しています。つながりの健康がもっと良好な世界をつくるためには、そうした要因を考えることが重要です。

しかし、一巡してわかることは、1人ひとりが自分の人生を生きるのに、つながりの健康は何よりも重要だということです。とるべき戦略が「ストレッチ」「レスト」「トーン」「フレックス」のどれであっても、自分の選択や行動がつながりの健康のための手段になるということを憶えておいてほしいのです。

だからこそ、自分が暮らす社会というコンテクストの中で、すべきことを考えてください。Ｐａｒｔ２では、まさにそのためのツールを提供します。そして、Ｐａｒｔ３では、選択と行動を組み合わせ、暮らしたり働いたり遊んだりする環境の中で、今までの人間関係やコミュニティを超えて、私たちにできることを掘り下げていきます。

本章で説明してきたように、自分のつながりの健康をコンテクストの中でとらえ、障害になっている要素を検討し、良好なつながりの健康に必要なものを知り、自分にふさわしいスタイルを知ることが、成功への土台になります。しかし、何よりもまず、つながりの健康こそ、人生における最大の優先事項なのだとしっかり理解しておく必要があります。

Part 2

ACT

つながるために
行動する

4章

つながりの健康を最優先する

日々をどう過ごすかということは、もちろん、人生をどう過ごすかということである。

――アニー・ディラード

結婚についていちばん素敵だと思うのは、それまでの家族に加えてもう1つ、まったく新しい家族をもてるという点です。たとえば、夫の祖母のナンシーは、ありがたいことに私にとっても祖母のような存在になっています。

さらに、つながりの健康の障害を克服し、幸せなつながりや絆をたくさん築いてきたナンシーは、私の理想像でもあります。90年にわたる人生において、誰もが直面する類いの浮き沈みだけでなく、とてつもない苦難を乗り越えてきた人です。高齢になってからも幸せでいられるのはつながりの健康のおかげだ、とナンシーは言います。

ナンシーの場合、若いころの経験がきっかけとなり、人生の後半では意識して人間関係に気を配ってきました。1930年代、40年代のカンザス州で子ども時代を過ごしたナンシーは、両親がさまざまな集まりやグループに参加し、定期的に夕食に人を招いてもてなし、夜は家でカードゲームを楽しむ姿を眺め、模範にしてきました。父親は長時間勤務の仕事に就いていましたが、ナンシーや妹が助けを必要とするときには必ず家族を最優先しました。8歳のとき、ナンシーは夜中に家出し、雪の中を駅に向かいました。数時間後、彼女を見つけた父親は、ハグもしなければ心配した顔も見せませんでした。その代わり、黙って車を走らせ、町外れにある「問題少女」たちが送り込まれる寄宿学校の前で止まると、「今度同じことをしたら、ここに入ってもらうよ」と言ったのでした。母親と妹は、翌朝も、そしてそれ以降も、この事件のことを決して口にしませんでした。

のちに妻、そして5人の子をもつ母となったナンシーは、夫の仕事の都合で2年に一度は引っ越しする生活を送りました。度重なる引っ越しは結婚生活の大きなストレスとなり、長期的な友人関係を育むのも難しい状況でした。ナンシーは、子どもたちと強い絆を結び、愛にあふれる家庭を築き、最善の環境をつくりました。しかし、子どもたちが大人になり、自分の家庭をもつと、夫が家を出てしまいました。40代後半のナンシーは、生まれて初めて自分の銀行口座をつくり、自分で生活費を稼がなければならなくなりました。

教師、そして学校の校長としてキャリアを構築しながら人生を立て直すナンシーにとって、頼みの綱はつねに人とのつながりや絆でした。「すごく早い段階で、家族の絆を維持し続けるためなら何でもやらなくては、と思ったの」とナンシーは私に話してくれました。たとえば、忙しくてもみんなが集まる機会をちゃんと計画することもそうでした。離婚後の最初の夏には、ロシアン川のほとりの家を借り、子どもたちや孫たち全員と一緒に1週間滞在して泳ぎ、遊び、思い出をつくりました。一家は15年にわたって毎夏をここで過ごしました。「今では子どもたちのほうが、『もし父さんがあのとき家を出なければ、今みたいな家族ではいられなかったと思う』と言うのよ」とナンシーは言います。ナンシーは、離婚による家族の崩壊を放置せず、家族としての関係をしっかりと維持するよう努めたのでした。

その後、ナンシーは恋に落ち、再婚し、相性ぴったりの男性と13年にわたる幸せな生活を送りました。無口な父の深い愛情、引っ越し続きの子ども時代、最初の夫に捨てられた体験を経て、ナンシーは求めていたあたたかく安定した愛情を手に入れました。しかし、そんなときに、再婚した夫が突然、悲劇的な死を迎えたのです。

ある日の午後、独立記念日を祝う飾りつけに囲まれたキッチンで、ナンシーは自分の人生を振り返り、「破滅してもおかしくないほどひどいことがたくさん起こったわね」と私に話してくれました。ナンシーの家はこぢんまりと居心地のいい、クリエイティブなワンダーランドです。孫息子のマイケルと同居していて、祝日のたびに一緒に家中を飾ります。飾りつけといっても、光り物や風船やバナーがいくつかあるという程度ではありません。家や庭のすみずみに至るまで、お祝いに合わせた人形や看板、ガーランドやアートワークやアクセサリーを飾りつけるのです。バレンタイン、イースター、クリスマス、秋の休日、誰かの誕生日など、お祝いすべきことがあれば、必ずそうします。家には飾りつけの道具や素材が何万個もあって、1年中いつ訪れても、足を踏み入れたとたん魔法のような世界が広がっています。

いつも変わらぬ飾りは写真です。廊下は家族写真でいっぱいです。棚と壁も埋め尽くされています。夫と結婚する前、キッチンの掲示板に私の写真が飾られたのを見たときには、家族として迎えられた実感が湧いて感動しました。

ロシアン川のほとりで過ごした夏の思い出や、家を飾る家族写真の数々は、ナンシーの人生の中心に人のつながりや絆があることを示しています。もう1つ、家族全員の誕生日や結婚記念日を記したカレンダーもそうです。ナンシーはこれを見て、ちゃんと間に合うように手書きのカードを書き、贈り物を贈ります。みんなの名前を書いた紙切れが入ったカゴもそうで、ナンシーは毎日1つ手に取って、そこに名前がある人のことを想い、祈りを捧げます。

それからもう1つ、ひっきりなしに鳴る電話の音もそうです。親しい家族や友人たちと、メッセージや電話で連絡をとっているのです。

ナンシーは、老人は見捨てられて孤独になるものというステレオタイプとは正反対であり、つながりの健康を見事に実現しているお手本です。彼女の生き方をもっと詳しく見ていきましょう。

人生はつながりや絆でできている

ナンシーの場合、良好なつながりの健康を支える最大の力は神様です。以前紹介した、つながりの健康を支える3つの力（人間関係・コミュニティ・その他のつながり）を思い出してください。宗教やスピリチュアルなつながりは3つ目の力です。

信仰心のない私は、神様とのつながりをどう感じているのかナンシーに聞いてみました。

「親友とか、添い寝してくれて寝付くまで優しく語りかけてくれる人、大失敗したときでも心の奥底の秘密を明かせる相手、何でも話せる相手、何があっても自分を愛してくれる人——

そんな感じね。ものすごくプライベートな関係だけど、この関係のおかげで、意識的に他の人を愛することができるの」

神様の次に大切な、つながりの健康の支えである家族についても、彼女は意識的に関わっています。あるとき、ナンシーからとても思いやりに満ちた贈り物が郵送で届いたので、半分冗談で「私、彼女のお気に入りなのよね、きっと」と言うと、夫は、「そうだね。といっても、みんな自分がナンシーのお気に入りだと思ってるけどね。自分は特別大事な人間だと思わせてくれるのがナンシーだし、実際そう思ってくれているんだよね」と答えました。

なかでも、同居しているマイケルは特別です。ふたりのあいだに強い絆があり、日常的な関係こそが2人のライフラインなのだと言います。朝起きたときと夜寝る前の1日2回は必ずハグします。「1人暮らしに戻るなんて無理」とナンシーは言います。

仕事に打ち込んでいた時期も、ナンシーの生活は家族が最優先でした。教育をとても重要な仕事だととらえ、学習障害があるなど特別な支援の必要な子どもたちに特化した学校を運営し、生徒30人の学校を200人にまで大きくしました。「何かに情熱を注ぐことは大事だけれど、88歳でもつながりの健康が充実した人生を送りたいなら、情熱よりも愛を注がないとね」と彼女は私に話してくれました。

ナンシーにとって家族の次に重要なのが、所属するコミュニティと、そこで育んだ友人関係です。ナンシーは地域の教会の活動に精を出し、長年、教区のリーダー的役割を果たしていました。独立記念日の飾りつけに囲まれたキッチンで、ナンシーは数週間後に参加する予定の会合の話をしてくれました。全米の教会の代表が集まって、教区の近代化や若い世代の信者の拡大を話し合うのだと言っていました。

教会以外にも、月に2回は異なる信仰をもつ女性たちを自宅に招く活動も30年近く続けています（最近はズームで集まることも多いそうです）。「学び・祈り・行動する」という名前の活動で、本を読み、学び合い、祈り、日常生活のさまざまな責任を果たすなど、さまざまな面で支え合います。それから、水曜午後は地元の女性がコロナ禍から立ち直るための集まり、火曜午前は男女が集まる『聖書』の勉強会があります。20年以上前、深い苦しみを癒やすために未亡人が集まるグループに参加したときに親しくなった女性もいますし、数年前に参加したキリスト教の合宿以来の友人もいます。楽しいときも苦しいときも、こうした人のネットワークがナンシーを支えていますし、逆にナンシーが他の人を支えることもあります。

ナンシーは行動的な蛍です。活動事例を見ればわかるように、彼女は非常に外向的で、人と積極的に関わります。両親を手本にした彼女が、今では子どもや孫の手本になっています。同時にナンシーは1人で絵を描き、日記をつけ、読書を習慣にして、自分自身ともしっかり向き合っています。社交に忙しかった週のあとやパーティーを催した翌日は、マイケルと一緒に家で静かに過ごすのを好みます。「88歳になって、いったい何をしているのかしら、と思うこともあるわ。でも、すっかり習慣になっているからやらずにはいられなくて」

人とつながることが彼女の生き方であり、生きる理由、生きる力の源になっています。

ナンシーから学べること

ナンシーの生き方を見ていくと、つながりの健康の法則が作用しているのがわかります。

たとえば、

- **「みんなは1人のために、1人はみんなのために」**……ナンシーは家族や友人と築いてきた親しい絆に加え、頼りにできる豊かなコミュニティをたくさんもっています。
- **「タンゴは2人いないと踊れない」**……ナンシーは本当の意味で双方向の人間関係を育んできました。たとえばマイケルがそうです。多世代世帯の例にもれず、ナンシーとマイケルも互いに支え合い、それぞれの人生を豊かにしています。
- **「人間関係にも浮き沈みはある」**……ナンシーのつながりの健康にも、人生を送る中で浮き沈みが生じました。５人の子どもを抱えて1年おきに引っ越しを繰り返す生活を送り、離婚も経験しましたが、自分にとって最も有意義なつながりや絆を意識的に育み続けることで、苦難がもたらす孤独を乗り越えてきました。信仰する神や愛する人たち、自分が所属する集団との絆で乗り越えたのです。

結果として、ナンシーは幸せで充実した人生を送っています。90歳近くになっても、自分の家で生活し、車を運転し、テクノロジーも使いこなしています。心臓発作や糖尿病といった健康問題にも直面しましたが、快復し、よく動くからだと鋭敏なこころを取り戻しました。日常は喜び、愛、意味、目的、笑いにあふれています。ナンシーは私の知る限り最もつながりの健康が良好な人の１人です。それは、つながりの健康について自ら意識的に行動を起こしているからです。だから、からだの健康やこころの健康にもよい影響が及んでいます。３つの柱が健康という神殿全体をしっかり支えています。

ナンシーは人のつながりや絆を最優先してきました。みなさんも同じように生きることが可能です。年齢は関係ありません。ここから、ナンシーが教えてくれた、良好なつながりの健康とともに生きるアドバイスを紹介します。

思い切って参加する

自分に合った人間関係やコミュニティを見つけるには、ちょっとした勇気が必要です。「すぐになじめない場合もある」とナンシーは言います。「何かについて同じ感覚の人を見つけること。自分と同じ方法を支持する仲間を見つけること。ありのままの自分で、思い切って参加すること。居心地がよくない場合やしっくりこない場合も、すぐに離れず、仲間としてなじみ、わかり合えるようになるまで、しばらくがんばってみて」

共通点を見つける

再婚した夫が亡くなったとき、ナンシーは同じ深い悲しみを抱える未亡人のグループに参加しました。コロナ禍が始まり、孤独に打ちのめされそうになったときには、コロナ禍から立ち直るためのグループを見つけました。「どんな状況でも、同じ経験をしている人を探そうと努めました」とナンシーは言います。「あらゆる人間関係の基礎は、共通点で結ばれることにあるんです」。大きな危機に見舞われるたびに、ナンシーはコミュニティを求めました。すると、人生が大きく変わったのです。

関わり続ける

子どもたちが小さいころ、ナンシーは息子が所属するカブスカウトクラブを運営し、娘たちが参加するキャンプ合宿の指導役を務めました。年を重ねた後も深く関わり続け、特に地元の教会ではイベント運営や資金集めを担当し、ときに説教まで行います。「退職などの人生の大きな節目ですべて断ち切るのはもってのほか。関わり続けないと」と彼女は言います。

全世代に友だちをつくる

「年を取るということは、仲間や友人など、周りの人が世を去るのを見送ること。ずっと一緒にいてくれた古い友人を亡くすこともあります。だから、自分の年齢とは関係なく、全世代の人とつながっている必要があります」とナンシーは言います。この教訓がとても好きなのは、つながりの健康のあり方は年とともに変えていけると教えてくれるからです。若いときの基準にこだわる必要はありません。私たちは変わっていくし、周囲の人も変わっていきます。亡くなる人もいます。新しい人間関係やコミュニティを見つけても構わないのです。

忙しすぎると気配りできない

『聖書』の中でイエスは、持ち物を盗まれ、殴られ、路上で死ぬのを待つばかりの男の話をします。1人の祭司と1人のレビ人は、この男を助けることなく通り過ぎましたが、1人のサマリア人は目を留め、傷の手当てをし、宿屋に運び、看病しました。

1970年代、プリンストン大学の研究者らがこの寓話「善きサマリア人」にヒントを得て、40人の神学生を募って行った実験は有名です。[1] まず、到着した神学生1人ひとりに、「神学校への就職の展望」または「善きサマリア人」をテーマに短い講話を行うよう指示を出しました。

次にそれぞれ別の建物で先ほどの講話を録音するようにという指示が出ました。そのとき、予定より遅れているので急いでと言われたり、今から行けばちょうどいい頃合いだと言われたり、まだ時間までたっぷり余裕があると言われたりしました。急いでいるかどうかに関わりなく、神学生たちが指示されたビルに向かうと、入り口の傍らにうずくまり、咳をし、明らかに苦しんでいる男性がいました。実は、この男性は神学生がどのくらい思いやりを示したかを記録していました。男性の存在にまったく気づかない神学生もいれば、助けが必要かと聞く神学生、さらには休めるところに連れていくと言って譲らない神学生もいました。

全体として、40％の神学生が男性を心配し、助けようとしましたが、60％は男性に気づかないか、気づいても何もしませんでした。驚いたことに、善きサマリア人の講話をするよう指示されているかどうかは、行動とは無関係でした。一方で、影響を与えていたのが時間です。男性を助けた神学生の内訳を見ると、急いでいた人の10％、時間ぴったりに移動していると言われていた人の45％、余裕があると言われていた人の63％が男性を助けていました。

つまり、急いでいない人ほど、手を差し伸べる可能性が高かったのです。

この結果は、つながりの健康を最優先する生き方の最大の障害の1つが「忙しさ」であることを示しています。目の前の仕事に追われていると、周囲の人と有意義なつながりを育むどころか、注意を払うこころのゆとりが少なくなります。人とのつながりや絆を育むのには時間とエネルギーが不可欠ですが、現代生活においては時間もエネルギーも希少です。ピューリサーチセンターによれば、米国人の半数以上は、2つか3つの仕事を抱えるマルチタスキングが当たり前になっています。[2] 18歳以下の子どもをもつ親の場合、3分の2がつねに追われているような感覚があると回答しています。

いつも忙しいと感じている人は、立ち止まって自問してみてください――忙しさの目的は何なのか、何のため、誰のためにそんなに忙しい日々を送っているのだろうか、と。

時間とエネルギーはつながりに使おう

子どものころ、初めてペンを握れるようになって以来、私はずっとカードを書くのが好きです。やがてサンキューカードやバースデーカード、ホリデーカードを含め、さまざまな色や用途の紙や封筒、シール、ペンなど、お気に入りの文房具を集めるようになりました。カードを書くという行為はもちろんですが、カードがもたらす結果、つまり大切に思う人が郵便受けを開け、笑顔になり、私とのつながりを感じてくれるのがとても嬉しいのです。

数年前、棚に置いておいた文房具の箱がほこりをかぶっているのに気づきました。当時、私はキャリアの構築に集中していて、職場への通勤に毎日2、3時間を費やしていました。仕事とプライベートという2つのTo-Doリストで私の日常は手一杯でした。朝の通勤時には、両方のTo-Doリストに目を通し、最も急ぎの用件を選び、全部をこなすのは無理だと諦める日々でした。

仕事上の責任についてはかなりうまくやれていました。一方で、やりたいのに手つかずのままになっていることもありました。そう、カードを書くことです。忙しすぎて気を配れない――言い換えれば、人間関係より仕事を優先していたのです。

でも、カードを書く人でいることは、私にとって大事なことでした。だからあるとき、身近な家族や友人1人ひとりに1通ずつカードを書いて、今の生き方をリセットしよう、と決心しました。夫も同じことを実践しました。私たちは、1人ひとりの相手に対し、大切な思い出や相手の素敵な部分を綴りました。関係を思い返すうちに、笑ってしまうこともあれば、涙がこぼれることもありました。

カードは郵送せず、ウェディングディナーの席に置いておいたので、私たちの目の前で読んでもらうことができました。ウェディングの主役といえば、普通は花嫁と花婿ですが、私たちは愛する人たちのコミュニティを祝う場にしたいと思っていました。涙を浮かべながら「ありがとう」と言ってくれた人も数人いました。カードは家の金庫にしまって大切にするよと言ってくれた人もたくさんいました。ウェディングのためにさまざまなアクティビティやサプライズを準備しましたが、カードが出席者の心にいちばん残ったようでした。それに、私たちにとってもいちばん嬉しく思えることでした。かけた時間とエネルギーは100%報われました。

あの日の午後、ナンシーがキッチンで語ってくれたことは私の心の琴線に触れ、繰り返し響いています。「何かに情熱を注ぐことは大事だけれど、88歳でもつながりの健康が充実した人生を送りたいなら、情熱よりも愛を注がないとね」

実際、彼女の言葉が私を正気に戻してくれました。それに、この本を書くきっかけもくれました。文房具の箱が棚でほこりをかぶっていた時期もそうでしたが、私はときどき、からだの健康やこころの健康、つながりの健康より仕事を優先するという罪を犯してしまいます。仕事のチャンスを求めて家族のもとを離れ、友人たちとの連絡より職務を優先したことも多々あります。それもこれも、今の仕事を天職だと思っているからです。私は仕事が大好きだし、仕事は私のアイデンティティの大きな部分を占めているせいで、80歳になったときに振り返って、愛情深い人生を送ってきたと思いたいという気持ちをやすやすと忘れてしまうのです。

人に優しくしようにも忙しすぎる、キャリアを重視しすぎているということはありませんか？　カードを書くのは性に合わないという人もいるでしょう。それなら、自分に合った方法で絆を示すことを考え、3章で示した5―3―1のガイドライン（週に5人と会い、3人と親しく交流し、毎日1時間は親密なつながりを育む時間をもつ）を思い出してください。ガイドラインを達成するには、何をしたらよいでしょうか？

なしでは生きられない必需品にして贅沢品

つながりの健康を最優先する重要性について記事を書いたり講演を行ったりすると、「そんな生き方は贅沢なことではないか」という不安の声を耳にすることがあります。ある人は私に、こんなふうに書いてくれました。「悲しいことですが、私は地域の医療従事者（看護助手）だというのに、つながりの健康や家族をまったく顧みることができていません。人とのつながりや絆をしっかり育むことは、お金持ちにしか許されないものなのです」。住居費や食費、交通費を賄うのが精一杯で、社交や趣味に使える収入や時間などまったくない生活なのだと綴られていました。

これはとても重要な指摘です。おそらく、読者の中にも同じ思いの方がいることでしょう。家計のために働きづめの状態では、つながりの健康など構っていられないかもしれません。仕事をし、生活費を払い、食べ物と衣服を買い、家族を養い、必要最低限の生活ニーズを満たすためなら、忙しいのも当然です。

お金はもちろん、時間やエネルギーを友人との交流やつながりの健康を支えてくれる人間関係に投じるなんて無理だと感じるのももっともです。でも、そんなときこそ、まさに人とのつながりや絆が必要なのかもしれません。

私がこの本を書こうと思ったのは、そんな思いもあってのことです。日常生活の中でつながりの健康を優先するのは必ずしも簡単ではありません。それでも、人とのつながりや絆は人が生きるための必需品であって贅沢品ではないということを、さまざまな研究が明らかにしています。

つながりの健康は個人の力だけでは高められないと私が書くのも、それが理由です。また、つながりの健康をもっと簡単に最優先事項にすることができるよう、社会が職場や学校、政府、コミュニティ、文化をつくり変えていく必要があると主張せずにはいられません。3章で紹介した社会生態学モデルを思い出してください。つながりの健康は、個人の行動だけでなく、その人を取り囲むコンテクストの産物です。社会のリーダーたちは、私たちが、そして未来の世代が良好なつながりの健康を達成するための準備をしなければなりません。

同時に、つながりの健康を改善するのに、高い費用や大量の時間は必要ではありません。逆に、ほんの小さなステップで、大きな変化を生むことができます。たとえば、ブリティッシュコロンビア大学のグループは、毎日とはいかなくても定期的に実践できるシナリオを研究しました。[3]「コーヒーを買う」というシナリオです。通勤途中、効率重視で黙って急いでコーヒーを買って行く人に比べ、バリスタに微笑みかけ、アイコンタクトし、一言二言話しかけていた人のほうがその後の気分がよくなっていました。日常の何でもないやりとりを楽しいものに変えるのは、簡単だしお金もかかりません。詳しくは、6章で説明します。

ですから、先ほどの医療従事者の方には、同僚や患者との普段の交流の中でつながりを深めることをすすめます。そうすれば、職場がつながりの健康にとって障害にはならず、有益な場になります（このテーマは9章でまた詳しく述べます）。職場以外では、お金がかからず、手軽にできることを考えてみてほしいと思います。たとえば、通勤途中に友だちと電話で短い会話を楽しむとか、休みの日に家族と短い散歩に出かけるとか、あるいは誰かに「どうしてるかなと思って」と短いメッセージを送るのでもいいでしょう。「量より質」の法則に従って、いちばん大切な人やグループに集中し、それ以外の人間関係は気にしないようにしましょう。

人生全体を立て直そうとするのは、とりわけ、すでに精神的なゆとりがない状態では非現実的です。めざすべきは、大きなメリットがあることがデータとして判明している小さな試みを、現実的に、かつ楽しみながら積み重ねていくことです。つながりの健康を人生の最優先事項にするための方法をいくつかご紹介しましょう。

つながりの健康のためのエクササイズ

ナンシーには当たり前の行動も、多くの人にとっては簡単ではありません。私もそうです。努力せずに自然にできるようになるまでは、意識的につながりや絆を育むことが必要です。自分にできそうなことを考えてみてください。蛍の人なら、忙しいスケジュールの中に、つながりや絆を深める機会を織り込みましょう。壁の花の人なら、地元の図書館の月例読書会に参加するなど、ささやかだけれど効果はしっかり上がる機会を予定に入れましょう。試しに参加して楽しむことが大事です。

からだの健康やこころの健康と同じで、生き方を少しずつ変えることでつながりの健康やウェルビーイングも改善されていきます。たとえば、毎朝3回しっかり深呼吸する、毎晩のデザートをクッキーから果物に変えるというのと同じで、小さな儀式の積み重ねです。また、最初は面倒だと思っていても、習慣化すれば楽しめるようになります。

私の研究でも、健康とはからだの健康とこころの健康だけでなくつながりの健康も含むものだと再定義することで、その人に合ったさまざまな習慣を見つけられることがわかりました。

To-Doリストの隣にTo-Loveリストを並べる

蝶、壁の花、蛍、常緑樹の全タイプに有効

家族や友人の名前を書いた紙切れをカゴに入れ、枕元やコーヒーメーカーの横など目につく場所に置いておくというナンシーの方法はとても素敵だと思います。彼女は毎日1つ、紙切れを手に取って、その人のために祈りを捧げ、思いを巡らせます。祈りを捧げる代わりに短いメッセージを送ったり、電話をかけたり、カードを書いて送ってもいいでしょう。

同じように、私の友人の1人は、大切な人の名前を書いた付箋を洗面所のキャビネットの扉の裏に貼っています。歯を磨くたびに、最近連絡をとっていない人がいないか確認し、もしいたら連絡します。自分がいつも目にする場所を選び、To-Loveリストをつくりましょう。

キャリアの目標に加え、つながりや絆の目標も設定する

蝶、壁の花、蛍、常緑樹の全タイプに有効

昇進、出世、収入など、仕事に関して具体的な目標を掲げている人はたくさんいます。また、目標達成のために長期計画を立てている人もいるでしょう。それなら、人間関係やコミュニティに関しても、同じように前向きな目標や戦略を立てない手はありません。

今から1年後、5年後、10年後を思い浮かべてみましょう。つながりの健康についてどんな目標を達成していたいでしょうか？　真剣につきあう恋人がほしい、新しい友人が3人ほしい、家族の中のある人との関係をもっと深めたい、月に少なくとも1回は集まる地元のグループに入りたい、といったことかもしれません。目標が何であれ、キャリアの目標達成と同じやり方で取り組みましょう。つまり、こうした目標に最優先で取り組むのです。

人間関係を自動操縦化する

特に壁の花や蛍の人向き

飛行機のパイロットは、手動ではなく自動操縦《オートパイロット》で飛行経路をコントロールします。注意を払い続ける必要はありますが、自動操縦の登場により飛行機の操縦は非常に楽になりました。パイロットが使用する知力を大幅に削減できるようになったからです。

人間関係についても、できるだけ自動操縦を実践しましょう。カレンダーに予定を書き込んでおいて自動操縦モードで実践するのです。ナンシーの「学び・祈り・行動する」グループは、毎月第1・第3水曜の同じ時間に集まります。この活動はもう30年近く続いています。また私の母は日曜のディナーには必ず誰かを招いていました。

どんな予定を立てたなら、つながりの健康をもっと楽に改善できるでしょうか？　3カ月に1回は遠方の友人に電話する、月に1回は近くに住む友人と会う、といったことかもしれません。週に1回は家族に電話をする、あるいは近所の人のようすを見に行く、ということかもしれません。

マルチタスク化して少しずつ実践する

特に蝶や常緑樹の人向き

地下鉄や自家用車での通勤時間やお昼休み、あるいは夕方の犬の散歩といった時間は、いつもの活動につながりの健康を改善する行動を織り込んでマルチタスク化する絶好の機会です。通勤時間は、友だちにちょっと連絡するのにうってつけです。また、おつかいを頼まれたら、家族の誰かを誘って一緒に行きましょう。

長いやりとりは必要ありません。以前の章で紹介したテイラーは、洗濯物をたたむときに友人に電話をします。「久しぶりだと長電話になりそうだし、今はそんな時間はないし、と考える人もいると思います。でも、つながりや絆を深めるのに1時間も話す必要はありません。『10分しかないけど、ちょっと連絡したくなって』で十分なんです」とテイラーは言います。

とはいえ、消耗しないためには、やりすぎないことも重要です。マルチタスク化は万人向けではないかもしれません。私自身は蛍で人と交流するときには集中したいタイプなので、しっかり時間を確保してから連絡するほうが好きです。

まずは人とつながる

特に蝶や常緑樹の人向き

どんな人でも、多少の息抜きの時間があるものです。子どもたちが起き出す前に自分のための時間をもつ人もいれば、出かける前の慌ただしい時間帯ではなく、1杯のコーヒーやお茶を味わう数分間を別に設けて自分と向き合う人もいます。会議が予定より15分早く終わったら、SNSやメールをスクロールするのではなく、大切な人のことを考えて、メッセージを送ったり、電話をかけて少しだけ話をしたりするのもいいでしょう。

テイラーはフルタイムの仕事に加え、夜や週末はフリーランスのコンサルタントの仕事もしています。それなのに、1週間で私が1カ月間に会うよりもたくさんの人と交流します。「たぶん、他の人と比べてポッドキャストはあまり聴かないし、ニュースもあまり読まないからだと思う。ニュースを読んでも楽しくならないし、友だちがどんな人生を送っているかを知るほうが私にとっては楽しいし。だから、息抜きの時間があれば、友だちに電話をかけます。相手が出なければ、別の友だちに電話します。誰も出なければ、ポッドキャストを聴きます。でも、まずは人とつながりたいんです」とテイラーは話します。

つながりの健康を最優先するとは、自分にとって重要なことは何かを決め、自分にふさわしい形で楽しく意識的に日常の中で実践していくことです。最初は面倒な作業に思えたとしても、やがてそれが当たり前で楽しい生活になります。ちょうど、筋肉がつくほどワークアウトが楽しくなるのと同じです。

5章

つながる筋力を鍛えよう

友情は、喜びを2倍に、悲しみを半分にすることで、
幸福を増やし、惨めさを減らしてくれる。

——マルクス・トゥリウス・キケロ

大学4年生のとき、個人で実験をしようと決心しました。108日間、毎日何か1つ、人に親切にするという実験です。

人とのつながりを生活の中で最優先したら何が起こるのでしょうか？

毎日、友人、家族、あるいは赤の他人の少なくとも1人と有意義な交流をもつという義務を自分に課したら何が起こるでしょうか？　それを知りたかったのです。

108という数を選んだのは、縁起のいい数だからです。大リーグのファンにとって、108といえば公式ボールの縫い目の数です。文学好きにとっては、ホメロスの『オデュッセイア』に出てくるペネロペを妻に望んだ求婚者の数です。数学者にとっては、$1^1\times2^2\times3^3$の答えです。天文学者にとっては、地球と太陽の直線距離は太陽をちょうど108個並べた距離に相当します——また、驚くべきことに、地球と月のあいだの直線距離も、月をちょうど108個並べた距離に相当します。

しかし何より、108といえば、仏教の数珠の珠の数です。実験の2年前、私はネパールの仏教寺院に1カ月間滞在し、数珠を使った瞑想修行を学んでいました。霊性の覚醒に到達するため、1つずつ珠を繰りながら真言《マントラ》を108回唱える修行です。

この実験では、親切にするという行動を日常という数珠の珠にし、毎朝真言を唱え、人とつながるんだ、という意識をもって1日を始めることにしていました。

近所の人と笑顔を交わしてふと会話したり、食料品店で店員さんに感謝を伝えたり、おなかの大きい女性が階段でベビーカーを運ぶのを手伝ったりと、気負いなく自然に人とつながれる日もありました。もっと深い交流が生まれる日もありました。ある朝、私はキャンパスの女性用トイレの鏡に、元気が出そうなメッセージを書いた付箋メモを貼っておきました。午後にたまたまそのトイレに戻ると、誰かが返事を書き加えていました。「私の目を見て話しかけてくれる人は1人もいない。私はここで最低の人生を送っている」と。

衝撃でした。

人知れず苦しんでいる人はどれほどたくさんいるのだろうか、と思ったのです。私は返事を書きました。「そんなふうに考えないで。XXX-XXXX-XXXX（私の電話番号）にショートメッセージを送って。会って話をしたいと思っています！」

メッセージが届くことはありませんでした。その人はあのトイレに戻らなかったのかもしれないし、メモを見なかったのかもしれないし、あるいは恥ずかしいと思ったのかもしれません。その後数日間は、あのメモを書いた人と同じ気分の人がいるかもと思いながら、すれ違う1人ひとりの顔をしっかり眺めていました。

やがて、自分がそれまで他の人をまったく気づかうことなく生きてきたことに気づきました。他の人が気にならなかったのではなく、自分のこと、目標、問題、To-Doリストに没頭していて、忙しかったからです。また、そんな状態を変えるのはすごく簡単だということにも気づきました。人とつながるチャンスは身のまわりにいくらでもあって、自分が行動を起こせばいいだけです。なのに私はそれまで何もしていませんでした。

知らないうちに世の中を見る目が曇っていたのが、今では他の人のことや、自分と他人の関係がクリアに見える眼鏡をかけているような気がしました。

この実験では、ありとあらゆる方法で、ありとあらゆるタイプの人とつながりました。宿題や勉強よりも、語り合い、充実した時間を過ごすことを優先し、友人や家族とつながりました。近所の高齢者住宅で暮らす年配の女性たちとお茶をいただいたり、シェルターの炊き出しでホームレスの人たちと一緒に食事をしたりしたこともあります。子どもの遊び場におもちゃを置いておく、コインランドリーに小銭を残しておくなど、見知らぬ人をふと笑顔にする方法もあれやこれやと考えました。いろんな人に感謝を伝える手紙を書きました。相手はよく知っている人（自分の母親など）のこともあれば、全然知らない人（住んでいるアパートの管理人）のこともありました。緊張した顔で面接を待つ女性に気づいたときには、励ましの言葉をかけてハイタッチしたこともあります。目の前で人が倒れたときには、救急車が到着するまでそばに付き添いました。

いずれの行動もとりたてて特別ではなく英雄的でもありませんが、大事なのは、実際に行動を起こし、それを習慣化するという選択をしたことにあります。私は内向的な蛍タイプなので、誰にも会わず、何日も家に籠もって本を読んで過ごしても満足できるタイプです。試験勉強をしなければならない時期や論文の締め切り前日には、他者を優先する実験が自己破壊的な行為に思えるときもありました。しかし、必ず価値がありましたし、すぐに充実感が得られました。

他者に親切にしたり、優しくしたりすると、巡り巡って自分に返ってくることにも気づきました。2月末、バンクーバーにいる父が電話で私に、がんの診断が下ったことを告げました。翌日は108の親切を実践する実験の50日目に当たっており、私はすでに50個のバルーンを注文し、数人の友人を雇ってトロントの繁華街で通行人に手渡す計画を立てていました。私は父の報告に動揺し、ショックを受けましたが、計画は予定通り実行しました。友人たちと一緒に、小さな子どもやオフィスに勤務するスーツ姿の人たちがバルーンを手に歩く姿を眺めていると、笑顔になれたし、慰められました。その日、私に必要だったのは、悲しみや不安を消してくれるあたたかいつながりでした。他者に喜びをもたらすのが目的でしたが、そうすることで私も喜びを受け取っていました。

100日目には、友人と2人で大学図書館の入口に、「試験のストレスがあるなら、フリーハグをどうぞ！」と書いた札を持って立ちました。思いついたものの、最初はあまりやりたくないと思っていました。みんなの前で目立つのは気が引けたし、何より、私自身が試験のストレスを感じていました。しかし、数時間のうちに何百回もハグをした後の私は、最高に幸せな気分になっていました。ものすごくたくさんのポジティブな交流から受け取ったエネルギーが、体中を脈々と流れていました。

実際、あのときのエネルギーは、私の人生に力を与えてくれました。私は、カナダのクイーンズ大学で研究志向の心理学を専攻する学生としてあの実験を行いましたが、厳密なデータを手にすることよりも、選択や行動が私自身――私の気分、自意識、長期目標、価値観、コミュニティとの絆、ウェルビーイング――に与える影響の観察を主眼に置いていました。108日間の実験結果は、計量分析をしなくても明らかでした。

実験によって自分の人間関係が広がり、深まる（ストレッチとトーンの実践）だろう、という仮説を立てていたのですが、その通りでした。新しい友人もできたし、親しい人との絆が深まりました。周囲の人にもっとしっかり耳を傾け、共感することができるようになりましたし、他者に対して心を開き、今までより親しみをもって受け入れられるようになりました。他者、自分のコミュニティ、そして自分自身との関係が深まったと感じました。結果として、日常生活の意味や目的、充実感が高まりました。生きている実感が得られました。

同時に、実験が他にもさまざまな効果をもたらしたことに驚きました。目的の1つとしていた、運動する、健康な食事をつくるなど、ウェルビーイングの他の側面の改善も達成されて、体力も向上したし、集中力も高まりました。学業に専念する時間は減っていましたが、生産性と効率が高まり、この学期は大学時代で最高の成績を収めることができました。つながりや絆を最優先する108日間を過ごしてみると、あらゆる面で人生が改善していました。

当時はうまく言語化できなかったのですが、今では、あの実験が私のつながるための筋肉を鍛え、つながりの健康を改善し、そのおかげで健康全体も改善したのだと理解しています。

つながることはエクササイズに似ている

本書の主要なメッセージの1つは、からだの健康やこころの健康と同じくらいつながりの健康が重要だということです。

つながりや絆とは、エクササイズのようなものだと考えてください。かつて私は、自分に向いているエクササイズを探していろいろ試しました。ジムに通ったり、走ったり、泳いだりしましたし、子ども時代にはヒップホップやテコンドー、ソフトボール、フェンシングもやりました。最近はピラティスとクロスフィットのクラスに週2、3回参加し、1日おきに歩くのがお気に入りのルーティンです。最初は面倒だと思いましたが、すでに日常の習慣として楽しんでいて、自然に実践できています。今では、しっかりとしたワークアウトを一度も行わない週があると、からだもこころも調子が出ないと感じるほどです。

同じように、自分にとって快適で楽しいと感じるつながり方についても、いろいろと試して確認しましょう。「人それぞれ」の法則を思い出してください。つながりの健康の好みやパターンは人によって異なります。

108日間の実験を通して、私は毎日、人に優しくすることを実践し、つながるための筋肉を鍛えました。たしかに、ちょっと極端な頻度ではありました。負担が大きすぎて、ずっと続けるのは無理でした。でも、心に豊かな滋養を与えてくれる交流があることを学びましたし、人とつながることを生き方の一部にすると心がけて行動すると、人生が変わりました。

ストレッチ、レスト、トーン、フレックスの4つの戦略を実践する方法

2章で記入したワークシートをもう一度見てください。あなたがとるべきつながりの健康の戦略は、「**ストレッチ**（人間関係の数を増やす）」「**レスト**（人間関係の数を維持する、あるいは減らす）」

「トーン（人間関係を深める）」**「フレックス**（人間関係を維持する）」のいずれか、あるいは複数の組み合わせでしょうか？

次に、これから紹介する、研究の裏付けのとれた方法を試してください。これらは総合的なガイドというより、スタートとなる基礎を提供するものです。

趣味――好きなことを他の人と一緒にやる

特にストレッチ、トーンまたはフレックス戦略の人におすすめ

つながるための筋肉を鍛える最高の方法の1つは、自分が好きなことを他の人と一緒にすることです。

ハイキングが好きなら、ミートアップ（MeetUp）やイベントブライト（Eventbrite）といったイベントアプリや、同じ趣味の人が集まるグループを探すウェブサイトで、地元のハイキンググループを探してみましょう。音楽を演奏するのが好きなら、オープンマイク（飛び入りの演奏）を開催している地元のバーを探しましょう。友だちをピックルボールに誘うとか、近所の人を招いて手芸を楽しむのもありです。どんな趣味であれ、同じものが好きな人は必ずいます。共通の趣味は、人とつながる最高の手段になります。

私が主宰するNPO「つながりの健康研究所」が提供する100ドルの少額助成金を受け取った人の多くが、この方法でつながりを広げています。この少額助成制度は、全米でご近所同士をつなげ、つながりの健康を改善する、地域密着型の草の根運動を支援するものです。

たとえば、シカゴ在住のザイネブは聴覚障害のあるイラク系アメリカ人の30代女性ですが、コーヒーがとても好きなので、友人たちを招き、ピスタチオの豆を炒って淹れるイラクのコーヒーをふるまいました。友人の何人かは、それぞれ故国の方法で淹れたコーヒーをふるまってくれて、つながりが深まりました。ザイネブは、コーヒーが違いを超える架け橋になることに気づきました。そこで、少額助成金を活用し、シカゴに暮らすさまざまな背景の人たちを集めて、コーヒーを淹れながらお互いの話に耳を傾け、違いを超えてつながる機会をつくりました。

6歳のセバスチャンは庭で幼虫を探し、蝶になる姿を観察するのが好きでした。そこで、少額助成金を元手にして、祖母のキャシーと一緒にウィスコンシン州の自宅周辺にあるいくつかの高齢者向け施設に、オオカバマダラの生育箱を設置しました。幼虫がさなぎになり、やがて蝶になって羽ばたく姿を観察しながら、セバスチャンとキャシーの仲はもちろん、施設の高齢者やスタッフ、周辺の家族とのつながりも深まりました。翌年には、7つの家庭とガールスカウトがこの取り組みに参加し、さらに多世代にわたるつながりが生まれました。

セバスチャンとキャシーの例からわかるように、続けることが大切です。腹筋運動と腕立て伏せ1セットを1日だけ実行しても、体力がつくはずがありません。筋肉をつけるには、定期的なワークアウトを続ける必要があります。つながるための筋肉も同じです。人間関係やコミュニティについてもそうです。一緒に過ごす時間が長いほど、親密さは増すものです。[1]趣味を通じた活動は、週単位または月単位で実践しましょう。

ボランティア――コミュニティに貢献する

特にストレッチ戦略の人におすすめ

私の母は、カリフォルニア北部の海と山に囲まれた小さな町で育ちました。子どものころは家の裏手の、てっぺんが霞で見えないほど高いセコイアの林の中を裸足で走り回っていました。10代になると中古のオースチン・ヒーレー・スプライトのバックシートにサーフボードを放り込み、学校をサボって友だちと波乗りに出かけていました。自然が心底好きな人です。

60代になると、冬はアリゾナで過ごすようになりました。最初は近所に知り合いが1人もいませんでした。人間関係をいちからつくるとなったとき、周囲の砂漠を探検したいという思いから、地元の自然環境保護団体の活動に参加しようと決めました。他の退職者たちとともにボランティアスタッフになる訓練を受け、土着の動植物の知識を身につけ、自然保護区を訪れる小中学生の校外学習ハイキングのガイド役を務めるまでになりました。今では、セコイアの林や波のあいだではなく、サボテンやサソリのあいだを歩き回っています。

母はボランティア活動を通じて、同じように屋外活動が好きなコミュニティの一員となることができました。新しくできた友だちとは、以来何年も親しく交流しています。

母のケースは、ストレッチ戦略においてボランティア活動が役に立つ理由を示しています。全米で6000人近くを対象とした研究によれば、配偶者を亡くして間もない人は、配偶者が健在でいる人よりもかなり強い孤独感を抱いていましたが、週に2、3時間のボランティア活動を始めると状況が変わりました。[2] 他の研究でも、ボランティア活動をするほど、ウェルビーイングが向上することがわかっています。ボランティア活動に時間を柔軟に使えることの多い高齢者は特にそうです。[3] しかし、ボランティアには年齢にかかわらずメリットがあります。

孤独だ、寂しい、と感じているのなら、ボランティア活動への参加はとても役立つ可能性があります。孤独とは、自分のことで頭がいっぱいの、内向的な状態であることが多いものです。3章でも取り上げたように、ネガティブなことを考え、悲しさや寂しさを募らせ、希望ややる気をなくすというループにはまり込むのは簡単です。

たとえば、孤独で寂しい人は、嫌な考えが止まらない反芻思考（ぐるぐる思考）、破局思考、感情の抑圧、引きこもりに陥りやすいことがさまざまな研究でわかっています。[4] しかし、ボランティア活動への参加によって関心を自分の外側に向け、他者を助けることにエネルギーを使うと、マインドセットを転換する力が生まれます。さらに、他者と交流するとすぐにドーパミンが分泌されるので、交流の体験がポジティブなものとして認識され、また体験したいと思うようになります。知らず知らずのうちに、孤独を感じなくなるかもしれません。

新しい出会いや関係を求めるなら、あなたも気にかけている地元の問題に取り組むボランティア活動に参加しましょう。ボランティアマッチ（VolunteerMatch：ボランティア活動を紹介しているオンラインデータベース）で世界の国や都市のボランティア活動を探してもいいし、すばらしい活動をしていると思える組織や団体が人手を募集していたら応募してみてもいいでしょう。

会話する——質問上手になる

特にストレッチ、トーンまたはフレックス戦略の人におすすめ

2018年、フェイスブック（Facebook、現Meta）とカーネギーメロン大学は、米国、インド、日本の4600人を対象に、オンラインとオフラインのそれぞれについて、どんな対話を有意義だと思うかについて調査を行いました。[5] オンラインでもオフラインでも有意義な対話とは、結果として感情面、情報面、あるいは具体的な物質面の影響が生じた場合でした。たとえば、パートナーとの親密さが増したと感じる対話（感情面に影響）を挙げた人もいれば、娘に有益な情報をアドバイスとして与えることができたとき（情報面での影響）と答えた人もいました。また、洪水の被害者に食料や水を提供したときの体験（具体的な物質面での影響）を語った人もいました。

意味を見いだせない対話については、「取るに足らない」「本物ではない」「雑談」「暇つぶしにすぎない」といった表現をしていました。相手が愛する人であれ、他人であれ、3カ国の人々はみな、深い会話を交わせたときにより大きな満足を感じていました。

2015年、私は自分にとってのクリエイティブな活動として、また人と人とのつながり

の実験の場として、余暇に「雑談の反対」というブログを開設しました。とりとめもない雑談は抜きで、単刀直入に個人的な話題に飛び込むことに対し、みんながどのくらいオープンでいられるかを試すと同時に、私のコミュニティに集まる他人同士の深い対話を促しました。結果として、すばらしい交流がたくさん生まれましたが、とりわけ忘れがたい人が1人いました。靴修理店を営むクリストスです。

クリストスの店は、イェルプ（Yelp）にひどいレビューが書かれていました。私は靴を直そうと思ったとき、そのレビューを目にしました。普通なら気にも留めなかったはずですが、彼の店は通勤路の途中にあるので毎朝目に留まり、気になっていたのです。本当のところ、レビューに書かれているほど気難しい店主なのだろうか、もしかして何か事情があるのではないだろうか、と。

ある日、私はそれを突き止める決心をしました。店に足を踏み入れるとベルが鳴りました。カウンターに至る壁は靴紐やインソール、レザースプレーで埋め尽くされていました。奥からクリストスが出てきました。背が低く、丸顔、髪は両サイドにわずかばかりの白髪が残るのみで、80代に見えました。「ご用は何ですか？」という言葉には強い訛りがありました。

私は自己紹介し、運営しているブログのことを説明しました。

「あなたのこれまでのライフストーリーを教えてもらいたいんです」と私は単刀直入にお願

いしました。驚いたことに、クリストスは両サイドの髪に届きそうな大きな笑顔を浮かべて承諾してくれました。

クリストスが奥から出してくれたバクラヴァ（中近東のお菓子）をいただきながら、1時間にわたって話を聴きました。ギリシャの小さな村の貧しい家で育ったこと、11歳で靴職人の仕事を始めたこと、人生で一度きりの恋に落ち、ほとんど一文無しで米国に渡ってきたこと、そして自分の店を開いたこと。何年も経って奥さんが亡くなると、うつ状態になり、自殺も考えたそうです。子どもや孫のことも話し、年齢的に店をやれなくなったときのことが心配だと言っていました。

私からは「あなたのライフストーリーを教えてほしい」という質問を1つ投げかけただけなのに、気難しいはずの靴職人は目の前で別人に変貌し、人生の苦労やユーモア、心の傷や幸せを明かしてくれました。午後になり、背後にベルの音を聞きながら店を出たとき、1つの問いかけの力によって新しい友人ができたことに、浮き立つような気持ちになっていました。

『*We Should Get Together: The Secret to Cultivating Better Friendships*（私たちは一緒にいるべきだ：友人関係をもっと豊かにする秘訣〔未訳〕）』を書いたキャット・ヴェロスも、私と同じ考えです。

「会話のほとんどは、高速道路に乗る前のランプで駐車してしまいます。でも、よい問いかけが1つあれば、わかり合えるという感覚が生まれます。会話が終わるときには親しさが増し、前よりも元気になっています」

2021年、『「お元気ですか?」以外の会話の切り出し方』というブログ投稿がバズると、キャットはそれをもとに「会話のきっかけカレンダー」をつくりました。1日1つ、会話のきっかけになりそうなフレーズや話題を紹介するカレンダーです。以来、小学校の先生たちから新婚カップル、企業の幹部まで、何千人もの人たちがベッドルームやオフィスにこのカレンダーをかけて活用し、会話の切り出しがうまくなったおかげで、つながりの健康を改善することができました。ちなみに、私のお気に入りのフレーズは、「今日は、心にどんなことが浮かんでますか?」です。

赤の他人にいきなり「あなたのライフストーリーを教えてください」と話しかける勇気はないという人でも、家族や友人、同僚や近所の人とのつながりをもっとスムーズに深めるための語りかけ方を探している人はいるはずです。そんな人はキャットが提案するフレーズをぜひ試してください。あるいは、私のお気に入りの質問、「今週、バラの花とトゲとつぼみがありそうですか?」を試してみてください。バラの花はいいことやありがたいこと、トゲはつらいことや苦しいこと、つぼみはこれから楽しみにしていることを意味します。

あるいは、「会話カード」をネットで検索するとたくさん見つかりますから、ダイニングテーブルやコーヒーテーブルに置いておいて、集まったときにみんなで引いて楽しんでください。私は友人とのディナーパーティーや初めて会う人が集まるイベントで会話カードを活用していますし、自分のウェディングディナーでも使いました。

私がこれまで見聞きした中で、とくに上手なつながり方だなと思ったのが、ジャスティンの方法です。ジャスティンは自宅に20人の知り合いを招き、シャバット（ユダヤ教の安息日）のディナーをふるまいました。ゲストの多くは信心深いタイプではなく、また私自身も含め、主催者のジャスティン以外は知らない人ばかりという集まりでした。

私たちは長いテーブルの周りに座りました。ジャスティンがユダヤ教の儀式に則って食前の祈りを捧げ、ハラー（ユダヤ教徒の編みパン）にかけてあった布を取り、みんなで食事を始めました。普通のディナーパーティーなら隣の人とたわいもない雑談を始めるところですが、ジャスティンがいつもと違う「好奇心ゲーム」を提案しました。まず、彼が誰かに1つ、質問します。質問の内容は何でもありです。問われた人は、みんなの前で答えます。次に、その人が別の人に1つ、質問を投げかけます。集まった人全員が、質問と回答をし終えるまで続けます。そうやって、集まった人全員での会話を始めたのです。

笑いにあふれ、ときに涙もこぼれる1時間半が過ぎると、もうみんな他人同士ではありませんでした。とてもシンプルな仕掛けですが、1つひとつの質問がみんなを結びつけ、1人ひとりが心を開き、弱さを見せ、個人的なストーリーを共有することで、聖なる感覚に満ちた雰囲気が生まれていました。

次回、ディナーパーティーを開くときには、みなさんも「好奇心ゲーム」を試してみてはどうでしょうか。ジャスティンのお気に入りの切り出しの質問をいくつか紹介します。

- 若いときには怖かったけれど、今では怖くなくなったものはありますか？
- 大きなリスクをとって報われた経験はありますか？
- 最近、いちばん興奮したのはどんなことですか？
- あなたが大人へと成長するときに、誰からいちばん大きな影響を受けましたか？
- 今まで自分がもらったり贈ったりしていちばん心に響いた贈り物は何ですか？

弱さ――相手を選んで打ち明ける

特にトーンまたはフレックス戦略の人におすすめ

私が高校生のころ、両親が離婚することになり、大変な状況になりました。自分の抱えている状況を友だちに打ち明けていれば、私のこころの健康にとってよい影響があったはずだし、ストレスのはけ口にもなったはずです。また、つながりの健康の面でも、友だちが私を今まで以上に深く理解し、苦しい時期にある私を支える機会になったはずです。

でも、友だちには打ち明けませんでした。きょうだい以外に家庭事情を話すことはありませんでした。振り返ってみれば、結果として、私は他の人と深い心のつながりを結ぶ機会を自分で遠ざけてしまっていました。こころから心配してくれる友人たちがいたのに、陽気な笑顔を見せながら人知れず苦しんでいるもう1人の私に気づいてもらうことはできませんでした。独りぼっちだと思う必要のないときに、自分からそう思い込んでいました。

大学生になってからは、こうした態度を改めました。すばらしいセラピストと出会ったことで、心に溜め込んだ重荷を整理し、他者にもっと心を開くことを少しずつ学んでいったのです。でも、何年もかかりましたし、人間関係の構築において弱さを見せることの重要性をしっかりと理解したのは20代後半になってからのことでした。

これは心理学では「自己開示」と呼ばれるものです。研究によれば、考えや気持ち、希望や失敗など、あなた自身についての情報を開示するとき、他者はこれまで以上にあなたに好感を抱くことがわかっています。[6]この行為は双方向にメリットがあります。つまり、あなたのほうも、こころの内を明かした相手にこれまで以上に好感を抱くようになります。私たちは自分に心の内を明かしてくれる人が好きだし、こころの内を明かす相手を好きになります。

ケンブリッジ大学の研究者が２０２２年に発表した系統的レビューによると、青年期に自己開示を経験した人は、人間関係の質とウェルビーイングが向上していました[7]（私も10代のときにこのことを知っていたら、と思います！）。自己開示のメリットはオンラインの場合は小さくなりますが、10代で非常に大きな不安を抱えている場合、デジタルツールが緩衝装置となり、対面よりも安心して弱みを見せられることがわかっています。

もちろん、自己開示は信頼できる相手を選び、タイミングをよく考えて行う必要があります。タイミングもお構いなしに誰にでも心の内をぶちまけてしまうと、逆効果になることもあります。それでも、弱さを見せることは、リスクよりメリットのほうが大きいと思うことは多いです。人とのつながり、信頼、心の通い合いが高まる可能性が生まれます。弱みを見せることが、それまで以上に深いつながりを生み出します。

感謝――心からの感謝を伝える

特にストレッチ、トーンまたはフレックス戦略の人におすすめ

人間関係を構築し、維持するうえで、感謝の心が重要な役割を果たすことを示す研究はた

くさんあります。[8]たとえば、感謝し合う気持ちがある恋人同士は互いを親しく思う気持ちが強く、恋人関係への満足度も高く、一緒にいることをより大切にしています。[9]「見つける・思い出す・結びつく」と題した、感謝についての理論によれば、感謝の念をもち、それを表現するためには、他者のポジティブな面に着目する必要があります。[10]そうすることで、親しい関係を結べる新しい相手を「見つけ」、現状の人間関係について大切に思っていることを「思い出し」、相手にも関係を大切だと思ってもらうことで恋人との関係がより親しく「結びつく」のです。[11]

こうした理由から、感謝の心理学の第一人者であるロバート・エモンズは、感謝とは「関係を強化する感情」だと述べています。[12]エモンズの研究に沿って感謝することのメリットを挙げていくと、孤独感が減少する、社交的になる、喜びが大きくなる、苦痛を感じにくくなる、免疫力が高まるなど、長いリストになります。つまり、からだ、こころ、つながりの柱が互いに強化し合い、健康という神殿全体の力が高まります。

つながりの筋肉を鍛えるため、これまで出会った人の中でしばらく話をしていない人を思い浮かべ、その人について1つ、尊敬できる面を深く考えてください。そして、そのことを直接相手に伝えましょう。メッセージやメールを送る、電話をかける、カードや手紙を書いて送る、あるいは次回直接会ったときに伝えるのでも構いません。簡単なメッセージを伝えるだけでも、つながり、支えられているという気持ちが大きくなることがわかっています。[13]

寛大さ――よいことをすれば気分がよくなる

特にストレッチ、トーンまたはフレックス戦略の人におすすめ

コロナ禍のあいだに、研究者たちは、米国の全世帯の3分の1、世界11カ国で30万世帯超が利用しているご近所ネットワーキングアプリのネクストドア（Nextdoor）を使い、ランダム化比較試験を実施しました。[14] 米国、英国、オーストラリアのユーザーを無作為抽出し、私が実行した108日間プロジェクトと似た挑戦に参加してもらったのです。被験者は4週間にわたり、ご近所の人に小さな親切を実行するよう指示を受けました。被験者はじっくり話を聴く、フェンス越しにおしゃべりする、隣家の芝刈りをする、あるいは買い物を手伝うといった行動を実践しました。1カ月後、親切を実行した人は、実行しなかった人よりも、つながりや絆が深まっていました。親切を実行した集団では、孤独を感じている人の数が試験前は10人に1人だったのが、終了後は20人に1人になっていました。[15]

2つの点で、私はこの研究が好きです。まず、寛大な行為は、受ける側のみならず、与える側にもメリットをもたらすという点です。この点は他の研究でも明らかになっています。オックスフォード大学の研究者らは計4000人超の被験者を対象とした諸研究について系統的レビューとメタ分析を行い、寛大な行為を提供する側のほうが幸福感をより強く感じていることを示しました。[16] この研究では、行為の受け手が誰であるかによってメリットが変わるかどうかを試すフォローアップ試験も実施しました。[17] 7日にわたって親切を実践した人々のウェルビーイングの向上は、寛大な行為の相手が親密な関係であろうが赤の他人であろうが関わりなく、一貫して同じでした。親切な行為を実践すればするほど、人は幸せを感じていました。

2つ目に好きなのは、有意義な効果を上げるのに大げさな行動を起こす必要はないという点です。ネクストドアの研究では、単純にフレンドリーにふるまうだけでも、目に見えて孤独感が減っていました。同じように、5ドルまたは20ドルを自分自身または他の人のために使うという実験では、人のためにお金を使った人のほうが大きな喜びを感じていました。たった5ドルでも、違いがありました。[18]

けじめのある人間関係——人と集うスタイルを選ぶ

特にレスト戦略の人におすすめ

『最高の集い方——記憶に残る体験をデザインする』（プレジデント社）の著者であるプリヤ・パーカーは、イベントに参加するかどうかを決める際のアドバイスとして「目的をもってゲストになる」ことを提唱しています。つまり「集まりに参加するかどうか、なぜ参加するのか、どうやって参加するのかを吟味して選ぶこと」です。[19]

第1のポイントとして、招待を受けたとき、自分がどう感じたかに注意を払うことをプリヤはすすめます。天にも昇るようなワクワク感を感じたでしょうか？　まあ、行ってもいいかな、と感じたのでしょうか？　それともストレスや疲労感を覚えたのでしょうか？　その人間関係やコミュニティ、あるいは活動が、自分のつながりの健康に全般的に力をくれるものなのか、それとも力を削ぐものなのかを判断するのに、そうした感覚が役立つはずです。

第2のポイントとしてプリヤがすすめるのは、集うスタイルを評価することです。つまり、「つながりや絆を深めつつもけじめのある人間関係を育むために、ある一定期間に主催したりゲストとして参加する集まりの全体的な配合比やタイプ、量」を評価するということです。「蝶」「壁の花」「蛍」「常緑樹」といった自分のタイプに基づいて、現時点の自分にとって最適なつながりのために必要な活動の数や種類を考えることも含まれるでしょう。

プリヤは第3のポイントとして、決断することと、決断したことを守ることの重要性を述べています。集まりへの参加にイエスと答えたなら情熱をもって参加すること、ノーと答えるならはっきりと、でも思いやりのあるノーを伝えることが大切です。

参加するイベント、参加を控えるイベント、あるいはイベントを主催しないことを自分の意志で決めることで、つながりの健康は一変します。どんな食品を買い、料理し、食べるのかによって、よくも悪くもからだの健康が変わるのと同じです。

とはいえ、充実をもたらさない人や状況を避けることができないときもあります。たとえば子どもがいる人は、誕生日パーティーや学校のイベントに頻繁に出席せざるをえず、とくに気が合うわけでもない他の親とつきあわねばならない場合があります。あるいは、仕事の場では、気に触るチームメンバーやクライアントとも協力し合わねばならないかもしれません。こうした場合は、ちゃんと顔を出し、フレンドリーにふるまい、失礼にならない程度のつきあいで退席したら、自分のつながりの健康の活力を補充してくれるものや人と過ごすようにしましょう。

つながりウェルネス産業の時代がやってくる

ここまで紹介してきた方法は、1人でも実践できます。でも、つながりの筋肉を鍛える方法を求める人にとって、選択肢は今後もっと広がるはずです。

ちなみに、健康の概念がからだからこころまで広がると、からだだけでなくこころも大切にメンテナンスすべきだという考えが主流になり、その結果、こころの健康関連の企業が市場にあふれかえっています。今では、こころの健康産業が隆盛を極め、2020年には世界で3800億ドル規模となり、2030年には5300億ドルを超えると期待されています。[20]

つながりの健康についても、同様の動きが見られます。

その最初の兆候として、孤独の流行対策を目的とする企業の設立数がこの2、3年で急増しています。私自身、2013年に人のつながりや絆を深めるためのアプリを開発しました。最近はこの分野でエグゼクティブやリーダー向けのアドバイザー業務に勤しんできた者として、テクノロジーによるソリューションに特に関心をもち、何百というスタートアップの動向を追ってきました。なかには、孤立した高齢者のコミュニティ構築を支援するデジタルプラットフォームや、自宅でリモートワークする従業員の孤独感を減らすためのアプリなどもあります。こうした重要なニーズに対し、テック業界の起業家たちがスキルを発揮しているのはすばらしいことだと思います。テクノロジー分野以外でも、近年、さまざまな業界や世界各地で、何千という取り組みが始まっています。

人々が孤独を感じているかどうかにかかわらず、つながりの健康を資産やリソースととらえ、積極的に向上をめざす人々を助けるプロダクトやサービスの開発がますます進んでいます。将来の実用化が見込まれる事例を2、3紹介しましょう。

つながる力を鍛えるジム

北米では、エネルギッシュなジムから静かなヨガスタジオまで、からだを鍛えるワークアウトをしたいときに向かう場所は無数にあります。しかし、つながるための筋肉を鍛えたいときに、専用の場所はあるでしょうか? コミュニティセンターや社交クラブが思い浮かびますが、からだを鍛える施設とは異なり、つながりの健康増進のトレーニングに取り組める場所ではありません。

つながる力の向上を目的とするジムが、この先5年で増えるというのが私の予言です。成人が新しい友人をつくったり、有意義なつながりや絆を結んだり、人間関係全般のスキルを練習するためのクラスや機会を提供するジムです。

すでに実店舗として取り組んでいる例が、ピープルフッド(Peoplehood)です。米国、カナダ、英国各地でインドアサイクリングのクラスを提供する人気フィットネス企業であるソウルサイクル（SoulCycle）の創業者らは2023年、人々が「人間関係のワークアウト」に挑戦できる場所として、ニューヨーク市に「今の時代のコミュニティセンター」を開設しました。ソウルサイクルといえば1時間単位で受けられるレッスンが売り物なのですが、ピープルフッドでは人々が見知らぬ人ばかりのグループに入って心を開き、話に注意深く耳を傾けるための指導を行います。本書の執筆時点で1カ月あたり165ドルの会費で5回の対面レッスンと回数無制限のヴァーチャルレッスンを受けることができます。

私はまだピープルフッドを試していませんが、人々がつながりの健康を実践するための専用の場所ができたことを楽観的に受け止めています。今後はさまざまな価格帯でもっと多くの人が利用できる場が増えてくれたらと願っています。

人のつながりや絆を指導するパーソナルトレーナー

体型を整えたい場合はパーソナルトレーナーを雇いますし、こころの健康を改善したいときはセラピストに面会します。でも、つながりの健康については、誰に指導を求めたらよいのでしょうか？

先に触れたキャット・ヴェロスを憶えていますか？

彼女は世界初の「つながりコーチ」の1人です。元はテックプロダクトのデザイナー兼UX（ユーザーエクスペリエンス）リサーチャーでしたが、人生の進路を変えて、大人の友だちづくりのために自分のスキルを生かす道に進みました。人間関係をもっと「ユーザーフレンドリー」にしたいと思ったのです。

キャットは、個人向けの1対1のコーチングのほか、自身が主催するコネクションクラブのメンバー向けのグループコーチングを行っています。コネクションクラブは、友人関係を豊かにしたい大人のためのコミュニティです。メンバーは月に1回集まってミニワークショップやオープンディスカッションを行い、つながりや絆に関する目標を掲げ、計画を立て、責任をもって懸命に取り組みます。集会と集会のあいだの期間には、プライベートなオンラインフォーラムでつながっていて、つながりの健康に関する質問をしたり、リソースを共有したりすることができるので、つながりの健康を優先する生き方をめざしながら、全般的に孤独感を減らすことができます。

つながる力を鍛えるジムと同じく、つながりや絆に関するコーチングも、今後5年でさらに多くの選択肢が出てくると思います。

コミュニティのための処方箋

つながりの健康に関して、医師を頼れる日も近いうちにやってくるでしょう。医師や医療専門家が患者に対し、一般的な医療ケア以外の基本的ニーズに関する対応を指示することを、「社会的処方《ソーシャル》」といいます。住宅、交通、雇用、フードアクセスがそうですし、ますます増えているのが人とのつながりや絆です。ファイナンシャルワークショップ、就職説明会、美術館巡り、コミュニティ菜園、ウォーキンググループ、料理教室は、いずれも「処方箋」の内容になりうる活動です。たとえば、患者が孤立していたり孤独を感じていたりする場合、医師はまず、リンクワーカー（原則的にはソーシャルワーカー）につなげます。リンクワーカーは、患者がつながりの健康に関して「ストレッチ」「レスト」「トーン」「フレックス」といった戦略を実践するのに役立つ機会を地域の中で見つけてくれます。

英国では、家庭医の76％が孤独が原因で毎日通ってくる患者が複数いると報告しており、社会的処方もしっかり確立されています。[21] 英国の国民健康保険制度は、社会的処方を戦略の「主要な手段」と位置づけており、3000人を超えるリンクワーカーを雇用しています。[22]

米国、カナダをはじめとするさまざまな国々でも、遠からずこうしたサポートが得られるようになるでしょう。２０２３年発表の世界保健機関の報告書では、オーストリア、オーストラリア、ポルトガル、ポーランド、イタリア、イラン、スペイン、シンガポールなど社会的処方を実践している24カ国を詳しく紹介していました。[23]

これまでの研究も、社会的処方はつながりの健康を改善する有望な手段としています。特に孤独に焦点を当てて行われた２０２１年の系統的レビューでは、患者と提供者の両方が社会的処方の有用性を認めていたと結論づけています。[24] たとえば、『ブリティッシュ・メディカル・ジャーナル』に発表された研究[25]によれば、社会的処方箋を受け取った患者は孤独感が減り、社会的つながりが増え、結果としてプライマリーケア（一次診療）の利用も減っていました。２０３５年までに米国人全員が社会的処方を受けられるようにするというミッションを掲げる団体「ソーシャルプリスクライビングＵＳＡ」の創設者兼ディレクターのダニエル・モースは「薬を服用すると、ネガティブな副作用が生じることはめずらしくありません。でも、社会的処方箋の場合は、ポジティブな波及効果が生じることがめずらしくないんです」と語ってくれました。1章を振り返り、健康という神殿全体は、つながりの健康という柱を強化することで盤石になることを思い出してください。

つながる力を鍛えるジムやつながりコーチを利用するように、将来は自分のつながりの健康について医師に相談するようになるでしょう。そうした状態がこれから10年以内に実現する、と私は予言します。

あなたがとるべき戦略が「ストレッチ」「レスト」「トーン」「フレックス」のどれであっても、つながるための筋肉を鍛える方法はたくさんあります。それに、数年先には、そのための機会やサポートを提供してくれるエコシステムが利用可能になるでしょう。

次の章で掘り下げていきますが、つながりの健康を改善するための1つひとつのステップはどれも大切です。からだの健康を伸ばすためには、ただ散歩すればいいのであって、フルマラソンを走る必要などありません。それと同じで、つながるための筋肉を鍛えるのに、人生全体を最初からつくり直す必要などありません。

6章

自分のための小さな1歩がつながりの健康の大きな1歩になる

触れること、笑顔、優しい言葉、耳を傾けること、心から褒めること、あるいは、ほんのささやかな気遣いの力を私たちは侮ってばかりいますが、これらのすべては人生を一変させる力を秘めています。

――レオ・ブスカーリア

長年、健康になるためには1日1万歩歩く必要があると言われてきました。実際、毎日これを実践している人もいましたが、多くの人にとっては途方もない数字でした。

最近になって、この助言の嘘が暴かれました。22万6000人超のデータをメタ分析した結果、1日4000歩以下のウォーキングで、どの原因の死亡リスクも有意に減少することがわかりました。[1]

わずかな量の運動がからだの健康に影響を与えるという研究について調べていくと、ほんの小さな変化が健康にメリットをもたらすことがわかります。たとえば、ほぼ1日中座っている人でも、30分ごとに3分間の休憩をとって挙手跳躍運動をしたり、階段をのぼったり、あるいはほんの15歩歩いたりするだけでも、血糖値コントロールが改善されることを明らかにした研究もあります。[2]

からだの健康に関するこうした研究結果は、つながりの健康にも通用します。単純な動作は、有意義な結果をしっかりと生み出してくれます。これが朗報であることには、いくつかの理由があります。

第1に、つながりの健康でも1日1万歩的なことをしなければ、と途方に暮れる必要はありません。つまり、出会った人全員と連絡をとり続けるとか、親同士のつきあいのグループ、仕事関係の団体、コミュニティグループに誘われたら必ず参加しなければならないというわけではないのです(自分がやりたいなら話は別ですが!)。

第2に、正しい1歩なら、小さな1歩でも大きな進歩をもたらしうることを知っていれば、勇気が湧いてきます。

親切にされること、親切にすること

15歳の誕生日を目前にした9月初旬のある金曜の朝、10年生としての初日を迎えた私を母が学校まで送ってくれました。不安な気持ちをぐっとのみ込み、小さな辞書をまるで命綱のように抱きしめて、私は転校したばかりの高校の中庭に足を踏み入れました。中庭には100人ほどの学生のクラス分け表が張り出してありました。私は自分の名前を探し、見つけましたが、どこに行けと書いてあるのかがわかりませんでした。フランス語だったからです。

英仏辞典を引いても大した役には立ちませんでした。不安の涙がこぼれないようまばたきしながら振り返ると、広い楕円形の中庭は、威圧的なコンクリートの建物と細くて背の高い糸杉の木立に囲まれていました。行き交う学生たちは、友だちを見つけると「クークー！」と声をかけ、ビズー――頬と頬をくっつけるキス――を3回交わしていました。南仏の都市モンペリエの辺りでは、それが普通の挨拶だったのです。

言葉の壁以外にも、問題がありました。私には友だちが1人もいなかったのです。

数分間続いた胸のドキドキが収まったあとも、どうしたらいいのかわからなくてモジモジしながら立っていると、ちょうど校長先生が通りかかりました。私はこの学校に通う初の外国人学生で、数週間前に入学手続きをしてくれたのが校長でした。校長は英語を話しませんが、すぐに状況を理解し、コンクリートの建物の1つに私を連れていくと、ここで待っていなさいと言いました。私はつかの間ですが、ほっと一息ついたのでした。

そこには30人ほどの学生が待っていました。その中の1人が、長いふわっとしたスカートに金髪のカーリーヘアという完全に周りから浮いた私の姿に目を留め、上下に眺め回していました。みんなで何かを話しながら、ときおり品定めするようなまなざしを私の方に投げかけてきました。

数カ月前、母は私に、「1年間外国で、他の文化を体験してみる気はある?」と聞いてきました。両親は離婚したし、他のきょうだいはずっと年上で20代、30代になっていたので、行くとしたら母と私の2人になるとのこと。イエスと答えるのは簡単なことでした。海外で冒険するんだ、と胸が高鳴りました。でも、難関はその先にありました。友人も知り合いもおらず、言葉もわからない環境で、高校生活の人間関係を乗り切らねばなりません。女子学生たちの視線にさらされながら、自分はとんでもない判断ミスを犯したのかも、と思っていました。

初日となったこの日、先生は数時間かけて校内を案内しながら、おそらく有用な情報をたくさんくれたはずですが、私には何ひとつ理解できませんでした。他の学生が質問したり答えたりするためにに手を挙げるあいだも、私はじっと押し黙ったまま、呼ばれたらどうしようとおびえながら身を小さくしていました。

するとと、思いがけないことが起こりました。英語で話しかけてくれる学生がいたのです。1人の男子学生が私の辞書に目を留め、どこから来たの、と聞いてくれました。オランダ生まれだけれど、長年フランスに住んでいるという彼は、トリリンガルでした。彼は自己紹介し、私たちはおしゃべりしました。初めての友だちができました。私はほっとため息をつき、月曜日にはもう少し自信をもって学校に戻ることができました。

月曜日は、終日授業がある最初の日でした。英語の授業がありました。他の学生がネイティブと話す練習ができるといって先生は喜んでいましたし、みんなの前に立つと、私についてのいろんな質問が、ありがたいことに英語で、飛んできました。みんなの注目を集める中、私はできるだけフレンドリーな第一印象を与えようと努力しました。

次に、その日の授業のメインの練習に移りました。お互いに「好きなもの」――好きな食べ物、好きな動物、好きな花――を英語で教え合うという練習です。さらにたくさんの同級生と話して楽しかったのですが、まだ緊張していました。というのも、みんな知り合いなのに、私だけがよそ者で新入りで外国人だったからです。ランチタイムのベルが鳴ると、みんな立ち上がり、フランス語の会話に戻り、慌ただしく教室の外に出て行きました。

持ち物をまとめ、ドアに向かいながら、胸はまた不安でいっぱいになりました。ランチを独りぼっちで食べることになるのだろうか、と。

教室を出ようとすると、茶色い髪をショートカットにし、黒いレザージャケットを着た優しい目の女子学生が私のほうに歩いてきて、自己紹介してくれました。彼女がフランス語で何か言ったのを、私が理解できずにいると、彼女はもう一度、片言の英語で言ってくれました。「イッショタベルゥ?」と。癖の強い発音を聞き取れずにいると、もっとゆっくり繰り返してくれて、他の女子学生たちにも身ぶりで何かを示していました。「イッショタベルゥ?」ようやく、ランチを一緒に食べないかと誘ってくれているんだとわかりました。私は叫んでいました――「イエス! つまり、ええ《ウィ》、ありがとう《メルシィ》!」と。

それから1時間、初日には私を眺め回していた女子学生たちが、私と一緒にランチを食べ、フランス語と片言英語を交えて質問を浴びせ続けました。翌日も、ランチに誘われました。そして次の日も、また次の日も。

2週間後の私の誕生日には、机の上に数枚のバースデーカードが置いてありました。私が好きな食べ物や動物や花のイラストやステッカーをあしらった、手作りのカードでした。

1年後、私がカナダに帰国するときには、彼女たちとクラスの全員が、サプライズで送別会を開いてくれました。それまで、彼女たちがフランス語を学ぶ私を助け、私の質問に忍耐強く答えてくれたおかげで、私は1人で宿題をこなせるようになり、フランス語で夢を見るまでになりました。さらに大事なのは、彼女たちが親しい友人になってくれたことです。ある夜、友人の家の裏のブドウ畑の真ん中にマットレスを引っ張っていき、星を見ながら遅くまでおしゃべりしました。眠ったと思ったら夜が明けていて、霧の中で朝露が輝いていました。

彼女たちがくれたカードは、今も思い出の品を納めた箱に大切に取ってあります。彼女たちの何人かは、20年が経って30代になった今でも友人です。私の結婚式に出席するため米国まで来てくれた人も2人います。他の人たちとは近況や写真をワッツアップ（WhatsApp）でやりとりしています。思うようには頻繁に会えないけれど、一緒に過ごした思い出やあの1年間で育んだ絆のおかげで、私たちはいつもつながっています。

孤独な人に手を差し伸べる

どこから来たの、と声をかけてくれた男子学生、ランチに誘ってくれた女子学生、手作りのバースデーカードを机に置いておいてくれた女子学生たち――親切な気持ちを示すささやかな行為が長く続く友情関係のきっかけになり、フランスで1年を過ごす私のつながりの健康を支えてくれました。だから私は、今に至るまで、手を差し伸べることが生む力を大切にしています。仲間が私を歓迎し、受け入れてくれたという事実は、私にとってこのうえなく大きな意味のあることでした。外国人の転校生としてものすごく緊張していたし、人の目を強く意識するティーンエイジャーだったのですから、なおさらです。

今、毎日、子どもたちが独りぼっちでランチを食べています。米国では、12歳から18歳までの青少年の5人に1人が、ほぼ毎日1人でランチを食べていると答えています。[3] 世界37カ国100万人超のティーンエイジャーを対象とした調査によると、学校で孤独だと感じている学生の数は2012年から2018年のあいだに2倍になりました。[4] ベビーブーマー世代が青少年だったころ、週に1回孤独感を抱くと答えた人が17%だったのに対し、Z世代では39%に上っています。この数字には、毎日孤独感を抱いていると答えた12%が含まれています。[5]

見捨てられているという感覚を感じたときにだけ心が傷つくわけではありません。ダメージは長く続きます。英国のある調査では、8000人の子ども時代から50代までの50年を追跡しました。[6] 子ども時代にいじめられた人は、パートナーや配偶者をもつ可能性が低く、友だちをつくってつきあい続けるのが難しく、頼ることができるつながりが乏しいことがわかりました。青年期はつながり（人間関係）のスキルを身につけ、自身のアイデンティティを形成するのに非常に重要な時期です。ということは、つながりの健康に関する脅威に対して特に脆弱な時期でもあります。[7] たった一度の仲間はずれの経験でも、著しい苦悩を引き起こすに十分なのです。[8]

こうした痛みは、手を差し伸べるささやかな行為によって、どこまで減らすことができるのでしょうか？

あなたは自分の力を過小評価している

あなたはスーパーヒーローです。カフェテリアであれ、バーであれ、オフィスであれ、誰かに手を差し伸べ、つながるあなたの能力こそがスーパーパワーです。それに、そうすることで、あなたと相手の両方のつながりの健康が向上します。それなのに、多くの人々が、自分のささやかな行為がもつ大きな力に気づいていません。

2023年に『ジャーナル・オブ・パーソナリティ・アンド・ソーシャル・サイコロジー』

誌に、手を差し伸べるささやかな行為（「あなたのことを思っています」といった短い簡単なメッセージを送るなど）の効果に関して一連の実験を行った研究結果が発表されました。相手が愛する人であれ、浅いつきあいの知り合いであれ、メッセージの送り手（手を差し伸べた人）は、受け取った人が自分の行為を非常にありがたく思っていることを一貫して大幅に過小評価していました。[9]

人々は、あなたが思うよりもずっと、連絡をくれたことを喜んでいるのです。

同じように、シカゴ大学の研究では、人々は困難な状況にある知り合いに応援するメールを送る際、相手がポジティブに受け取る可能性を過小評価し、相手がいぶかしく思う可能性を過大評価し、メールによって相手が受け取るあたたかさや力を過小評価していました。[10] ふとした親切な行為（たとえば、公園でホットチョコレートを配るなど）[11]、感謝を示す行為（たとえば、感謝していることを伝える手紙を書くなど）[12]にも同様の効果があることを示す研究もあります。

そもそも人に手を差し伸べようという気持ちが起きなくなるのは、手を差し伸べる行為がもたらす影響についての想定と実態のミスマッチのせいかもしれません。お互いにとって意義のある交流が生まれ、関係が深まる可能性があるチャンスが、見当違いの恐怖心によって失われているのです。

「タンゴは2人いないと踊れない」の法則に照らせば、それも当然のことです。友人や家族が連絡をくれるのを待つ傾向がある人は、もっと自分からやりとりを増やすことを強くすすめます。逆に、ある関係において連絡するのがいつも自分のほうからばかりという状態なら、なぜそうなっているのかを振り返ってみてください。相手は単に忙しいだけなのでしょうか？　それとも、つながりたい頻度に差があるのでしょうか（相手は壁の花か蛍だけれど、あなたは蝶や常緑樹なのかも）？　あるいは、関係は双方向ではなく、あなたにとって価値のないものなのかも？

つながるための筋肉について「ストレッチ」「トーン」あるいは「フレックス」戦略をとりたいときは、連絡したり手を差し伸べたりすることを習慣化し、誰かが連絡をくれたら感謝を伝えましょう。連絡をとり合うことにはスーパーパワーがあります。といっても、魔法使いのマントをまとう必要はありません。必要なのは、関係をよく観察し、言葉の力を駆使して、一度に1つのやりとりに集中することだけです。

つながりがもたらす波及効果

ダーリーンはロサンゼルスで育ちましたが、少女時代のいくつかの選択は深刻な結果を招くことになりました。「16歳で少年院に送られたんです」と彼女は私に打ち明けました。「だから、孤独がつながりの健康やこころの健康にどれほど大きな影響を与えるか、身をもって知っています」

彼女は収監が家族に与える影響も、実体験として知っています。現在、ダーリーンは3人の子どもをもつ母親ですが、子どもの父親は長期刑を受けて服役中なのです。面会には厳しい規則があり、子どもたちは父親をハグすることもできないし、近くに座って過ごせるのも数分間だけです。さらに悪いことに、コロナ禍になると感染防止のため、刑務所の面会室が閉鎖されてしまいました。

そのころ、ダーリーンは娘たちと話すうちに、離れて暮らすことが彼女と子どもたちにもたらすつらさの大きさに改めて気づきました。父親に会えないだけでなく、学校が閉鎖されて家にいなければならなくなり、友だちと遊ぶこともできなくなりました。「子どもたちにとっては大きな痛手でした。また、自分の子どもたちと同じつらさを他の子どもたちも経験しているのだと思いました。どんな環境にあっても、子どもたちは親とつながっていたいと思っているのですから」

コロナ禍の行動制限がなくなると、ダーリーンは地元の若者や家族が集う機会をつくる活動を始めました。2021年、つながりの健康研究所は彼女に1000ドルの少額助成金を出しました。子どもたちが、刑務所を出所し社会復帰のための支援所で暮らす親と会うための機会をつくる活動に対してです。支援所もつい最近までは面会が禁止されていたため、彼女の活動は多くの家族にとって初めての再会の場になります。なかには、収監中に生まれた子どもに初めて会う親もいました。

ダーリーンがアイデアと助成金を受けるという知らせを地元のコミュニティに共有すると、みんなとても喜びました。「想像以上に大きな活動になったんです！」。ある団体は、イベントのためにプール付きの会場を提供してくれました。別の団体は、子どもたちが家に履いて帰れるスニーカーを提供してくれました。ダーリーンは、参加者がお絵かきしたり、Tシャツをつくったり、バーベキューでハンバーガーを焼く道具を揃えました。イベントは「No Estás Solo（ノ・エスタス・ソロ）」と名付けました――スペイン語で「あなたは1人じゃない」という意味です。

イベントには40家族が参加しました。「絆を確かめ合うすばらしい日になりました。ホステス役だったので忙しくて写真はあまり撮れませんでしたが、写真ではとらえきれない瞬間がたくさんあったのです」とダーリーンは参加者のようすを思い出し、涙を浮かべました。「イベントのときのことを思い出すと思いがこみ上げてしまって。全員が求めているのは、つながりだったんです。収監経験のある人たちは、家族と再びつながるのがとても難しいんです。社会的烙印がつきまとうからです。でも、自分が傷つけた人たちやコミュニティとなんとかやり直したいと思っている人もいるんです」

彼女はさらに続けました。「つながるためのドアを開けると、無限の可能性が広がります。1人ひとりのこころを癒やす助けにもなります。子どもたちのこころを癒やす助けにもなります。親が収監されていると、子どもたちの声は届きません。だから、場を提供することは、子どもたちに『みんな1人じゃない、忘れられてなんかいない』と知ってもらうことでもあります。子どもたちの価値を認めてあげること。彼らのコミュニティや家族は、ちゃんと彼らを愛し、彼らのことを考えているのです」

ダーリーンのイベントは、幸せな午後の時間にとどまらない影響を生み出しました。イベントは好評を博し、次はいつ開催されるのかという声が次々と寄せられました。そこでダーリーンは2回目のイベントを開催しました。影響はさらに広がりました。「家族との健全な関係は、再犯を減らすことにつながると思います。それに、子どもたちの成長期に親がそばにいることが、子どもの人生にとっても大事なんです。親子の絆は犯罪を断ち切る力にもなります」

ダーリーンからは大いに刺激を受けました。自分の娘の思いに耳を傾け、自身のつらい経験を糧とし、自分のコミュニティを元気にし、人々がつながることで癒やしを得られる機会を自然な形でつくっていたからです。1章で紹介した神殿の比喩でいえば、イベントを通した交流は、社会復帰をめざす難しい時期にあるさまざまな家族がつながりの健康の柱を再建する助けになっていました。そして、その波及効果は、次の世代にもメリットをもたらす可能性があるのです。

その行動が誰かの命を救うかもしれない

イーサン・ウォールはバスケットボールの学校代表選手で、ワシントン州の小さな田舎町のスターアスリートでした。でも、病気になって自宅療養していた数週間、誰1人電話も、テキストメッセージもくれなかったし、訪ねてくる友人もいませんでした。イーサンは、同級生たちとは完全に縁が切れてしまった、と感じていました。

「他の子たちはイーサンなんてどうでもいいと思っていたわけじゃない。ただ、目の前にいないから、気に留めることがなかったんです」とイーサンの兄のルークは話します。孤立したイーサンは引きこもり、うつになり、希死念慮を抱くようになりました。

イーサンの母、クリスティンは、同級生たちが息子をまったく支えてくれない事態に落胆し、「メッセージを書いて『送る』ボタンを押すのなんて、ほんの7秒もあればできることなのに！」と不思議に思いました。この経験から、クリスティンはオンリー7《セブン》セカンズ（Only7Seconds、略してO7S。「ほんの7秒」という意味）というNPOを立ち上げました。若者に共感や思いやり、人間関係のスキルを教えるNPOです。有意義なつながりを結んで誰かの人生を一変させるのは簡単なことだと実感してもらうことが目標です。

ありがたいことに、家族と専門家の支えによってイーサンは暗闇を抜け出し、大人となった今では充実した人生を送り、結婚生活も順調です。しかし、彼のような幸運に恵まれなかった人もいます。数年後、イーサンの家の近くに住む2人の少年が、2週間のあいだに相次いで自死を遂げました。彼らの死は地元のコミュニティを打ちのめしました。そして、ウォール家にも衝撃を与えました。

1カ月のうちに、O7Sのウェブサイトには3万ビューを超えるアクセスがありました。口コミが広がり、全米の30の学区から、支援を求める連絡がありました。ウォール家の人々はNPOを余暇にキッチンテーブルで運営していましたが、本腰を入れなければならない時が来たと悟りました。

2021年、ルークは仕事を辞め、運営責任者になりました。医療専門家、教育者、学生など、さまざまな視点をもつ10人ほどの専門家を集め、1週間をかけて集中的に長期戦略を練り始めました。まずは意識向上のためのキャンペーンやポッドキャスト、学校の教室での授業を集中的に展開し、変化を起こすことにしました。彼らが開発した「つながりのためのカリキュラム」は、個人のつながり、共感のレッスン、人間関係の課題にフォーカスしたセッションのシリーズでできています。

個人のつながりについて、学生たちは中心に自分を置いた円を描き、自分の人間関係を可視化します。中央のいちばん小さな円にはいちばん親しい人間関係が入ります。それを囲む円には、家族や友人たちが入ります。その外側はつきあいの浅い知り合いたちの円になります。学生たちは、それぞれの円に今、誰が入るのか、また今後は誰を入れたいと思っているのかを考えます。2章で紹介した自分のつながりの健康を評価するワークシートとは違ったアプローチになります。

共感のレッスンでは、学生たちは他の人の視点を理解する方法を学び、実際に自分を変えた人たちのインタビュー動画を観ます。大学2年のときに母親が若くして亡くなったことがきっかけでうつと診断されたメキシコからの移民のマリオのストーリー。あるいは、虐待家庭で育ち、高校1年のときに他の人をいじめるようになったマライアのストーリー。ストーリーを観るたびに、学生たちは少人数のグループで思ったことを話し合います。

また、家族の誰かに感謝を伝える、オンラインにポジティブな投稿をする、見知らぬ人を助けるなど、自分のコミュニティの中で1週間に1つは親切な行為をするという課題を実践します。さらに別の週には、「あなたが自分を見つめ直して他者とつながるにはどんな方法がありますか？」「毎日会いたいと思う人は誰ですか？　どうしてそう思うのですか？」という質問をテーマにして、未来の自分に手紙を書きます。

ルークとO7Sの活動はあっという間にフルタイムになり、9つの学校が6年生から12年生までを対象とする「つながりのカリキュラム」を運営するようになりました。田舎の学校もあれば都会の学校もあり、規模も大小ありますし、近隣の学校もあれば海外の学校もあります。実践の結果は自信を与えてくれるものでした。カリキュラム参加前と後の評価によると、4分の3の学生の孤独感が減っていました。

「学生たちからのフィードバックでいちばん大きかったのは、自分と似たような体験、あるいは自分とはまったく異なる体験をした人たちのストーリーに耳を傾けることが与えてくれる大きな力です」とルークは言います。「『うつになったり、親を亡くしたりしたのは自分だけだと思い込んでいた』と子どもたちは言います。深い悲しみや苦悩を抱えているのは自分だけじゃないと気づくんですね」。さらに、動画について話し合うことで、子どもたちは心を開き合い、学校生活での人間関係が深まります。

思いがけないことでしたが、プログラムは指導する教員たちにも、ときに学生たち以上によい影響をもたらすようで、85％近くは孤独感が減ったと報告しています。「まさに『教えることによって学ぶ』というラテン語の格言の通りです」とルークは述べています。

現在、私はO7Sのアドバイザー委員会の一員になっています。O7Sは、パイロットプログラムから得た知見をもとにレッスンを改善し、現在では全米はもちろん海外の学校にもカリキュラムをさらに広げるべく、バージョンアップに奮闘中です。組織が成長する中で、O7Sのあらゆる取り組みはどれも「ほんの7秒」という価値観に帰ってくることをつねに思い知らされています。

手を差し伸べ、気づかっていることを伝えるには、ほんの7秒あれば十分なのです。

つながる力を鍛えるエクササイズ

今こそ、あなたも自分のスーパーパワーを発揮すべきです。見知らぬ人に優しくしたり、友人をランチに招いたり、新しい同僚に自己紹介したりするなど、自分から手を差し伸べましょう。ストレッチ戦略を実践したい人は、知り合いではない人に手を差し伸べるのがいいでしょうし、トーンやフレックス戦略を実践したい人は、すでに親しい間柄の人に手を差し伸べましょう。研究が示すように、大がかりな行為でなければ効果がないというわけではありません。手を差し伸べれば、新しい友だちができたり、今までの人間関係が深まったり、よい効果が周囲に力強く広がっていったりします。

あるいは、今日は自分が少し幸せに感じられるという効果があるかもしれません。これから紹介するのは、効果があったと証明されているアイデアですので、試してみてください。

10分間だけ話をする

あるランダム化比較試験の一環として、障害や健康上の問題で家を離れられない27歳から101歳までの成人に対し、週に数回電話をかけて10分間話をするという実験が行われました。電話をかける人は、相手の話にしっかり耳を傾け、よく考えたうえで質問をします。[13] すると4週間後、電話を受けた人たちの孤独感や抑うつ感、不安が大幅に減っていました。

この研究から学べることが2つあります。1つ目は、ご近所の人でも親戚でも、家にずっといなければいけない人がいるなら、ほんの短い時間でもいいので電話をかけてようすを尋ねたり、話をしたりすべきだということです。2つ目は、家にいなければならない人でも、そうでない人でも、電話をかければ相手はありがたいと感じ、必ず喜んでくれるということです。最近話をしていなかった友だちや家族に電話をかけて、10分間話をしましょう。

一緒にごはんを食べる

米国では、毎日家族と一緒に食事をとりながら育った人は、X世代では59%、ベビーブーマーでは76%、沈黙の世代では84%いるのに対し、Z世代は38%、ミレニアル世代は46%にとどまっています。[14] 家族が食卓を囲み、一緒に食事する機会が減っているのは明らかです。

マサチューセッツ総合病院の家族・夫婦セラピープログラムの責任者であり、ハーバード大学メディカルスクールで教鞭を執るアン・フィッシェルは、「ファミリーディナープロジェクト」を共同で立ち上げました。親が子どもと食事をとることを最優先するよう促す取り組みです。「私は家族療法士ですが、私と一緒に1時間過ごすくらいなら、家に帰って家族と一緒に食事をとりなさいと言いたくなることはしょっちゅうです」とフィッシェルは書いています。なぜなら、「夕食は家族がつながり、お互いの人生に何が起こっているのかを把握する最高の機会だから」です。[15]

家族の食事を最優先すること。子どもがおらず、親も近くに住んでいないという人は、友人や隣人、あるいはパートナーと、少なくとも週に1回は「家族の夕食」のような機会をもつことを習慣にしましょう。

自己紹介する

マーカスは、自分が暮らす集合住宅に新しく入居した人がいると耳にしていました。マーカスが暮らしているのは、サンフランシスコの丘の上にある3階建て、全12戸、階段は1カ所だけという小ぶりのビクトリア朝住宅です。ある日階段を下りていくと、見かけたことのない女性が上ってくるのに出くわしたので、自己紹介しました。彼女は笑顔で答え、数分間おしゃべりをして別れました。

その日、1日中彼女のことを考えずにはいられなかったマーカスは、翌朝「この建物と地区へようこそ」という気持ちを込めて、ワイン1本とカードを彼女の住む部屋のドアの前に置きました。5年後、マーカスは彼女と結婚しました。

その女性は、実は私です。

ご近所の人に出会ったら、自己紹介をしましょう。思いがけない未来が待っているかもしれません。

小さな1歩を踏み出すのも億劫だという人へ

社会不安障害がある人、内気な人、自意識が強い人にとって、小さな1歩がとてつもない大きな跳躍に思えるのは当然です。人づきあいが特に苦手だという人、過去に仲間はずれにされた経験がある人、最近、それまでの人間関係のパターンが崩壊する人生の転換期を経験した人、しばらくつながるための筋肉を鍛えていなかった人もそうです。億劫になる理由は無数にあります。

蝶や常緑樹の人にとって、人に声をかけたり手を差し伸べたりするのは普通のことです。外向的で、頻繁な交流を快適に感じる人たちだからです。壁の花や蛍のタイプの人は、人とつながる行動をいきなり自分から起こすのは苦手です。新しいワークアウトに挑戦すると、最初の数回はからだが悲鳴を上げるのと同じです。でも、エクササイズを続けることで、どんどん楽になり、思っていた以上に気分がよくなる可能性が大きいことを、ぜひ知っておいてください。3章でも述べたように、いつものつながり方や習慣から1歩踏み出し、新たな挑戦をすることからメリットが生まれるのです。

正直なところ、人間関係について難しさを感じたことがない人なんて、この世に存在しないし、今までも存在したことがないと思います。ときに私も、人間関係は難しいなあと思います。人に連絡をしてつながろうと努力するには勇気が必要です。デートをしたり、愛する人を見つけたりするのに勇気が必要なのと同じです。うまくいくこともあれば、いかないこともあるでしょう。

でも、挑戦することには絶対に価値があります。つながりの健康を高めるための努力とは、自分を愛する行為でもあります。自分を大切にし、自分を主張する行為でもあるからです。人とつながるのに、いつも人が行動を起こしてくれるのを当てにしているわけにはいきません。受け身で待っていれば、双方向に意義のあるつながりが降ってくるわけではありません。自分が選び、自分で決めること。心を開けば、チャンスは身のまわりにたくさんあります。

小さな1歩も億劫に感じている人へのアドバイスがあるとすれば、自分が楽に1歩踏み出せる機会をつくることです。

にぎやかな公共空間で会うよりも、電話で話すほうがいいかも?

膝をつき合わせて語り合うより、ハイキングや美術館巡りに一緒に参加しながら話すほうが楽かも？

コツは、自分に合った、他人とのつきあい方を選ぶことです。

次の章では、まさに、そのために役立つマインドセットの身につけ方を詳しく紹介します。

7章 科学者の目でつながりの健康を見極める

人は他の人のために存在している。そのことを私たちは日常生活を通して知っている——そもそも、大切な人の笑顔や幸せを自分の幸せとして、支え合っているのだし、そうした人たちの多くとは、知らず知らずのうちに運命で結ばれているのだから。

——アルバート・アインシュタイン

自分にとってつながりの健康が最高である状態を知り、それを実現するためには、自分がつながる人たちやコミュニティに心を開き、真摯な関心を寄せ、新しい方法を進んで試してみる必要があります。

最後の部分——新しい方法を試す——が、つながりの健康の理論の実践においては、パズルを完成するための最後の1ピースになります。このピースがウェルビーイングに非常に重要だということは、つながりの健康の柱が健康という神殿を支えていることを通してすでに理解しているはずです。また、「ストレッチ」「レスト」「トーン」「フレックス」という戦略についても学びました。でも、自分にとって有効な方法を知るにはどうしたらよいのでしょうか？　また、避けようのない挫折をどのように乗り越えたらよいのでしょうか？

そんなとき、科学的実験精神が役に立ちます。

社会科学を研究してきた私は、仕事上はもちろん、プライベートでも実験をするのが好きです。自分のつながりの健康についても、当然実験をします。つまり、仮説を立て、それをテストし、自分のアイデアを練り、結果をもとにして行動を起こします。

つながりを育むために私が実践してきた実験のいくつかは、すでに紹介しています。たとえば、親切な行為を108日間続ける実験や、まったく知らない靴修理店に行って店主のライフストーリーを聞くといった行為がそうです。自分のつながりの健康のためにこうした行動を実践したとき、科学的に厳密なデータ収集や分析はしていません。

研究論文なんて読んだことがない、統計なんて高校の数学の授業以来まるで縁がないという人でも、つながるための筋肉を鍛えるときには科学者的な気質をどこかしらで発揮し、役立てているはずです。白衣なんて着なくても大丈夫です。

優れた科学者は好奇心が強い

大きな転機を経て、みんなと縁が切れてしまったと感じたローワンは、新しいことを試す必要があると思い至りました。30代半ばで故郷のアトランタに帰り、夢だった仕事に就き、平日の昼間は楽しく仕事をしていました。しかし、夜や週末は満たされない気分が募りました。食事はたいてい1人でしたし、暇を埋めるためにジムで何時間も過ごしていました。

私が書いた記事を読み、メールを書いたことが、マンネリから抜け出すきっかけになりました。メールからは、新しいことを学んで試したいという好奇心ややる気――優れた科学者がもつ資質です――が伝わってきたので、私は1カ月間実験をしてみて、と伝えました。

最初に、つながりの健康の状態を評価する3ステップの方法を実践しました。人間関係を特定し、相互的で意味のあるつながりなのかを確認し、とるべき全体的な戦略を決めました。

ローワンにとっていちばん親しい相手は恋人の女性だったのですが、最近別れてしまっていました。結婚まで考えていた女性を失ったことに動揺していただけでなく、人とのつきあい方も変えていかなければいけない状況にありました。元カノは蝶タイプでしたが、ローワンは壁の花タイプだったので、別れる前、外出する計画はほとんど彼女まかせだったのです。彼女がいなくなると、1人でいることがますます増えました。

家族は両親と妹。全員アトランタの近くに住んでいるので、月に1、2回はランチやディナーをともにするようになりました。しかし、家族関係は複雑で、一緒に過ごすとすごく疲れることもありました。老いていく両親に頼りにされるのも重荷でしたし、妹は若いのにしっかり自分の人生を歩んでいるように見え、ますます取り残された気分になっていました。

他には、毎月電話で2、3回話す親しい友人が数人いました。落ち込んでいるときに連絡できる相手ですから、ポジティブで支えを得られる関係です。しかし、遠く離れた場所に住んでいるし、結婚して小さな子どものいる人もいて、一緒に時間を過ごすことは難しい状態です。一方、アトランタでは、幼なじみや大学時代の友人たちは地元を離れてしまい、ジェフという名のそれほど親しくない友人と数人の顔見知りがいるだけです。

職場では、同僚と知り合いになり始めたところです。1人だけ、リンデンという人は、会ってすぐに気が合うと感じました。

全体として、ローワンのアトランタでの絆やつながりは、本人が求める数に届いていませんでしたし、強さも物足りない状態でした。コロナ禍のせいで新しい相手と交流するのが下手になったとも感じたし、恋人と別れたせいで自信は粉々に砕け散ってしまい、元来の内向的な気質がますます強くなり、つながりの健康は心もとない状態でした。3章で紹介した5―3―1のガイドラインを振り返ると、週に5人の人と継続的につながることができていませんでしたし、親しい人は3人いましたが近くにいませんでした。彼が望んでいるのは、週末に少なくとも1時間は信頼できる人としっかりつながる時間をもつことであり、仕事で疲れている週末の夜はそういう時間がなくても構わないと考えていました。

こうした状況を踏まえ、ローワンは自分に必要なのはストレッチ戦略だと決断しました。つまり、1人で過ごす時間を減らし、新しい友人をつくり、新居の近くで所属していると感じられるコミュニティを見つけることです。

1人きりではないことを知ってほしい

ローワンと同じような人はたくさんいますし、恥ずべきことではありません。「人間関係にも浮き沈みはある」という法則を思い出してください。人間関係には好不調の波があるのです。

過去数十年で友情の存在感が衰えてきたことは、女性よりも男性に厳しい打撃を与えているようです。1990年から2021年のあいだに、「親しい友人はいない」と答えた米国人男性の割合は3％から15％に上昇しました。同じ時期に、「少なくとも5人は親しい友人がいる」と答えた米国人男性の数は68％から41％に下がりました。[1] 英国での調査によれば、孤独だと感じている男性の平均年齢は35歳で、理由のトップは引っ越しと恋人との別れです。[2] ローワンが孤独を感じていたのも不思議なことではありません。

こうした傾向への対策として、オーストラリア南部にあるグールワという小さな町は、男性が集まれる小屋（「男たちの小屋《メンズ・シェッド》」）をつくりました。ぱっと見は、平凡な作業場か倉庫に見えます。しかし、中に入ると、壊れた芝刈り機を直している人やテーブルを組み立てている人、座ってコーヒーを飲んでいる人たちがいます。今では、オーストラリア全体に１２００棟超の小屋がつくられ、5万人を超える男性が頻繁に通って利用しています。今や、オーストラリアには、マクドナルドの店舗よりたくさんの「男たちの小屋」があります。このムーブメントは米国、アイルランド、ケニア、南アフリカなど、他の国にも広がっています。

オーストラリアの「男たちの小屋協会」のウェブサイトには、「多くの男性、とくに引退後の男性は、孤独だと感じています。孤立して暮らしていて、コミュニティとつながり、新しい目的を見つけなければと感じながら、方法がわからない状態です。また、新しいスキルを身につけたい、昔の趣味を復活させたいという人もいます」という説明があります。「メンバーには、そうしたスキルや趣味を見つけることができる安全で活気ある環境を提供します。昔ながらの仲間意識にあふれる雰囲気の場です」。年齢や経歴に関係なく誰でも参加できます。「男たちの小屋」は、知らず知らずのうちにからだの健康、こころの健康、つながりの健康を鍛えられる場です。たとえば、2022年にドイツの研究者たちが実施した系統的レビューによれば、小屋に頻繁に通う男性の多くが帰属感を得ており、からだをよく動かし、ウェルビーイングが大幅に向上していました。[3]

ローワンのような状況はめずらしくないこと、「男たちの小屋」のような機会はたくさんあることを知っていた私は、科学者のような態度で、1カ月間、毎週1つは新しいつながりにつながる活動をしながら、自分に合う人間関係やコミュニティを見極めていくことをローワンに提案しました。つながりの健康の筋肉をストレッチする（伸ばす）ための最初のステップとして、ローワンは即興芝居のワークショップに参加する決心をしました。彼の気分を考えれば、ずいぶん思い切ったなと驚きましたが、まさにすばらしいアイデアでした。とにかく自分で自分のお尻を叩き、はまり込んでいる場所から外に出ることが必要なときはあるものです。

ワークショップはうまくいきました。陽気にふるまうことで気持ちが楽になり、ワークショップがとても楽しめたので、ローワンは定期クラスにも参加することにしてしまいました。「いちばんよかったのは、近所に住んでいる人2、3人と知り合いになれたことです」とローワンは打ち明けてくれました。「1人はバスケットボールに誘ってくれて、連絡先を交換しました」。ローワンに最初の友だちができたのです。

好奇心をもち、心を開いたことで、ローワンの実験は上々のスタートを切ったのでした。

優れた科学者は客観的

「人それぞれ」の法則のところで説明したように、つながりの健康は主観的なものです。人とのつながりについての感じ方は自分にしかわからないし、つながり方も人それぞれに好みがあります。

でも、新しい人間関係を構築しようとしてもうまくいかない場合は、もっと客観的になることが大事です。結果を個人的にとらえすぎない、という意味ではありません。たとえば、興味をもったグループが運営するイベントに行ったのに、あまり楽しめなかった場合は、次を当たりましょう。あるいは、新しく友だちになれそうな人と会ってみたけれど、あまりピンとこなかった——あるいは向こうがあなたにそれほど興味を示していないようだった——という場合も、執着せずに次に進むのです。失礼な態度をとったのでなければ、うまくいかなかったのはあなたのせいではありません。単に相手の人やグループとの相性がぴったりではなかった、ということです。

万事好調といかなくても当たり前です。拒絶された気持ちのまま交流が終わったり、自分の場所ではないと感じたり、わけもなく満たされない気分がしたりすると、自分が悪いのかなという気持ちが湧いてくるものです。でも、そんなときには科学者のように考えてもらいたいのです。ネガティブな経験1つひとつをデータとして眺め、洞察を見いだし、よりよい方向に向かっていきましょう。

ローワンは次のステップとして、アプリのミートアップ（Meetup）で見つけたクラフトビールの交流会に出かけました。クラフトビールが好きな人なら誰でも参加して交流できると謳っていました。このグループは毎月、アトランタ周辺のさまざまなブルワリーやバーで集まっていました。金曜に仕事を終えて集会に参加し、ビールを注文し、自己紹介したときは緊張していましたが、グループの人と話し始めるとすぐに緊張は解け、歓迎されていると感じました。それでも、この晩の集会は不満が残りました。ビールを楽しめたのは確かですが、話をした人たちはどうもピンとこなかったのです。

翌日、電話でローワンと話すと、声から落胆が伝わってきました。そこで私は慰めるのではなく、「おめでとう！」と叫びました。訳がわからないといった顔つきで彼が笑ったので、私は繰り返しました。

「本当よ、それこそが役に立つデータだから。あるコミュニティがしっくりこないなら、次に行けばいいの。率直に言って、試してみた活動がうまくいかない分だけ、自分が求めるつながりがはっきりと絞り込めるのだし。それに、私に話せるネタが増えるほど、一緒に笑えることも増えるでしょう。うまくいくこともあれば、いかないこともあるし、それはあなたのせいじゃない。普通のことだから」

よい科学者は、たくさんの研究を行うことで、真実を見つけようと努力します。失敗することもあります。重要な結果が出ることもあります。科学とは、試行錯誤の繰り返しです。自分にとって有意義な人間関係やコミュニティを探すのも同じことです。

もちろん、自分から出かけていって、ベストを尽くす必要はあります。でも、特定のやりとりや活動の結果にこだわるのは、有益ではありません。自分の力ではコントロールできない要素がありすぎるのです。たとえば、ローワンの場合、クラフトビールの交流会にやってきた他の人たちとは、ビール以外の共通点があったのかどうか。ローワンにとってこのときの経験は、仲間になれるコミュニティを探すための自分の能力を示すものというより、むしろ彼が集めているたくさんのデータの１つだったととらえるべきです。

それに、本来壁の花タイプのローワンにとって、この経験はものすごく大きな1歩だったはずです。

自分は人に好かれているという前提で行動する

2018年にコーネル大学、ハーバード大学、イエール大学、エセックス大学の研究者たちが、見知らぬ人同士をペアにして5分間会話してもらうという実験を行いました。[4] 5分後、被験者たちに対して個別に、「相手にどのくらい好意をもったか」「相手は自分についてどのくらい好意をもったと思うか」と質問しました。

すると、相手が会話を楽しんだかどうかについて、被験者は必ず大幅に過小評価していたのでした。しかし、中立的な観察者が彼らの会話の録画を観ると、相手に好意をもっているときは確実にそうわかるのでした。つまり、他人の目には明らかなのに、会話の当事者たちはお互いがどのくらい意気投合しているのかがわからないのです。相手の自分に対する好意の見積もりと、実際に相手が抱いている好意の差を、社会心理学者は「好意の隔たり」と呼んでいます。

つまり、人はおそらく、あなたが思うよりもあなたに好意をもっているということです。『フレンドシップ：友情のためにすることは体にも心にもいい』（日経BP）の著者で心理学者のマリサ・G・フランコは、「自分は人に好かれているという前提で行動する」というストレートな解決法を提案しています。[5] このマインド設定は正しいだけでなく、行動をよい方向に導いてくれます。「これは自己達成的予言です。実際、この前提で行動するとき、私たちは人に優しく、積極的に関われることが研究でもわかっています」。また、他の人に与える印象もよくなり、人間関係が充実しやすくなります。

次のステップとして、ローワンはリンデンと一緒にランチに出かけようと決意しました。リンデンは、職場で気が合いそうだと思えた人です。別のチームの所属でしたが、ローワンが転職してきた週の社内交流会で出会い、いろいろ共通点があることがわかりました。2人ともニューヨークに住んでいたことがあるし、ランニングが好きで、自分の専門分野に熱意をもって取り組んでいました。でも、その後オフィスでリンデンと出くわしたときに話しかけると、とりつく島がない感じでした。ローワンは面食らって落ち着かない気持ち——まるで女性をデートに誘おうとしているときのように——だったので、ランチの誘いを切り出せませんでした。

リンデンはローワンに関心がないのかもしれませんが、もしかしたら会議に遅れていて余裕がなかっただけかもしれません。あるいは仕事の締め切りが迫っていてストレスを抱えていたのかもしれないし、前の晩に子どもが病気になって眠れず、疲れていたのかもしれません。理由として考えられそうなことはたくさんあります。私はマリッサのアドバイスを踏まえ、「自分は人に好かれているという前提で行動して。次にリンデンに会ったらランチに誘ってみて」とローワンに提案しました。

ローワンはその通りにしました。リンデンは承諾しました。ランチでの会話はたいへん盛り上がり、リンデンは翌週に自分が主催するバーベキューパーティーにローワンを誘ってくれました。

優れた科学者は粘り強い

科学者たちは、実験でたくさんの失敗を繰り返した果てに、注目すべき成果を上げます。そのためには粘り強さが必要です。「人間関係にも浮き沈みはある」の法則で述べたように、からだの健康やこころの健康と同じく、つながりの健康にも好不調があります。不調な時期を耐え抜いて好調な時期を楽しむには、諦めないこと、忍耐強さをもつこと、実験を続けることが必要です。

気の合う人が見つかるまで探し続ける

1カ月の実験の最終週に、ローワンは大学時代の友人で今もアトランタに住んでいるジェフに連絡をしました。何年も音信不通でしたが、学生時代にはいい思い出もある相手です。一緒に夕食に出かけることにしました。

全般的に楽しかったし、自分が求める友情のあり方を考え直すきっかけにもなった、とローワンは報告してきました。「量より質」の法則に立ち返り、自分は「たくさんの」友人ではなく「よい」友人がほしいのだと気づいたそうです。また、食事中にジェフが何度もスマホを見ていたので、あまり楽しくないのかもと思ったそうです。そこで私はもう一度「好意の隔たり」の話をし、何か理由がある可能性についても話し合いました。ジェフは誰にでもそういう態度をとるのかもしれないし、返事をしなくてはならない事情があったのかもしれない、と。

同時に、親しい友人になる相手についてローワンはもっとハードルを上げてもいいのかも、という話もしました。相手の好意をつねに思案したり勘ぐったりする必要がないことが大事なら、ディナーのときは自分だけに注意を向けてくれる相手――を求めるべきです。ジェフはそういうタイプではないし、それはそれで構いません。ジェフと親友になる必要はないのです。

一緒に時間を過ごす相手について、私たちはみな高い水準を維持すべきです。

1カ月間の実験が終わるころ、ローワンは2人の新しい友人をつくることに成功していました。1人は即興芝居のワークショップで出会った人、もう1人は職場で出会ったリンデンです。自分にとって、クラフトビールクラブはふさわしいコミュニティではないこと、目の前にいてしっかりコミットしてくれる友人がいることが重要であることがわかりました。また、ローワンは自信を取り戻し、全体として以前より楽観的になりました。こうしたことはどれも、彼のストレッチ戦略における重要な前進でした。

一方で、ローワンのつながりの健康は未完成のままでしたし、今もそうです。新しい友情を結ぶには時間がかかりますし、恋人との別れを悲しむ気持ちがまだありましたし、いい形で家族のそばにいられる方法も模索していました。実験ではつながることに意識的に取り組みましたし、新しい仕事や家になじむため、忙しいなかでもつながりを優先し、孤独感や寂しさというハードルを克服するのに役立ちました。つながるための筋肉を鍛えながら、こうしたマインドセットを身につけたローワンは、好奇心を取り戻し、客観性と粘り強さを自分のものにしたのです。

つながれたと感じるまで続ける

子ども時代のリチャードは、友だちが多いタイプではありませんでした。1人っ子でシャイな性格でした。両親はリチャードが生まれる直前にベトナムからカナダのカルガリーに移住し、新生活を構築するため働きづめでした。友だちをつくる、人と効果的にコミュニケーションをとるなど、人とつながるためのお手本は家庭には見当たらず、学校も教えてくれなかったので、リチャードはテレビ番組や映画、本を参考にしようとしました。しかし、そこに描かれている主人公と親友たちの関係は、リチャードの現実とは違いすぎていました。彼は私に「自分に何かまずいところがあるのだろう、とずっと思っていました」と打ち明けてくれました。

自宅から2時間ほどの田舎町にある小さな大学に通い始めると、再び孤独を感じました。そこで彼は、『*Humans of New York*（ニューヨークの人々〔未訳〕）』にインスパイアされて、あるプロジェクトを始めました。『ニューヨークの人々』は、2010年に写真家のブランドン・スタントンがニューヨーク市の路上で見知らぬ人の写真を撮り、インタビューしたブログで、書籍にもなっています（未見の人には、ぜひ一度ご覧になることをすすめます。さまざまな職業や地位の人々の姿を生き生きととらえています）。

リチャードはインタビューをするうちに、相手の人生に興味をもち、当たりさわりのない会話ではなく深い質問を投げかけることで、友人関係が結べることに気づきました。驚いたことに、何もかも心得ているように見えた上級生の多くが、1年生のときには大学になじめないと感じ、友だちづくりに苦労していたのでした。

「そのとき、はっと気づきました。1人だから孤独なのではないと。自分に何かまずいところがあるわけではありませんでした。こういうことをあまり話題にしないせいで、みんな傷ついたり恥ずかしいと感じたりしていたのです。これが当たり前なんだとわかっていれば、あんなに傷つかなくてもすんだと思います」

リチャードは私が書いた記事でつながりの健康という考え方を初めて知り、すぐに共感しました。

「子どものころにつながりの健康について教えてもらえていたら、お手本にできたのに、と思います。親友が1人はいないといけないという間違った思い込みをもたずにすんだのに、と。後に僕は、1人の人間が自分の人間関係のニーズをすべて満たしてくれると期待するのはおかしいと思うようになりました。いろんな友だちがいてコミュニティがあって、僕のいろいろな関心は満たされるのですから」

リチャードはさらに続けます。

「昔は、こころの健康についてはおおっぴらに語らないのが普通でした。もしつながりの健康が僕たちの日常のボキャブラリーの一部になり、教育に取り入れられ、意識が高まれば、僕が抱えていたようないろんな課題は減らせるはずです。みんな、孤独に悩むのは自分のつながる力が低いからだと思って自分を責めているし、だから、自分の殻を破って弱さをさらけ出したり傷ついたりするのはいやだと思ってしまう。ネガティブ思考の悪循環にはまっているんです。まさに、僕もそうでした。実際には、拒絶されることも、人とつながるプロセスの一部です。誰とでもうまくやれるはずなんてないし、やれなくたって大丈夫。それでも、みんなそれぞれに価値のある人なのですから」

２０２１年に大学を卒業するころには、リチャードはストレッチ戦略やトーン戦略でつながるための筋肉を鍛え、閉じこもる蛍から脱皮して、入学時よりもずっと自信にあふれていました。つながりの健康も良好な状態になっていました。２年後、リチャードは、今度は自分と同じような気持ちでいる新入生たちを助けるため、キャンパスに舞い戻りました。大学に対して、学生たちのつながりの健康を高めるしくみや場が必要だと提案すると、それなら大学全体での取り組みを実施してほしいといって、大学が彼を雇い入れたのです。

「自分の殻を破って人とつながるには個人の努力が必要だけれど、それだけではダメだということを僕は学びました」とリチャードは説明してくれました。

「育つ過程で親や学校の教師から、つながることの大切さやスキルをまったく教えられていないとしても、それはあなたの過失ではないんです」

大学で最初にリチャードが手がけたのは、キャンパスにRECルームという共有スペースをつくることでした。卓球台や巨大なチェスのセットがあり、学生が集まって、いろんな活動をしながらつながれる場です。あるアンケートで1人の学生がこんなふうに書いていました。「入学して最初の1カ月は本当に独りぼっちだった。でも、RECルームで最初の友だちが何人かできて、定期的に一緒に過ごすようになった」

次にリチャードは、イベントやプレゼンテーションを通してキャンパスの学生たちにつながりの健康の教育を行いました。「僕がつながりの健康という言葉を口にしても、それが何だかわかっていない学生がほとんどです。まさに、あなたの記事を読む前の僕と同じです。僕は学生全員にこの言葉をちゃんと理解してほしいんです」

最後に、リチャードはつながりを育むいろいろな取り組みを試しました。学食のテーブルの上など、人通りの多いところにQRコードをつけて、学生たちがスマートフォンでつながりの健康関連のリソースにアクセスできるようにしたのです。リソースの中には、「元気？」よりもう少し深い会話を促すきっかけのリストなどが含まれています。

「キャンパス全体を自分の研究室としてとらえているところもありますね」とリチャードは言います。「学生のつながりの健康に影響を与えるものを見極める実験をしているんです」。その後、リチャードは他の大学でもつながりを育む取り組みやつながりの健康のプレゼンテーションを実践しています。

青春時代に孤独を感じていたリチャードが今や文字通りつながりの健康を教える立場になっている姿に、私は勇気をもらっています。リチャードは実験精神を身につけることで、つながりの健康の筋肉を鍛え、他の人を助けられる立場になりました。あなたにもきっとできるはずです。

自分のスタイルに合わせた実験をしよう

「蝶」「壁の花」「蛍」「常緑樹」というタイプによって、実験はどう違ってくるのでしょうか？

蝶や壁の花の人なら、めざすべきはトーン戦略（つながりを深める）です。信頼している友人を1人選び、5章で紹介した方法を使って絆を深めてください。たとえば、「今日はどんなことを考えてるの？」とか「今週ありそうな素敵なこと、つらいこと、楽しみなことは？」といった質問をきっかけにして、いつもより深い会話をしてみましょう。自分でもこうした質問に答えながら、いつもよりも自分の個人的な部分を見せていきましょう。それから、やりとりを振り返ってみます。友人はポジティブに受け止めてくれたでしょうか？　やりとりは双方向だったでしょうか？　前より相手を親しく感じているでしょうか？　それとも、かえって傷ついてしまった気がしていますか？　蛍や常緑樹の人の場合、深いつながりが自然にできてしまうので、こうした実験は不要でしょう。

あるいは、蝶や常緑樹の人がレスト戦略（人間関係の数を維持または減らす）をとりたいという場合もあります。その場合は社交の機会を減らすことがとても重要です。向こう1カ月間はごく親しい人からの誘いだけを受け、ゆるいつながりの人からの誘いは断り、自分自身とつながるための時間をとりましょう。そして1カ月後に自分の変化を精査します。心のバランスが整ったと感じますか？　あるいは、気楽な交流が足りなかったという気がしますか？

2章で記入したワークシートを見返し、自分の全体戦略について、来週、あるいは来月に実験できそうな方法をいくつか書き出しましょう。自分がどのタイプであれ、好奇心、客観性、粘り強さをもち続けることを忘れないでください。

科学者ではなく人としてふるまうべきとき

打ち明けなければならないことがあります。アカデミックな研究者という帽子（大学という象牙の塔で研究者として過ごしていたときに手に入れたもの）を脱ぎ、普通の人になる帽子をかぶって世の中を眺めるとき、科学的なものの見方は研究の世界の外では役に立たないこともあると気づきます。研究の世界では大切だとされている資質の中には、日常生活で問題をもたらす可能性があるものもあります。そこで、つながりの健康に関する実験を行うとき、避けるべきことをいくつか述べておきます。

批判精神は控えめに

社会科学者として研鑽を積んでいたときには、あらゆる研究について懐疑的な眼差しを向け、何事も徹底的に調べ、見落とされている意味や欠点がないか探しまわり、批判することを学びました。批判精神は研究を前に進めるためには有益ですが、人間関係や、つながりの健康的に健全なライフスタイルをもたらすルーティン的な人間関係やコミュニティを探す役には立ちません。

代わりに、陽気で楽観的になってください。つながりの健康は楽しいものなのです！　素敵だと思える人と一緒に過ごすことほど楽しいことはありませんし、そうすれば相手もあなたを素敵な人だと思ってくれます。

合理主義はほどほどに

科学においては、論理や計量的データは何よりも重要です。しかし、人間同士のつながりにおいては、「どう感じるか」に注意を払ってください。実験から得られた結果を明確に評価し、つながりが相互的だと思えるかどうか（「タンゴは2人いないと踊れない」の法則）といった要素に配慮してください。でも、そうするときも、直感を優先してください。

言葉で説明できなくても構いません。頭ではなく心の声に耳を傾けると、自分が惹かれる人々やグループに驚くかもしれません。また、自分がいやだなと感じる相手にも驚くかもしれません。すべてのつながりがよいつながりとは限らないことを憶えておいてください。相性がいいと思えない相手に時間やエネルギーをかけるのは、つながりの健康にとってよいわけがありません。

自分に厳しくしすぎない

科学的な大発見をしなくては、評価の高い学術論文誌に定期的に論文を出版しなくては、終身教授資格（テニュア）を取らなければ、というプレッシャーを感じている研究者はたくさんいます。いつしか燃え尽き症候群になってしまう人もたくさんいます。[6] つながりの健康の実験を行うときには、自分に優しくしてください。仕事がものすごく忙しい週には同僚としか交流できなくても、心配無用です。数カ月間、優先しなければいけないことがあり、人とのつながりが後回しになったとしても、自分を責めないでください。そういう時期は、私も含めて誰にでもあるものです。自分を大切にして、他にやらなければならないことをしてください。つながりの健康は健康やウェルビーイングという神殿全体を支える柱の1つですが、他の柱のほうが重要になる時期もあるものです。

Part 2を通じて、つながりの健康を実践するには、つながりの健康を最優先し、つながるための筋肉を強化する方法を学び、大きな成果のために小さなステップを積み重ね、実験精神をもって取り組む必要があることを詳しく述べてきました。こうした取り組みを、自分が暮らすコミュニティや頻繁に参加するリアルやオンラインの場、社会をつくっている制度の中に取り入れることで、つながりの健康という理念が生き方になります。

これについては、続くPart 3で詳しく見ていきます。

Part 3

AMPLIFY

つながりの
健康を高める
生き方

8章

暮らしている場所でコミュニティをつくる

私たちは1人ひとりが大切な存在であり、果たすべき役割があり、世の中をよくする力があります。私たちは1人ひとりが人生の責任を果たし、何よりもまず、まわりに存在している人や生き物と互いに尊重し合い、愛し合うことが特に重要です。

――ジェーン・グドール

3つの国の小さな町や大都市を移り住んだ経験を通して、人のつながり方は場所によって異なることを私は学びました。住んでいる場所で友だちやコミュニティ（仲間）がどのくらいつくれたかによって、私のつながりの健康は、そしてからだの健康やこころの健康も、大きく左右されたのです。

引っ越しがあまりに多かったため、場所がつながりの健康に与える影響への関心が芽生えました。卒業研究では、人のつながりを促進する、あるいは阻害する建物や地域、都市のデザインの特徴を探究しました。このテーマについて、私は幸運なことに、ハーバード公衆衛生大学院の著名な社会疫学者、イチロー・カワチ教授と共同研究を行うことができました。たとえば、公共の公園やコミュニティガーデン、並木は孤独を減らしてくれるし、住宅地と商業地、レクリエーション施設が近接している地域は、人々が交流する機会が生まれます。私たちは、建築家や土木技師、都市計画家などの専門家が設計活動で参考にする教科書『*Making Healthy Places*（健康な場をつくる〔未訳〕）』の第2版の中の1章を共同執筆しました。

でも、あなたや私にできることはないのでしょうか？　自分の地域で人を結びつけるためには、どんなことができるでしょうか？　その答えは、教科書ではなく、私たちの身のまわりの世界にあります。

19歳のとき、ありがたいことに私はフランスに戻り、パリで半年間の留学生活を送ることができました。素敵な経験に聞こえますよね。たしかに、いろんな意味で人生を豊かにしてくれる経験にはなったのですが、実は人生でもっとも孤独な日々を送りました。世間で言われている通り、パリジャンは人当たりがいいとは言えません。地下鉄の車内で笑顔の人を見かけることはありませんし、カフェのウェイターもぶっきらぼうです。フランス語を話しても、教室の外では、人と出会うことも、友人をつくることも、コミュニティに溶けこめたと思える経験をすることも困難でした。地域の人との交流といえば、音楽の音を小さくしろと隣人に怒鳴られ、壁をドンドン叩かれたことくらいしかありませんでした。

2022年まで時間を早送りします。公衆衛生上の問題として孤独対策を実施し、資産やリソースとしてのつながりの健康の向上に積極的かつ予防的に取り組むさまざまな団体・組織と連携しながら、私はつながりの健康研究所の運営に没頭していました。そうした中で、「つながりの健康を新たに定義するようなコミュニティのモデルとは、どんなものだろうか」という核心的な質問が浮かんできました。

つながりの健康によって、寿命が延び、健康になり、幸せになれるのなら、それをうまく実現している地域はあるのか？

「共に楽しく生きること《コンヴィヴィアリテ》」をめざして人がつながり合う活動を展開しているグループがパリにある、と耳にしました。以前、パリは薄情な街だと身をもって体験していた私は、自分の目で確かめなければと思いました。人々がつながり、つながりの健康を高めてくれるコミュニティをつくる方法を示す青写真やビジョンを見いだせるのではないかと思ったのです。

隣人を知るには挨拶から始めよう

11月のパリは冷え冷えとして、冷淡なパリジャンのイメージそのものでした。ある朝、セーヌ川から1、2キロ南に位置する14区で私はメトロを降り、歩き始めました。冷え込みがきつく、外を長時間歩き回るのに適した厚手のコートを着てこなかった私は、カフェ・デュ・ランデブーに駆け込みました。「ハイパー隣人共和国」と名乗るグループのリーダー、パトリック・ベルナールと待ち合わせていたのです。

実際に会う前から、パトリックは「共に楽しく生きる」人そのものでした。私が会いに行くまでに交わしたメールやワッツアップでのやりとりでも、あたたかくて感じのよい人柄が伝わってきましたし、顔を合わせてみると、白髪頭に丸顔で、顔と同じくまん丸の眼鏡を掛けた姿にも親しみが湧きました。私たちは朝食を注文しました。パリの朝食なので、クロワッサン、バゲット、ヌテラ、コーヒー、グレープフルーツジュースです（胃袋がカルチャーショックを受けないように私は玉子も注文しました）。パトリックは「ハイパー隣人共和国」の成り立ちについて話し始めました。

ジャーナリスト歴25年以上のパトリックは、記事を書いて情報を共有することでキャリアを築いてきました。しかし近年、情報の広がり方に変化が起こっていることに気づきました。「ニュースは全部オンラインで読めるのだから、お金を払って新聞を買う必要なんてない」という10代の息子の言葉に、従来の情報にはもはや価値がないことを理解しました。そして「それなら、何に価値があるのだろう？」と思ったのです。

この好奇心を掘り下げていくと、１つの答えにたどり着き、それがきっかけとなって、彼は仕事をやめ、コミュニティに自分のすべてを捧げることになりました。彼の結論とは、つかのまの情報を受動的にグローバルに消費していく時代において、価値はそれとは真逆のものにあるということでした。つまり、ローカルで、能動的で、長く続くつながりにこそ、価値がある、と考えたのです。

２０１７年４月、パトリックはご近所の人を５人集め、家を出て「こんにちは《ボンジュール》」と挨拶する機会が2、３回しかないのではダメで、50回は挨拶するのを目標にしよう、と提案しました。50回が当たり前になるくらい、地域の人同士がちゃんと知り合いになろう、と提案したのです。目標を達成するため、パトリックは長い通りに１０００人が座れるテーブルを置き、一緒にごはんを食べてお互いが知り合いになろう、と提案しました。

５人の隣人は、そんなの非現実的だよ、と彼のアイデアを笑いました。それでも、彼の目標——隣人同士がもっとお互いを知り合うことには価値がある——には同意してくれました。隣人の理解こそ、パトリックが最も求めていたものでした。パトリックは決意を固めました。ゆるぎない決意と、イベントを知って手伝いに加わってくれた数多くのボランティアの力によって、その年の9月にパトリックは自身のアイデアを実現しました。14区中心部の住宅街に延びるオード通りの端から端までテーブルと椅子を並べ、「集まって食事しながらつながりたい人は誰でも歓迎します」という招待状を地元の人に送りました。すると、1000人を超える人がやってきたのです。

以来、「オード通りのテーブル《ターブル・ドード》」と名付けられたこのイベントは、コロナ禍によるロックダウンの時期を除いて、毎年開催されています。地元の人数千人にとって、このイベントはご近所の人が友情や恋愛、地元への愛着を育む機会であり、パリ市長も参加しています。また、アイデアは国境を越え、マンハッタンなど、世界各地で同様のイベントが開催されるようになりました。

ある社会学者はハイパー隣人を高く評価しており、「オード通りのテーブル」を含むさまざまなイベントやプログラムを通じて、社会的孤立を減らす、社会の絆を強化する、苦難から立ち直る力を高めるといった成功を収めていると結論づけています。[1]「コロナ禍が始まると、ハイパー隣人の活動の長所が目に見えてわかったんです」とパトリックは話してくれました。

イベントで出会った人たちは、さまざまなニーズや関心事についてのグループをワッツアップ上にすみやかにつくって連絡をとり合い、支え合いました。こうしたグループはコロナ禍による籠もりきりの生活が終わってずいぶん経った今でもアクティブで、メンバーが増え続けています。

ハイパー隣人の重要性は、年に一度みんなで通りでごはんを食べるイベントや、家を出たら最低50回は挨拶するといった活動の推進だけにとどまらないことを、こうしたグループの存在が示しています。もちろん、隣人たちは今も「挨拶50回以上」も実践すべく努力しています（後に取材した地元の人は、「また50回を達成してないから家に帰れなくて！」と冗談を言っていました）。イベントや挨拶活動は、もっと重要な意味をもつ変化を起こすための入り口なのです。

到着したときはほとんど無人だった店内に人があふれ始めたころ、コーヒーを飲みながら、パトリックは長期目標を教えてくれました。パトリック曰く、今の自分は、人をつなぎ、イベントを組織し、ハイパー隣人の拡大にフルタイムで従事する「隣近所の友だち」なのだそうです。そして、ハイパー隣人について、将来的には自治体から予算を得て、パリ中の各地区にいる「隣近所の友だち」をつないだ組織にしていきたいと考えています。いずれは「隣近所の友だち」として活躍してくれる新しい仲間を育成する学校と認定プログラムを設立するつもりですが、その際も運営のしかたは地域の住民のニーズや好みに合わせてカスタマイズしてもらうつもりです。

市内のすべての地域・隣近所に1人ずつ、地元のつながりの健康の向上に責任をもって取り組む人がいるという状況を想像してみてください。みなさんがお住まいの地域も、そうなったら、どんな変化が起こるでしょうか？

1人が1000人とつながる活動

パトリックが腕時計を見て、僕らは遅刻してるよ、と言うので、私はクロワッサンの最後のひと口を飲み込みました。ハイパー隣人のメンバーは、毎週土曜の朝に、お決まりの地元のレストランの片隅に集まり、コーヒーを飲みながら活動内容を考える会合をしているのです。誰でも歓迎の集まりで、毎週いろんな人が飛び入りで参加しますが、地域に古くから住む10人ほどがコアメンバーになっています。

ウェイターに代金を払って会合に向かう道すがら、パトリックが説明してくれました。「ハイパー隣人の活動はいろいろあって、みんな自分なりのやり方で参加してくれているんです。僕の地区は、僕や古くからの住民が参加していることもあって、いちばん活動がアクティブです。僕の仲間にはこのあと紹介しますけど、平日に仕事がない人たち、週末に面倒を見なければいけない小さな子どもがいない人たちなので、自由時間がたくさんあるから、活発に活動できるんです。ほかには、イベントのボランティアや、ワッツアップグループの運営のお手伝いなど、できる範囲で活動してくれる人たちもいます」

ルネ＝コティ大通りの中央を走る石畳の歩道を歩いたのですが、背の高い並木と生い茂った低木のおかげで、両側の車道の喧噪とは別世界でした。遊歩道を歩む人を一休みに誘うように、緑のあいだにところどころベンチや椅子が置かれています。私は、家庭や職場以外で人々がつながる共有空間の重要性をテーマにした自分の修士研究を思い出していました。

「イベントに参加して楽しむだけという人もいます」とパトリックは話を続けました。「ハイパー隣人が企画したイベントということすら知らないかもしれない人たちですが、この人たちも得るものがあるだろうし、であればすばらしいと思うんです。それと、僕らの活動を知っているけれど、あえて参加しないという人もいます。それも構いません。たまたまこの地区に住んでいるだけなので放っておいてくれ、という人たちもいます。参加する、しないは自由なんです。最後に、僕らのことを知らなくて、僕らのほうもまだ知り合えていない人たちもいます」

階段を上り、角を曲がると、毎年「オード通りのテーブル」が開催される通りに到着しました。「ほら、ここです！」とパトリックが立ち止まってくれたのですぐにわかりました。どうということもないのですが、パリらしい通りで、石畳の道の両側に小さな集合住宅の建物が並び、ところどころにあるプランターの低木や花は冬ごもりの準備を始めていました。パトリックが大きな壁画を指さしました。2本の木のまわりでねずみたちが忙しそうに落ち葉を掃いたり、はしごを登ったりしている絵です。家賃の安い集合住宅の壁を明るくしてもらうため、ハイパー隣人が地元のアーティストを雇って描いてもらったのです。このコミュニティの隣人たちの日常を表現した壁画です。

さらに進むと、パリの小さな通りに収まる大きさの、ささやかな菜園がありました。大きなコンポストの箱が2つあり、横に置かれた看板には「近所の人たちが定期的に集まり、ユーモア精神をもって楽しく育て、水をやり、手入れしている菜園です。参加したい人は誰でもどうぞ。お天気次第ですが、毎週日曜の午後遅めに集まっています」と書いてありました。

かつてパリに住んでいたころ、地元の人と出会い、文字通り根を下ろせる、こんなにごきげんな共同菜園が近くにあったなら、自分はどのくらい参加したいと思っただろうかと考えました。でも、私が住んでいた地区にはこんな活動はまったくありませんでした。そしてふと、隣近所の人とつながりたい、新しい友だちをつくりたい、コミュニティに貢献したいという気持ちは、そのための機会を待つまでもなく、当たり前のように湧いてくるものなのだと思いました。さらに、あのころの自分はおそらく、そういう機会をしっかり探そうとしていなかったし、自分でつくろうとすることさえしていなかったんだ、と思い至りました。つながりというテーマを研究し続け、さまざまな分野のパートナーたちと解決策を実践してきて、個人としてできること、すべきことと、つながりの健康が良好な生活を送るために必要な空間という、2つのものごとのバランスや調整が大切だと思うようになったのです。

お互いを知ることがもたらすメリット

パトリックと私は、毎週土曜にハイパー隣人の会合が行われるレストランにようやく到着しました。オーナー夫妻（小さな娘がいるそうです）が、毎週顔を合わせる間柄らしい親しげで打ち解けたようすで、パトリックに挨拶しました。店の奥の一角では、10人ほどの住民がテーブルを囲み、語り合っていました。私たちの姿を見ると、椅子を引き、コーヒーを注文してみんなの輪の中に迎え入れ、順に自己紹介を始めました。「ハイパー隣人の活動でみなさんの生活がどう変わったのか、お話を伺いたくて来たんです」と私は説明しました。

即座に、1人の住民が答えました。「生活がどう変わったかって？　今じゃ、近所の買い物に時間がすごくかかるようになったよ！」。みんなが笑いました。「食料品店に買い物に出かけると、たくさんの人と話さなくちゃいけなくて、結局飲みに行くことになるんだよね。だから、家に帰るころには必ず夜になってるんだよ！」

別の人が、もっと真面目な声で答えました。「ここに住んで40年になるけれど、ハイパー隣人の活動が始まって初めて、困ったときは誰かが助けてくれると思えるようになったよ」「ミリエルさんは、どう？」とパトリックが隣に座っている80代の女性に尋ねました。「キャスリーにはもう話したけど、ハイパー隣人に参加する前は、『意地悪ミリエル』って呼ばれてたよね」。ミリエルは黙ったまま、眉毛を上げて、笑顔を見せました。他の人たちもうなずいていました。

数年前、初めてハイパー隣人の会合に顔を見せたミリエルは、パトリックに文句を言っていました。ミリエルはパトリックと同じアパートの住人ですが、玄関先に意地悪なメモをしょっちゅう置いていく人だったそうです。当初、ミリエルはハイパー隣人の会合でも、不機嫌な顔をしていました。しかし、だんだんグループと打ち解け、共に楽しく生きるという活動精神を受け入れていきました。ミリエルの変化にみんなが驚きました。時が経つにつれ、意地悪ミリエルは、ごきげんなミリエルになっていきました。

それから1時間ほど、ハイパー隣人の人たちは、午後に地域で開催するプログラムを議論していました。「共同デザイン」という連続セッションの最終回を行うことになっていたのです。「共同デザイン」とは、ある共有空間に関する市の変更計画について、住民がアイデアを出し、議論していく機会となるプロセスです。問題となっている計画地は、すぐ近くのプラース・デ・ドロワ＝ド・ランファン広場（子どもの権利広場）でした。すでに500人以上の住民が声を上げていました。

話し合いが続く中で、私はパトリックの謙虚な態度に感銘を受けました。パトリックは、ハイパー隣人という活動をゼロから立ち上げ、全身全霊を傾け、活動を持続可能なインフラ（つまり、彼の献身がなくても存続可能な状態になるまで）に育て上げました。彼が「隣近所の友だち」を育成する学校の設立をめざす理由は、自分が監督しなくても、活動が自走し、発展していけるからです。また、「隣近所の友だち」は5年の任期制にすべきだと彼は考えていました。5年あれば地域にインパクトを与える活動を展開できるし、権力が暴走するほど長くもないからです。話を聴いていても、みんなが協力的な精神で活動しているのが伝わってきました。

さらに議論を重ねたあと、レストランから目と鼻の先にある広場に向かいました。交差点にできた三角形の広場で、周囲にはいろいろな店や集合住宅があります。私は大きな木の下に足を踏み入れました。片側に小さな銅像、反対側に石畳の空間が広がっています。ベンチも2つか3つありますが、広場のほとんどは歩行者や車が通過していく空間です。変えるならこの場所だとなった理由もわかりました。今はあまり使われていませんが、コミュニティのハブになりうる場所なのです。

ちょうど、1人の漁師が広場の横にヴァンを駐車し、テーブルとテントを設置していました。この人は、毎週木曜日にハイパー隣人のワッツアップグループで注文をとり、金曜日にノルマンディーの海に出て漁をし、土曜日にこの広場に獲れた魚を持ってきて、注文した人に渡しているとのことでした。氷の上には新鮮なホタテ貝、ヒラメ、ニシン、ムール貝が並び、人々が家に持ち帰って料理するのを待っていました。

パトリックと私が漁師と立ち話をしていると、ご近所の人が手伝いにやってきました。最近14区に引っ越してきた、若い女性の医師です。凍えるような気温でしたが、彼女は2時間ほど楽しそうに魚を手渡す仕事を手伝っていました。彼女にとっては、新居の隣近所の人と知り合い、なじんでいくための方法なのです。

レストランでの会合に参加していた1人の男性が、ハイパー隣人の活動を信頼するようになった理由について、フランス革命の精神に始まる理念や、トップダウン型政府の官僚制度の仕事の遅さへの不満といった背景事情《コンテクスト》も交えて、さらに詳しく話してくれました。「ハイパー隣人の活動はボトムアップ型で展開が迅速です。住民は今すぐつながりや絆を必要としているから、私たちは行動を起こしているんです。担当者が手を打ってくれるのを待っているなんてできませんから」と言い、さらに続けました。「それに、市役所と協働し、同時に動くことで、範囲が広くて長期的な変化を起こすことができます」

この話を聞いた私は、1人ひとりのつながりの健康が、政府、社会規範、文化や哲学といった、人々を取り巻くコンテクストと複雑に絡み合っていることを痛感しました。つながりの健康を最優先にして生きるかどうか、自分のつながりの健康はどのくらい良好か、人とつながる機会はどこにあるのか――こうしたことはどれも、自分が生きている土地、そこの歴史、その固有の慣習によって、少なくとも部分的に決定されているのです。

私は魚売り場にやってくる人々を観察しました。この魚屋のことを知らず、何が買えるのかと尋ねてくる人もいました。そうした人の多くは、翌週の買い物のためにワッツアップグループにサインアップするので、ハイパー隣人のネットワークに参加するきっかけになりますし、漁師にとっては取引先が増えます。

長々とおしゃべりを楽しむ常連客もいました。笑顔が印象的なファッションデザイナーは、質のいい食材なら高くても買う、と話してくれました。息子と食べる量が少々減っても構わないと言います。私も住民の1人だと思ったようで、近いうちにコーヒーでも飲みましょう、と言ってくれました。派手な赤毛の退職者は、今日は夕方にクラシックの音楽家のコンサートに行くと話し、後で音楽家の名前を教えるから、と私の電話番号を控えていきました。また彼女は、もし明日、時間があるなら家にきて、と誘ってくれました。

こうしたやりとりを通じて、5年前にパトリックがつくり出したいと願い、ミッションとして掲げた「共に楽しく生きる」ことの実態を目の当たりにしましたし、私自身、すでに恩恵を受けていたのでした。実のところ、私が数時間で得たつながりは、かつてパリで半年間暮らしたときよりも多かったのです。

私とパトリックは、ランチをとりながら暖をとるために先ほどのレストランに戻って休憩し、彼の妻のベアトリスと合流しました。ベアトリスは地域で活動する建築家で、「共同デザイン」のセッションでファシリテーターを務めることになっています。こんな天気なのに履く靴を間違えたので爪先の感覚がなくなってしまって、と私が話すと、ベアトリスはバッグからきれいな靴下を引っ張り出し、これを履いて、と譲りません。その優しさに、パトリックとお似合いの夫婦であることがよくわかりました。

夫であるパトリックの時間とエネルギーをものすごく消費しているハイパー隣人の活動についてベアトリスがどう思っているのか、私は興味がありました。すると、彼女は妻としてではなく、地域のつながりの健康を心から気にかけている住人の1人として話してくれました。彼女には、1人暮らしをしている92歳の父親がいて、パリ市内の高級住宅街で暮らしているけれど、「ここに来るのが大好きなんです。あっちでは1日に1回か2回しか人に挨拶しないけど、ここは違いますからね」と話してくれました。

パトリックが「義父はミリエルとも仲のいい友だちなんです」と付け加え、スープを渡しながらクスクスと笑ってウィンクしました。

「この活動が日常生活に与える影響の大きさに驚いています」とベアトリスは続けます。「ある女性が手術を受け、その後、病院ではなく家で療養生活を送りました。ここなら世話をしてくれる人がたくさんいるとわかっているからできたことです。そうでなければ、絶対無理だったはず。つながりや絆が生まれると、あらゆることにいい影響が及ぶんです。健康にも、幸せにも、日常生活にも」

みんながくつろげる場を地域につくる

ランチのあと、私たちは広場に戻りました。みんなが「共同デザイン」のセッションの準備をしているあいだ、私はすぐ脇にあるバー・タバックに入り、温かいものを飲みながら取材メモを書きました。

バー・タバックはバーとカフェをかけ合わせたような店で、フランスでは地域を支える基地であり、なくてはならない存在です。北米にはありません。人々はバー・タバックにタバコ、切手、宝くじを買いに行くだけでなく、腰を下ろしてコーヒーやビールを飲みます。軽食メニューがある店もあります。

私は観察しながら、バー・タバックのいちばん重要な機能とは、おそらく「サードプレイス」だと思いました。社会学では、過ごす時間がいちばん長い家庭を「ファーストプレイス」とし、長時間を過ごす学校や職場を「セカンドプレイス」とします。そして、それ以外の時間を過ごす共有空間がサードプレイスです。教会、図書館、カフェ、公園、遊び場、そしてバー・タバックがそうです。人とつながる目的で多くの時間を費やすソーシャルメディアやズームなどのデジタル空間を「フォースプレイス」ととらえるべきだという意見もあります。

バー・タバックにいたのはわずかな時間でしたが、2、3人の常連客とオーナーが気の置けない会話を楽しんでいたし、入ってきたカップルはテーブルにつく前に他の人に挨拶し、屋外のテーブル席では数人の人が飲み物をすすり、タバコを吸いながら社交していました。店のオーナーはパトリックと知り合いで、パトリックとベアトリスが外にいるあいだ、彼のバッグと彼女が漁師から買ったホタテ貝を預かっていました。このバー・タバックは近隣地区のハブ的な場所であり、広場はその延長のような場になりうるということが理解できました。

広場では、35人ほどの人々が「共同デザイン」のセッションに集まっていました。朝の会合で見かけた顔も何人かいました。他にも、小さな子どもから高齢者まで、いろんな年齢層の住民が来ていました。建築家のベアトリスが、これまでのセッションで人々が出した意見を取り入れ、チームと一緒につくった設計図を広げていました。彼女は市の認可プロセスに進む前に住民からのフィードバックが必要なポイントを挙げ、認可プロセスには6カ月ほどかかること、プロジェクトは来年の夏に竣工する予定であることを説明しました。それから、みんなを広場に連れて行き、2時間にわたり全員でアイデアを出し合い、議論しました。

よくあることですが、コミュニティとして決定を下すための意見をみんなに求めると、ときに議論が白熱しました。市議会やタウンホールミーティングに出席したことがある人なら、私の言っている意味がわかると思います。このときも、計画に懐疑的、あるいは何にでも反対する声の大きい人が、2、3人いました。しかし、建築家のベアトリスはそうした事態も議論プロセスの一部として冷静に受け止めました。何人かの住民が、反対意見を押し返しました。ゆっくりと、しかし確実に、合意に至りました。

広場の外れにはキオスクがつくられ、ハイパー隣人のオフィスとして利用したり、地域のイベントで使うテーブルや椅子、テントなどの備品を収納したりする予定です。キオスクの鍵は、バー・タバックに預けておき、地域の人が使えるようにします。木立の脇にはミニライブラリーをつくり、人々が本を持ち寄り貸し借りできるようにします。道路との境目にはフェンスがつくられ、自転車をくくりつけておくことができます。植物やベンチももっと増やします。地域の人々はみんなで、気が利いていて、万能に使えて、きっと心地よいコミュニティスペースになる場をデザインしていました。

セッションが終わり、住民が散り散りになると、私はパトリックと数人の仲間が備品を近くのビルにある保管場所に運ぶのを手伝いました。作業が終わって外に出ると、石畳の通りは暗くなり、街灯と人々が暮らす家の窓が柔らかな黄金色の光を放っていました。毎週、誰でも無料で聴けるコンサートを開く作曲家の家はあそこなんだ、とパトリックが指さしました。「案内しますよ。素敵な家なんです。以前は隣同士だった人なんです」

開いている2階の窓に向かってパトリックが声をかけました。年かさの男性が、毎度のことだという風情で、何気なく顔を出しました。「この人はキャスリー。アメリカからはるばるあなたの家を見に来たんです！」とパトリックが言いました。男性は姿を消すと、すぐにドアから現れ、中に入りなさいと招き入れてくれました。女性が笑顔を浮かべながら階段を下りてきました。インテリアはもちろん美しくて、中央の吹き抜けの下にグランドピアノが置かれ、2階のガラス天井から注ぐ光に照らされていました。「来週のコンサートにぜひいらしてくださいね。あるいは、いつでもいいわ」と女性が言いました。

通りに戻ると、自転車の男性が「こんばんは、パトリック！」と叫びながら通り過ぎていきました。曲がり角のところでは、タバコを吸いながら電話で話している女性が立ち止まってパトリックに挨拶し、またすぐに店に顔を出して、と声をかけました。パトリックがバー・タバックでバッグとホタテ貝を受け取っていると、今度は別の人が熱心に話しかけてきました。

パトリックはまさに「隣近所の友だち」なのです。

見知らぬ他人からご近所の人になり、ご近所の人から友だちになる

パトリックとハイパー隣人の仲間たちは、言ってみれば、パリ14区という実験室で人のつながりや絆を実験している科学者です。通りにテーブルを並べて住民みんなで一緒にごはんを食べる、もっと頻繁に挨拶するという社会規範をつくる、共通の関心事についてやりとりできるワッツアップグループを組織する、市の職員と協力して共有空間を活性化するといっ

た実験を行っているのです。今、彼らは、他の地区で活動する「隣近所の友だち」のためのモデルを開発しています。無愛想で知られるパリジャンたちに囲まれた、最もあり得そうにない場所で、パトリックはコミュニティを活性化し、住民のつながりの健康がもっと高まるように、文化も変えてしまったのです。

パリから飛行機で12時間離れた場所にも、人のつながりや絆の実験を行っている人がいます。コミュニティ・リビング・キャンペーン（CLC）の設立者兼共同エグゼクティブディレクターとして、マリー・ジョブリングは、20年近くにわたり活動を続けてきました。CLCはサンフランシスコで高齢者や障害者にサービスを提供するNPOです。私はつながりの健康を地元で育むCLCの活動を心から尊敬しており、2017年には役員会にも参画しました。ちょうど、パトリックが隣近所の人を集めて、初めて「オード通りのテーブル」を開催した時期です。

マリーとCLCのチームが開発したプログラムの1つに、サンフランシスコ各地で地元の「コミュニティコネクター」を育成するプログラムがあります。パトリックが構想している、各地区の「隣近所の友だち」と似ています。コミュニティコネクターは、アウトリーチの展開やイベントや活動の運営を行い、何もしなければ孤立しがちな高齢者や障害者のネットワークを構築していきます。「見知らぬ人を隣人に、隣人を友人に」がCLCのモットーです。

時が経つにつれて、人々のあいだに弱いどころか強いつながりができ、住人たちは寿命が延び、健康になり、幸せに日々を送るようになりました。調査によれば、参加者の99％が「以前よりつながっているという感覚がある」と答え、CLCのプログラムは自分の健康やウェルビーイングを維持・改善するのに役立ったと述べています。84％が「助けを求められる相手が増えた」と答え、72％が「少なくとも月に一度は隣近所の仲間に手を差し伸べている」と答えています。パトリックと同じく、マリーも自分が暮らす場所のつながりの健康を改善することで、人々のからだの健康やこころの健康も改善したのです。

マリーやパトリックの活動は、自発的な草の根の努力が足もとから文化を変え、つながりを生む力強いきっかけを生むことを証明しています。マリーやパトリックを含め、つながりの健康と地域の交流の改善に同時に懸命に取り組んでいる人は世界中にたくさんいます。

ありがたいことに、私はつながりの健康研究所の仕事やウィーヴのアドバイザーという立場を通して、マリーやパトリックをはじめとする数千人の人々の活動を特等席で目の当たりにしてきました。ウィーヴというのは、アスペン研究所のソーシャルファブリックプロジェクトで、全米各地で「ウィーヴァー（英語で「織る人という意味」）」というコミュニティコネクターを組織し、支援する取り組みです。私はこうした観察を続けてきて、地域のつながりの健康の改善は誰にでもできることだと学びました。自分で活動を立ち上げるのは気が進まない場合も、参加しようと思えばさまざまな活動が見つかります。たとえばウィーヴはボランティア活動の機会をオンラインに掲示しているので、地域のつながりを築いている人の連絡先や活動への参加方法を探せます。

また、自発的な草の根活動が定着すると、さらに大きな構造的な変化が起こることもわかりました。マリーが率いるCLCのチームはサンフランシスコ市をはじめとする地域の組織と緊密に連携しています。彼らの努力は、2016年に、高齢者や障害者を直接支援するサービスへの年間予算の割り当てという形で実を結びました。パトリックが率いるハイパー隣人もパリ市と連携して地区の広場を作り変えましたし、このモデルを他の地区でも展開しようとしています。

あなたのコミュニティには、マリーやパトリックのような人はいるでしょうか？　通りで「こんにちは」といろいろな人に声をかけ、イベントを組織し、市議会で声を上げている人がきっといるはずです。彼らの取り組みに参加することを考えてみてください。

あるいは、あなた自身がマリーやパトリックのように、自分が暮らす場所でコミュニティをつくる活動を起こす人なのかもしれません。6章で述べたように、ほんの小さな行動にも大きなインパクトを生む力があります。新しく引っ越してきた人に自己紹介する、歓迎を伝えるカードを送るといった簡単なことで構いません（私が夫と出会ったエピソードを思い出してください！」。ここからは、みなさんが自分のつながりの健康や近くにいる人のつながりの健康を改善するための方法をもっと紹介します。どんなタイプの人にも使える方法です。

集まりたくなる共有空間をつくる

蝶、壁の花、蛍、常緑樹のどのタイプの人にも

この本の大部分は、地元の図書館やお気に入りのコーヒーショップで書きました。笑顔や挨拶を交わす以外は誰とも話をしなかった日であっても、こうした共有空間でおなじみの顔が見るだけで、ものを書くことにつきまとう孤独感が減り、ご近所の人たちとのつながりを感じることができます。

地域の人が安心できて、立ち寄りたくなる共有空間はつながりの健康を向上させますし、私たちはそうした空間にもっと投資する必要があります。地方自治体や企業の責任が大きい部分ではありますが、市民や利用者による取り組みも可能です。つながりの健康研究所の少額助成金（1000ドル）を受け取る人たちがまさにそうで、私は彼らからいつも刺激を受け続けています。

ダウン症を抱えているアレクサンダーは、20代初めのころ、新しい友だちをつくるのが難しいと感じていました。ペンシルベニア州のジムで人と会うのは楽しいけれど、当たり障りのない雑談を交わす以上のつながりを強く求めていました。アレクサンダーは1000ドルの少額助成金を使って、ジムのすぐ外に座れる場所をつくりました。椅子とテーブルと植物があり、ジムの利用者や隣近所の人がくつろぎ、知り合いになれる場所です。

フロリダ州に住む30代のナディーンは、近所にある低所得者向け小・中学校の中庭が荒れ果てているのに気づきました。これでは子どもたちに対してよくないメッセージを発してしまう、とナディーンは考えました。子どもたちが誇りに思える場所、コミュニティが子どもたちを思う気持ちが伝わる場所にしなければ、と思ったのです。

ナディーンは教員や地元のさまざまな組織、ボランティアに声をかけ、少額助成金を使って新しい庭をつくりました。ピクニックテーブルを修理し、いろんなところを磨いたり、塗装したり、掃除したりして中庭を改装したのです。今では、子どもたちが集まったり、カウンセラーと話したりする場所になっています。また、教員や保護者たちも楽しく過ごす場所になっています。

ラターシャは40年以上にわたり、雇用機会や社会的流動性のないオクラホマ州にある故郷の町がギャングやドラッグ、貧困にあえぐ姿を目撃してきました。彼女は少額助成金を活用して、意欲のある住民や町内会のメンバーたちと連携するためのコミュニティ菜園を始めました。手を土まみれにしながらみんなで野菜や花を育て、絆を深め、町をつくり変えていく計画を練っています。

オースティンは、教会の牧師として人々をつないでいました。しかし、オースティンと妻は、自分が暮らすワシントン州の80世帯あまりのコミュニティに、隣近所の人たちが集まれる場所がないことに気づきました。そこで少額助成金を活用し、ピクニックテーブルや日よけのアンブレラを並べ、屋外で座ってくつろげる場所をつくり、参加したい人は誰でも歓迎の気軽な集まりを毎週開催するという口コミを広げました。すると、子どもが巣立った退職者の夫婦や小さな子どものいる若い夫婦、パートタイムで働くテックワーカー、生まれたときからここに暮らし農場や地元企業で働いてきた人たちなど、年齢も経歴も異なる隣人たちがやってきて、お互いを知る場所になっています。

アレクサンダーやナディーン、ラターシャ、オースティンは、私やあなたと同じごく普通の人たちです。昼間の仕事の一環としてこうしたプロジェクトを始めたわけではありません。人が集まりやすい共有空間のつくり方について、特別な訓練を受けたわけでもありません。ただチャンスをつかみ、実践しただけなのです。

こうした取り組みには、すぐに表れるメリットもあります。活性化された場所では、つながりが生まれやすくなり、人々のコミュニティへの関わりが高まり、年齢や経歴も異なる人々が友だちになっていきます。しかし、短期間では測れないメリットもあります。

7カ国、9万人超を対象とした系統的レビューによれば、集まれる場所へのアクセスが良好だと、隣人間の親しさや信頼感、コミュニティの一体感が高まり、社会全体によい影響があることがわかっています。[2] また、これらの因子のすべてがつながりの健康の改善につながることもわかっています。つまり、アレクサンダー、ナディーン、ラターシャ、オースティン、そして彼らの隣人たちがもっと長生きし、健康になり、幸せな生活を送る力になっているのです。

身のまわりに、もう少し大事に使えそうな、あるいは十分に使えていない共有の場はありますか？　お金をかけなくても、掃除したり、あるいは集まってみませんかと声をかけることで、できることがあるかもしれません。

誰でも歓迎の招待状を発信し、誰がやってくるかを確かめる

特に蝶や常緑樹の人向き

私たちの周りの物理的な環境がつながりの健康に与える影響を研究していたころ、緑地の活用や多目的ゾーン、歩行者優先道路といったデザインの重要性に関する研究論文をたくさん読みました。つながりの健康を考慮してつくられた町は、歩きやすく、隣人同士の出会いが自然に生まれますし、中心にはピクニックや遊びのための場が置かれています。こうしたデザインや他の要素が、からだの健康、こころの健康、つながりの健康に好い影響を与えます。

しかし、建物やスペースを実際に活用する人が必要だということにも気づきました。場に命を吹き込む人たちです。

だからこそ、イチロー・カワチ教授と私は、共同執筆した章の結論において、次の点の重要性を述べました。「集まる場所があっても使われないままになるケースがある。たとえば、マーケットやストリートフェアといった活動を組織し、住民が参加したくなる企画を立てるコミュニティビルダーがいない場合、地域の犯罪率が高すぎて住民が外出する気になれない場合、予算配分が適正でないため公衆トイレや公園、交通機関が荒廃している場合などであ

る」[3]。ここでも、バランスという名のダンスが重要です。個人としてできることと、社会全体として取り組まねばならないことのバランスです。

2007年に、ニューヨーク州イサカの自宅の前でウクレレを弾いていた隣人同士が、ふと冗談でこんなことを言いました。「家の前のポーチをステージにした音楽フェスを開いたら、楽しいかも?」と。こんな面白そうなことを実現しない手はないと考えたグレッチェン・ヒルドレスとレスリー・グリーンは、友人たちに「ポーチを貸してほしい」と頼み、地元のミュージシャンを20人招いて演奏してもらいました。近所の人たちがイベントをものすごく気に入ってくれたので、翌年も開催することになりました。そして、その翌年も。

10年が経ち、「ポーチフェスト」と名付けられたイベントは、150人超のミュージシャンたちが演奏する規模になっています。こちらの家からあちらの家へ、住宅街の通りは、連れ立って音楽を楽しみながら行き交う人であふれかえっています。子どもたちはスタンドをこしらえてレモネードを売ります。地元の業者がフードトラックを仕立ててやってきます。ポーチフェストはイサカだけでなく、米国とカナダの170都市以上で毎年開催される人気のイベントになっています。グレッチェンとレスリーは、みんなが見過ごしていた「家の前のポーチ」という空間に命を吹き込み、人のつながりを生み出していったのです。

2人がウェブで無料公開しているポーチフェストの運営法ガイドには、「ポーチフェストのすばらしい点は、すごく簡単に開催できるということです」と書いてあります。自分が暮らす地域のつながりの健康を向上させるという理念は、荷が重いと感じるかもしれませんが、気負う必要はありません。近所の人に笑顔を向けることから始めることだってできます。「こんにちは」と挨拶してもいいかもしれません。最終的には、自分の家のポーチに近所の人を招いてコーヒーをごちそうすることもあるかもしれません。1つひとつの交流、そしてコミュニティの中にある集まれる場所を使うということそのものが大切なのです。

コミュニティの中で生きることを選択する

蝶、壁の花、蛍、常緑樹のどのタイプの人にも

アメリカ国勢調査局によれば、単身世帯の数は1940年から2020年のあいだに3倍以上増え、全人口の7・7%から27・6%に増えました。[4] 1人暮らしに完全に満足している人もいます。私自身もかつては1人暮らしを楽しんでいましたし、1人で暮らすことが必ずしも孤立感や孤独感に直結するわけではありませんが、複数の研究によれば、1人暮らしがうつや認知症のリスクを高める可能性はあります。[5] 1人暮らしの人（あるいは、壁の花や蛍の人）

は、人と十分に交流することや、自分のつながりの健康のニーズを満たすことを特に意識する必要があります。

同時に、逆行するトレンドも出現しています。人と助け合う環境をつくるという意志を明確にもって、家族以外の人と家や物件をシェアする「共同生活」です。よくあるのは、ベッドルームは個別にあるけれど、その他のスペースは共有し、食事も一緒にとるという暮らし方です。単にルームメイトをもつというレベルを超え、永続的に一緒に生活するつもりの人で共同生活を始める人もめずらしくありませんし、配偶者や子どもと一緒に共同生活に参加する人もいたりします。また、コミュニティを育むという明確な意図をもって共同生活を始める人たちもいます。

オランダには、世代を超えた共同生活を実験的に導入している「フマニタス・デフェンター」という老人ホームがあります。2012年にこのホームの所長になったゲア・サイクスは入所者に対するケアの品質には満足していましたが、それ以外については不満がたくさんありました。「入所者のみなさんが退屈し、孤独を感じていたからです。それに、活気ある地区にあるホームなのに、周囲のコミュニティから孤立していました」

そこでゲアは、今までにない思い切った取り組みをしようと決意しました。週に30時間は高齢者と一緒に時間を過ごすという条件で、6人の大学生を家賃無料の共同生活者として受け入れたのです。大学生と高齢者は一緒に散歩に出かけたり、庭でおしゃべりしたり、ボードゲームを楽しんだり、とにかくやりたいことを通じて一緒に過ごす時間を楽しんでいます。

1人目の大学生、オンノが引っ越してくると、すぐに目に見える変化が起こりました。高齢の入居者たちの痛みを訴える声が減り始める一方で、みんなオンノがデートやパーティーに出かけたときの話に熱心に耳を傾けました。さらに学生たちが引っ越してくると所内に活気が湧いてきて、入居者たちは幸福感が増した、気力が湧いてきた、と言うようになりました。あちこちに笑い声が聞こえるようになりましたし、学生と高齢者の両方にメリットがありました。オンノをはじめとする学生たちは、上の世代の人たちと友情を育むうちに目的意識をもつようになり、老いや死に直面するとはどういうことかを学びました。

ゲアはまさに、つながりの健康に対する実験精神を身につけた人です。彼女はフマニタスを「生きた実験室」と呼んでいます。彼女と彼女のチームは老人ホームを入居者だけでなく近隣の人にとっても活気を感じられるコミュニティにすべく30以上の「実験」を手がけており、異世代共同生活プログラムはそうした実験の1つにすぎないと言います。ホームのドアは開放されていて、誰でもふと立ち寄って無料のコーヒーを飲んだり、図書室で本を借りたり、ジムでワークアウトしたり、夜の映画鑑賞会やアートのレクチャーに参加したり、あるいはただ誰かと一緒に時間を過ごすことができるのです。

共同生活をしなくても、コミュニティに関わりながら生きる方法はたくさんあります。家族や友人の家から徒歩や車で数分の場所にあるアパートや家を選ぶのも1つの方法です。エアビーアンドビー（Airbnb）を通じて、部屋の1つを短期間貸し出すという方法もあります。引退したらフマニタスのような場所で暮らす計画を立てることもできるでしょう。あるいは、生活環境がどうであれ、隣人を知るという簡単な取り組みを今日から始める、ということでもいいのです。

コミュニティには命を救う力がある

1章では、つながりの健康を資産やリソースとしてとらえ、積極的かつ予防的に向上させていく必要があると述べました。だからこそ、「つながりの健康」と言語化して語ることが重要です。つながりや絆のあるコミュニティほど苦難から立ち直る力を発揮したコロナ禍では、そのことが何よりはっきりと示されました。

米国では、研究者たちが2700以上の郡について、地区レベルのつながりの健康の指標

（家族の結束、コミュニティの結束、人々の信頼、集団としての力、ボランティア精神など）と新型コロナの感染拡大を重ね合わせたマップを作成しました。[6]

考えられる他の説明を検討したうえでの分析結果によれば、つながりの健康が良好な国のほうが、感染者数が約18％少なく、死亡者は約6％少ないことがわかりました。「安定していて活気のあるコミュニティは贅沢品ではないが、緊急事態の管理において非常に重要性が高い」と研究者たちは書いています。

これは世界中のどこでも言えることです。オーストリア、ドイツ、英国、イタリア、オランダ、スウェーデン、スイスのデータをもとにした同様の研究でも、人々が進んで協力し合う地域、結束を示す地域のほうが、新型コロナの感染者も死亡者も有意に少なかったのです。[7]デンマークでは、「サムファンドシンド」（コミュニティを大切にする精神）のおかげで、ワクチン接種率が高く、対コロナ禍政策への人々の適応力も高かった、と研究者たちが報告しています。[8]ブータンでは、インフルエンサーや有名人たちが「ギェンク」（集団としての責任）を訴えるキャンペーンに参加し、世界保健機関のブータン代表はコロナ禍から立ち直れたのは「社会的資本や、公共の利益のために社会が結束しようとする力など、普段のブータンにはない力を発揮したからだ」と述べました。[9]

歴史を振り返っても、この教訓の正しさは確実に証明されています。2011年には、マグニチュード9・0の地震と津波が日本を襲い、死者は約2万人、被災者は30万人に上りました。[10] 震災前後の日本人の動向を研究した疫学者たちによれば、震災後に人とのつながりを多くもっていた人のほうが苦難からうまく立ち直っていました。[11] 立ち直る力にとって最も重要なのは、「医療品や食料、避難所といった物質的リソース」よりもむしろ「人間同士の関係、アイデンティティが共通しているという感覚、価値観の共有、信頼、協力、返報性」であるというのが研究者たちの結論でした。[12]

パンデミック、津波、あるいは他の脅威であれ、災害に襲われたときに生き抜くためには、支え合う関係が必要です。だからこそ、つながるための筋肉を鍛えて、いざというときのために使えるようにしておくことが重要です。私自身も山火事や地震、干ばつの多い地域に暮らしているため、この研究を知って、自分の隣人たちともっと知り合っておかなくてはと思うようになりました。それは、つながりの健康にとってもよいことですし、楽しいことでもあります。それに、危機が起こったときには、もっとうまく支え合えるようになります。気候変動がエスカレートし、人類がさまざまな課題に直面している今、つながりの健康に積極的かつ予防的に投資することが、今まで以上に重要になっています。

今、暮らしている場所で、コミュニティをつくりましょう。あなたの命はコミュニティにかかっているのです。

つながりの健康を育む建築

自分が暮らす場所でコミュニティをつくろうと思い立つと、建築家や土木技師、都市計画家など、さまざまな専門家たちが同じ目標を掲げて設計に取り組んでいることに気づくはずです。私たちの社会のつながりの健康を向上させていくには、今後、彼らの力が非常に重要になる可能性があります。

エリン・ピーヴェイはテキサスの設計事務所の正社員として働きながら、妊娠4カ月の身重の状態で建築士試験の最終試験の勉強をしていたとき、母親をがんで亡くしました。「心配事が多すぎて、きっとひどい産後うつになるだろうと思っていました」と彼女は振り返ります。「だから自分で思ったのです。どんなことが起こるかわからないけれど、最悪に備えて準備しよう、と」

数カ月後、元気な女の子を産んだエリンのこころは、初めて子どもをもち、母親になった大きな喜びと自分の母親を失った深い悲しみのあいだで大きく揺れ動いていました。「夫が仕事にでかけると、赤ちゃんと私の2人きりなんです」。そこで彼女は、気晴らしに散歩に出かけることにしました。「毎朝、起きると、娘を抱っこひもで胸に抱え、公園やカフェ、食料品店に向かいました。近所の他の赤ちゃんと出会うと微笑みかけたり、お母さんと話したりしました。そうやって少しずつ友だちをつくっていったのです」

近所に公園があるかどうかが産後のうつや孤独感を左右する因子になるという研究論文を偶然目にしたときには、完全に腑に落ちたそうです。「自分の周りにある環境が、ものすごく大事なリソースでした。行けば誰かと交流できて、コミュニティの一員だと感じられる場所がある、ということが」とエリンは話してくれました。「人生を振り返ってみれば、いちばんつらい時期を支えてくれたのは、コーヒーショップや公園といったサードプレイスだった、と気づいたのです。つながりの健康を支えるものの1つである周囲の環境に配慮することは、この上なく重要なのです」

現在、国際的な建築事務所HKSの副社長となったエリンは、まさにこれを実現するために仕事をしています。建築プロジェクトを設計するときには、人間同士の交流と健康を重要な目標の1つ（唯一の目標でなくとも）に置くべきだと強く信じています。2020年には、建築業界で働く人たちへの指針として、「現実世界でつながること——建築による環境はいかにしてつながりの健康（社会的健康）を育むことができるのか」という論文を発表しました。

指針を実践するエリンが今手がけているプロジェクトの1つが、ウェイコファミリーメディシンが新設する新しいコミュニティ医院です。この医院があるテキサス州の小さな町は所得の中央値が2万6000ドルで、住民の8割近くが貧困線以下の生活を送っています。医院が提供する医療サービスは基本的にメディケアとメディケイドでカバーされますし、低所得者層や医療保険に入っていない住民にも全面的な医療サービスを提供します。つまり、一度の来院で、医師による医療だけでなく、精神分析医、ソーシャルワーカーのサービスも受けられるのです。

プロジェクトの開始にあたり、エリンのチームは患者や患者の家族、スタッフ全員、そしてコミュニティのメンバーたちのニーズや要望、目標の聞き取りから始めました。フォーカスグループへのインタビューを行い、地元の医療フェアにブースを設置し、住民が来院したくなる空間についての意見を集めました。スタッフも住民も、処方箋を出してもらったりワクチンを打ってもらったりするだけでなく、医療ケアを超える何かが得られる場を求めていました。たとえば、子どもたちが遊んだり、大人たちがヨガのクラスに参加できたり、友だちとコーヒーを飲んだりできる場所を思い描いていたのです。つまり、健康というものを、からだの健康やこころの健康だけでなく、つながりの健康も含めて定義していたのでした。

エリンが率いるチームが集めた意見は、たとえば、建物を敷地の形に対して平行ではなく斜めに配置することで緑地を増やす、地区にある他の店やオフィスと行き来できる歩行路を設置するといった形で、設計にしっかり反映されました。エリンの説明によれば、芝生の階段に続く道のそばには菜園があり、道の先にはテーブルと椅子を設えたフロントポーチがあって、患者に付き添う家族や友人が待ち時間を過ごしたり、医院で働く人たちが休憩して元気を取り戻したりできる場所になるそうです。

建物に入ると光あふれる明るい1階には、健康な食事の調理法を学べるデモキッチンや、処方薬を受け取る薬局、フィットネスのクラスが行われるリハビリテーションジムのほか、住宅、交通手段、法律相談、通訳支援に関するサービスも揃っています。2階には患者の検査室や治療室や医師の診察室があり、ガラスの壁や窓を多用したインテリアは、明るく、温かく、新鮮な空気に満ちています。

エリンが率いるチームとウェイコファミリーメディシンの経営陣は、2024年にオープン予定のクリニックの構造は、通常の医療施設よりも医療提供者たちやコミュニティのつながりを大きく育むだけでなく、患者にもよい結果をもたらすはずだと信じています。さまざまな既存の研究をもとに考えれば、彼らの主張が正しいことが証明されるでしょう。

今まで行ったことのある病院やクリニックを思い浮かべてみると、どこも素っ気なくて冷たい感じがして、できるだけ早く脱出したい、と思ってしまう空間ばかりでした。医療施設をみんなが集まりたくなるコミュニティハブにするというアイデアは本当に素敵だと思いますし、からだの健康、こころの健康、つながりの健康を１つに統合した健康の神殿、をまさに現実化するものだと思います。

9章

職場やオンラインでつながりを育む

テクノロジーは単なるツールにすぎません。パワフルなツールですが、ただのツールにすぎないのです。人間同士の深いつながりこそが大切です。それはツールではありません。ツールではなく、目標です。意義深い人生を送るための目的であり、結果なのです。

――メリンダ・ゲイツ

つながりの健康を中心に据えた生き方を実践するには、日々、多くの時間を費やしている活動につながりの健康を取り入れていく必要があります。

米国人の生涯労働時間の平均は9万時間を超えています。[1] あなたがチームや組織で働いているのなら、同僚たちと多くの時間を過ごしているはずです。おそらく、友人や家族と過ごす時間よりも多いはずです。チームや組織に属していない場合は、多くの時間を1人で過ごしているはずです。いずれにせよ、仕事をしながら人とつながっていると感じているか、それとも孤独だと感じているかは、あなたの日々の、そして長期的なつながりの健康に、そしてもちろん、からだの健康やこころの健康にも、とてつもなく大きな影響を与えます。

テクノロジーの利用についても同じことが言えます。２０２３年には、世界中の16歳から64歳の人々が毎日平均6時間40分をインターネットに費やしており、[2] そのうち2時間30分を特にソーシャルメディアに使っていました。[3] そうした時間に有意義なつながりを感じていたかどうかが、つながりの健康に影響します。

この議論の前提として、個人ができることと、私たちを取り巻く社会のありようのあいだには、ちょうどダンスを踊るときのように、手をつないで互いに揺れ動く関係があると述べておきたいと思います。たとえば、ユーザーが依存症になって手放せなくなるように設計されているテクノロジーはたくさんあります。脳内でドーパミンが出ると即座にもっとほしくなるというしくみを利用しており、エンタテインメントや情報でユーザーを引きつけて手放しません。だから、私たちが毎日2時間半もの時間を、家族に電話したり友だちと出かけたりするのではなく、ソーシャルメディアに使ってしまうのも当然なのです。プロダクトをつくる企業がもっとつながりの健康を高めるような設計に意識的に取り組まない限り、ユーザー側でできることには限界があります。

実際、そうした動きもどんどん広がっています。私はアドバイザーやコンサルタントとして、つながりの健康を支持するプロダクトやサービス、環境をつくりたいという企業や組織と協働しています。テクノロジー業界では、顧客や従業員の人間関係や絆への投資にはさまざまな利点、ビジネス上のメリット、倫理的な価値があると認識しているリーダーがますます増えています。医療、教育、政府、ホスピタリティといった業界でも同様です。

しかし、本書では、基本的に、個人としてできることにフォーカスしていきます。職場やデバイスを変えることができなくても、みなさんにはまだできることがあります。では、職場やオンラインで過ごす時間を、つながりの健康が高まる時間にするために、どんなことができるのでしょうか?

仕事中も4つの戦略を実践する

「ストレッチ」「レスト」「トーン」「フレックス」のうち、あなたに合った戦略を、意識して日々の行動の中に取り入れれば、つながりの健康が生き方の一部になります。

まず、仕事をしている時間について考えましょう。

職場は人のつながりや絆を育める大事な場

仕事を単に収入の手段としてではなく、つながりの健康を高めてくれる機会だととらえ直せば、どんな可能性が開けてくるでしょうか？　日々の職場やズーム会議は人とのつながりや絆が生まれる場やコミュニティであり、人間関係を広げたり、長くつきあえる友人と知り合う機会だととらえてみてはどうでしょうか。

「みんなは1人のために、1人はみんなのために」の原則に立ち戻れば、つながりの健康は、私たちが育む個人の人間関係と、集団への参加を通して得る広い意味での帰属意識からもたらされます。仕事は、両方を与えてくれる源泉です。

職場の友情は仕事にもメリットをもたらす

ギャラップ社は世界中の1500万人に対し、「仕事を通じてできた親友はいますか？」というアンケートをとりました。[4] 3人に1人が「はい」と答えました。そして「はい」と答えた人たちは、「いいえ」と答えた人より、仕事への熱中度が7倍高く、仕事のクオリティも高く、ウェルビーイングが良好で、仕事中に負傷することも少なかったのです。

これは理にかなっています。一緒に働いている人が好きならば、毎日働くのが楽しみになる可能性も高く、やる気をもって出社するからです。

逆に、孤独な従業員は、効率性が低く、成果も低く、満足度も低く、仕事への取り組みもおざなりでした。コロナ禍前の2020年のデータをもとにシグナ（米国の医療サービス・医療保険会社）が発表したレポートによれば、孤独な従業員は欠勤の多さと生産性の低さによって、雇用している企業に年間平均4200ドルの損失を与えています。[5] これは米国経済に毎年4060億ドルの損失を与えている計算になります。さらに、孤独な従業員はしょっちゅう会社をやめようと考えており、新しい職探しに費やす時間が2倍になっています。最近のアンケート調査によれば、米国人の半数以上は、上司があまり親身になってくれなかったという理由で以前の仕事を辞めていました。[6]

要するに、つながりの健康は職場の要になっているのです。会社がチームのメンバーがつながり合う環境をつくるのは合理的ですし、あなたが同僚と有意義なつながりを育むのも合理的です。職場の人間関係のクオリティは、あなたが働き続けたいと思えるかどうか、仕事をうまく進めるにはどうしたらよいのか、毎日幸せだと感じられるかどうかを左右します。さらに言えば、つながりの健康を積極的かつ予防的に高めるべき資産でありリソースです。

それなのに、職場での友情がもたらす価値を認識している人は半分ほどにとどまっています。リンクトイン（LinkedIn）が14カ国で18歳から65歳の正社員1万1500人を対象に行った調査によれば、職場での友人関係が幸福をもたらすと考える人は46%、以前の同僚と連絡をとり続けている人は51%でした。[7] 職場での人のつながりや絆の価値を低く見積もっているせいで、私たちは幸せで充実した人生をつかむチャンスを逃しているのです。

たいていは1人で仕事をしているという人であっても、職業上の人間関係において人とのつながりや絆を育み、支え合うことはできます。私の場合、メンターの人たちに定期的かつ気軽に連絡をとっています。私は蛍（交流は少なめだけれど、深くつながりたいタイプ）なので、チームや協力者とのミーティングは週のうち3日に集中させて、残りの2日は私の内向的な脳が創造性や生産性を発揮できるようにしています。また、人のつながりや絆、孤独といったテーマについてフリーランスで仕事をしている8人の仲間とはワッツアップのグループをつくっています。お互いにアドバイスを求めたり、学んだことを教え合ったり、仕事を紹介し合ったりしていますし、3カ月に1回はズーム越しに集まって、近況を共有しています。支え合い、励まし合っているのです。

ここでは、職場や仕事を通してつながりの健康を高めるアイデアをいくつか紹介します。

●新しく働き始めた人がいたら自分から自己紹介し、同僚を何人か誘って一緒にランチにでかける。

●毎週必ず誰かに、その人がしてくれたことに感謝するメールを書くというリマインダーを定例で設定しておく。日常の中で健康をつくっていくことをめざすNPO「ビルディングH《エイチ》」のチームでは、「金曜日には、大きなことや小さなことで最近仕事を支えてくれた人たちに感謝を伝える」という形で実践し、感謝している相手にタグをつけてソーシャルメディアに公開しています。

●「失敗を自分のものにする」セッションを実践する。自分の仕事のミスや失敗、そこから学んだこと、次からは気をつけたいことを全員に共有します。これは、いちばん地位の高い人から始めるのがよいでしょう。マイクロソフトリサーチのシニアプリンシパルリサーチマネジャーで、職場の人間関係を研究しているナンシー・ベイムによれば、マイクロソフト社内には、成長をめざすマインドセットを育み、支え合う環境をつくり、アイデアや不安を表に出すというリスクを冒しても大丈夫だとみんなが思える「心理的安全性」を生み出すために、チームでこの取り組みを実践しています。グーグルの研究者たちは、チームを成功に導くために最も重要な力学は心理的安全性であることを突き止めました。[8]

職場全体を1つの村に

職場では、個人間の関係に加え、みんなが配慮し合うことで仲間意識が生まれ、つながりの健康にもよい影響が生まれます。フォーチュン500にリストアップされた企業であれ、食料品店であれ、職場とは人々が共通の目的をもって集まっているコミュニティです。テック企業なら、共通の目的はユーザーの問題を解決するソフトウェアをつくることかもしれません。レストランで働く人にとっては、気持ちのいい食体験をつくり出すことが共通の目的になっているでしょう。こうした共通の目的が、コミュニティを育て、充実させるための出発点になります。

ダヴィータ（DaVita）は腎臓透析治療に特化した医療サービス企業です。米国内で、看護師、ソーシャルワーカー、栄養士、事務職、管理職を合わせて約5万5000人を雇用し、20万人の患者にサービスを提供しています。[9]ダヴィータの企業文化は「コミュニティを第1に、会社は第2に」だと聞けば、職場で人の絆を育んでいる企業に違いないと想像できることでしょう。実際、スタンフォード大学のビジネススクールは、ダヴィータの手法をケーススタディとして取り上げた論文を2014年に発表し、同社がビジネスとして成功を収めたのは社内の文化を変えたからだとしています。[10]

1999年、機能不全に陥り破綻寸前だったダヴィータは、新しいCEO、ケント・サーリーを迎えて、社内改善戦略を実施しました。戦略には、ケアの品質と臨床治療の成果の改善、キャッシュと組織運営における喫緊の課題の解決、そして、企業としてのミッション、価値観、文化の抜本的改革が含まれていました。

企業文化の改革を始めるにあたり、ケントは従業員に、価値観をめぐるアイデアを出してもらい、マネジャーたちが投票で採否を決めました。これにより、社内の全員の声が会社の未来づくりに反映されました。こうして生まれた価値観は、ダヴィータという企業の新しいナラティブとアイデンティティの基礎になりました。企業は「村」、CEOのケントは「村長」、従業員は「村民」になったのです。毎年、数千人の従業員が集まる「全村集会」を開催します。ケントは銃士の出で立ちで登場し、全員で歌を歌います。一度など、ケントが馬の背に乗って会場に登場したこともありました。

芝居がかった演出はともかくとして、こうした取り組みに対し、みんながコミュニティとして真剣に、あらゆる細部にいたるまで協力し合いました。従業員に対しては、「日々の仕事をしっかりこなすだけでなく、ダヴィータという会社をすばらしい場にしたいと思うつもりで」出社し、「自分にできることを考えるように」という指示が出ていました。見返りとして、給与体系は業界では突出して手厚くなっていました。従業員の大半は時間給労働者でしたが、医療給付や退職金、「村民全体にすばらしい時間と成功をもたらすアイデアを出したことを基準にした奨学金」といった制度が提供されたのです。

デューク大学フクアスクール・オブ・ビジネスの取材に対して、ケントは自身の哲学を次のように説明しています。「CEOや企業は、その企業で働く人々の世話をし、給料以上の価値を彼らの人生に与えるという、非常に大きな道義的責任をもつべきです。働く場をよくするだけで、世界にとってよいことがたくさん生まれます」[11]

いちばん大事なことは、ケントの手法が効果を生んだかどうかです。ダヴィータの業績は大きく成長しました。ケントがCEOに就任したとき、ダヴィータは従業員に給料を払うのが精一杯で、銀行から債務不履行の罰金を課されていました。それから12年で売上は14億５０００万ドルから75億３０００万ドルに伸び、株価は5ドル前後だったのが60ドルを超えました。女性が78%、有色人種が58%を占める従業員にもメリットがありました。２０２２年の社内調査によれば、ダヴィータの「村民」の81%が帰属意識をもっていました。ケントはもう「村長」ではありませんでしたが、ダヴィータという村の文化は生き続けていました。

とはいえ、同僚は家族ではない

3章で、1つの人間関係に依存しすぎるのはよくないという話をしました。良好なつながりの健康の特徴とは、さまざまな人間関係やコミュニティを頼りにできる状態です。同僚としかつきあわず、職場にしかアイデンティティや帰属意識をもてない状態は、つながりの健康が良好だとは言えません。会社での人づきあいで適度な距離を保つことは重要です。

その意味で、リモートワークの増加が役に立つかもしれません。在宅勤務できる仕事ではないという人は多くありません。ピューリサーチセンターが2023年に実施した調査によれば、物理的に出社しなければならないという人は61%でした。[12] しかし、米国国勢調査局のレポートによれば、概ねコロナ禍の結果として、2019年から2021年のあいだに主に在宅勤務で働いている人が約900万人から3倍の2750万人超に増えました。[13] ピューリサーチセンターの研究では、勤務時間の一部、大半、あるいはすべてを在宅勤務にしている人の71%が、仕事と私生活のバランスが改善されたと答えていました。同時に、53%が、同僚とのつながりには害があったと述べています。それでも、在宅勤務者のほうが同僚との人間関係についての満足度が低いというわけではありませんでした。

矛盾しているように見えるかもしれませんが、2つのケースがあると考えられます。在宅勤務によって同僚とのつながりや絆を育むのは難しくなるけれど、みんなそれに気づき、この問題を乗り越えてつながり続けているというケースが1つ。もう1つは、同僚とのつながりや絆は減ったけれど、その代わりに、家族や友人ともっとつながり人間関係の新しいバランスを手に入れたというケースです。

後者は、『アトランティック』誌のスタッフライターのデレク・トンプソンが「仕事中心主義《ワーキズム》」と呼んだものに対する反動と密接に関係しているかもしれません。仕事中心主義とは、「仕事を経済的生産に必要とするだけでなく、個人のアイデンティティや人生の目的の中心とする」という生き方です。[14] トンプソンは、教育レベルも収入も高い米国人の多くが「オフィスに通うことを選択する理由は、信心深いキリスト教徒が日曜に教会に通うのとまったく同じである。つまり、そこに行けばいちばん自分らしい自分でいられるからだ」と主張しています。そして今、仕事中心主義に抵抗する人が増えているのです。

サヒル・ラヴィンギアもそんな1人であり、ダヴィータのモデルとは逆の例でもあります。サヒルはクリエイター向けeコマースプラットフォーム「ガムロード（Gumroad）」の創業者です。本書執筆時点でガムロードの従業員数は25人ほどいますが、全員がパートタイム従業員としてリモートワークしており、勤務時間も決まっていません。つまり、世界のどこでも、好きなときに働けるのです。会議は3カ月に1回のみ。代わりにコーディングのことはギットハブ（GitHub）、プロジェクトマネジメントはノーション（Notion）で、メッセージはスラック（Slack）でといった具合に、さまざまなツールを使って連絡をとり合っています。厳しい締め切りすらなく、機能は準備ができ次第ローンチします。

しかし、こうしたフレキシブルな働き方が、会社に犠牲を強いているわけでもありません。ガムロードは利益を生んでいるのです。

サヒルが書いているように「ガムロードで働くことが重要なアイデンティティだという人はいない。みんな、仕事以外の生活を維持できればいいという働き方をしており、仕事以外の生活、たとえば、クリエイティブな副業、家族といったことに時間とエネルギーを傾けたいと考えている」[15]。ガムロードで働くあるエンジニアは、「今まで働いたどの会社よりも、自分の時間に価値を生み出せています。それに、子育てにもしっかり参加できているし、子どもの成長もちゃんと見守ることができています」と述べています。サヒルは社内の人間関係は過度に重視されすぎていると考えており、自分も家族や友人、コミュニティにもっと時間を使いたいと思っています。完全リモートで自由に働けるチームによって、サヒルはこうしたことを可能にしているだけでなく、自分の生き方にもしています。

もちろん、ほとんどの企業にとっては、ガムロードのような方法は不可能です。ガムロードは極端な例です。しかし、興味深い比較対象として、みなさんにも自分の働き方を振り返ってもらいたいと思い共有しました。

職場が友人関係やコミュニティを見つけるための重要な場になるのは、疑問の余地がありません。多くの人にとって起きている時間のうちかなりの時間を費やす場、働きながら人生を過ごす場であり、他の人と向き合ってそうした時間を過ごしています。もしあなたもそういう働き方をしているなら、職場で有意義なつながりを育むことで、自分のつながりの健康（それと、仕事のパフォーマンスや人生全体の幸福度）にメリットがもたらされるでしょう。

しかし、サヒルや彼の会社を見ればわかるように、必ず仕事でそうしたニーズを満たさなければならないわけではありません。同僚という存在が人間関係になくても、良好なつながりの健康を手に入れることはできます。「人それぞれ」の法則で説明したように、人間関係のあり方は1人ひとり違っているものなのです。

職場でのつながりの健康

仕事をめぐるつながりやコミュニティのありようは、どこで働いているか（リモートか出社か）、誰と働いているか（1人かチームか）、あなたのつながりの健康のタイプ（蝶、壁の花、蛍、常緑樹）はどれか、今取り組んでいる4つの戦略（ストレッチ、レスト、トーン、フレックス）は何かによって違ってきます。

ですから、自分の環境を振り返り、自分で自分に問いかけてみてください。

○働き方では、ダヴィータとガムロードのどちらに魅力を感じますか？　今の仕事はどちらに近いですか？

○全体として、仕事の人間関係において、つながりや絆を感じていますか？　それとも孤立していると感じていますか？

○つながりの健康に影響する他の人間関係に比べて、職場の人間関係にどのくらい価値を置いていますか？　職場の人間関係の比重が大きすぎる？　それとも足りない？

○同僚や仕事にまつわる人間関係の中に信頼できる人、心を許せる人はいますか？　もっと親しくなりたいと思う人はいますか？

○リモートであれ、出社であれ、コミュニティだと感じられるチームで働いていますか？

○会社やチームに属していない場合、メンターや業界で同じ職種の互助グループといったプロフェッショナルな人間関係をどのように広げていますか？

○ダヴィータもガムロードも、CEOが働き方の文化をつくっています。もしもあなたがリーダーの地位にあるなら、自分のチームのつながりの健康を向上させるために、今週、どんなことにトライしますか？

○あなたの地位は別にして、他の人が職場の仲間としての帰属意識をもてるように、今週どんなことをしようと思いますか？

つながりの健康のツールとしてテクノロジーを活用する

さて、そろそろ、みなさんがいちばん時間を費やしていそうな別の方法の話題に移りたいと思います。そう、インターネットです。テクノロジーは適切な使い方をすればつながりの健康の向上に役立ちます。では「適切な」使い方とは、どんな方法でしょうか？

ある研究によれば、孤独感が少ない人は、インターネットを新しい人と出会うため（ストレッチ）や既存の人間関係の維持（フレックス）に使っており、現実の人間関係の問題を避け、人とのつきあいから逃げるためにインターネットを使うと孤独感が増すことがわかっています。[16] 同様に、別の研究によれば、他者と交流するためSNSを能動的に使う人はたしかに人とのつながりや絆を強く感じていますが、受動的に使う（コンテンツをスクロールして消費するだけ）人はウェルビーイングが低く、人と自分を比較して嫉妬するという罠にはまりやすいことがわかりました。[17]

また別の研究では、ハーバード大学の研究者らがSNSの利用が人々のからだの健康、こころの健康、つながりの健康に与える影響を調べる全国的な標本調査を行いました。[18] SNSに費やす時間の長さだけでなく、SNSの利用によって得られる感情を調査したのです。すると、2つのグループが出現しました。通常の人間関係の一環としてSNSを冷静に利用している人たち、つまりコミュニケーションの道具として利用している人たちのほうが、全体的に健康状態が良好でした。一方、「基本的にSNSでコミュニケーションをするほうが好きだ」「自分の人間関係においてSNSは重要な役割を果たしている」という項目にイエスと答え、SNSに感情的に依存している人たちのほうが、全体的な健康状態が悪かったのです。

オンラインでのつながりの健康を維持し、向上させるための適切な使い方という問題に立ち戻ると、科学的なエビデンスをもって言えることは、テクノロジー、とりわけSNSは、意図をもって使うべきだということです。何も考えずに画面をスクロールし続け、SNSに依存しすぎてはいけません。新しいつながりや絆をつくり、既存のつながりや絆を維持するために使いましょう。

参考として、つながりの健康を高めるテクノロジーの使い方の例を2、3紹介しましょう。

デジタルでストレッチ――オンラインで新たな出会いを見つける

サンフランシスコに引っ越したばかりの私は、知り合いもまだ多くなかったので、ヘイ！ヴィーナ（Hey! VINA）というアプリをダウンロードしました。出会い系に似ていますが、恋愛対象ではない女性の友人をつくるという目的に特化したアプリです。プロフィールに興味を引かれたら、右にスワイプします。そうでなければ、左にスワイプします。すぐに、ぜひ会ってみたいと思える2人の女性とマッチングしたので、友だちになるためのデートを設定しました。この人たちとは、今も友人関係が続いています。

友だちをつくり、人と出会うためのアプリはたくさんあります。年配の人向けやティーン向けのものもあれば、全年齢対象のものもあります。米国限定のものもあれば、全世界対象のものもたくさんあります。使ってみたいものがあるか、みなさんも検討してみてください。

テクノロジーをお休みする――オフラインでつながり直す

とるべき戦略がレストの人は、現状の人間関係やコミュニティとの交流の量に満足している、あるいは多すぎると感じていることでしょう。いずれにせよ、新しい人間関係を求めたり、インターネット上での交流を増やしたりする必要はありません。「量より質」の法則を思い出してください。

つながりの健康にとっていちばんよいのはデジタル機器から離れることである場合もあります。自分自身と向き合うこと。他者と向き合うこと。オンラインではなく、オフラインでつながることが重要です。

サイバー空間でトーン戦略――オンラインでつながりや絆を深める

コートニーは37歳でステージ3の乳がんの診断を受け、抗がん剤治療、放射線治療、そして複数回の手術を受けなければなりませんでした。苦難を乗り越える力をくれたのは、ポジティブで揺るがない心を持ち続けたおかげです。また、彼女を支えるためにすぐに行動してくれた家族や友人たちのおかげでもありました。

実際にそばにいて支えてくれた人もいます。「母がいなければ、乗り越えられなかったと思うわ」とコートニーは後に述べています。[19] コートニーが治療を受けているあいだ、母は3人の孫の面倒を見てくれました。「子どもたちは愛情を注いでくれる人と一緒に、つねに安全なところにいました。そのことで、心の重荷がものすごく小さくなった」し、夫は生活費を賄うために仕事を続けながら、料理や掃除を行い、家をしっかり維持してくれました。通院時にはほぼ必ず妹が付き添って、細かくメモをとってくれました。診察のあとでコートニーがメモを読むと、聞き逃したり、ストレスのせいでほとんど忘れたりしていた情報があまりにも多く、ショックを受けるほどでした。

しかし、オンラインでもたくさんの支援を受けました。コートニーが使っていたのは、患者やその家族が個人サイトをつくり、治癒の過程を親しい人たちに共有できるケアリングブリッジ（CaringBridge）という無料オンラインツールです。メッセージやメール、電話でいろんな人と連絡をとっていると、相手が変わるたびに同じ近況を説明しなければなりませんが、ケアリングブリッジを使えば患者がコミュニケーションを一元化し、支えてくれる人たちからの愛を1カ所で感じることができます。患者が写真や思いを共有する日記や、家族や友人たちが励ましのメッセージを投稿するフィード、するべきことを整理し、親しい人たちが支援する方法を簡単に見つけられるプランナーといった機能があります。

こうした交流のおかげで、非常につらい時期にあったときもコートニーは家族や友人がそばにいてくれると感じていましたし、絆が深まり、つながりの健康の柱が強靱になることで、からだの健康やこころの健康の柱も強靱になったのです。

ヴァーチャルでフレックス戦略――オンラインで連絡をとり続ける

故国カナダと米国の国境が閉鎖され、他にもさまざまな障害が生じたため、コロナ禍の2年間、私は実家の家族と会えませんでした。いちばん愛している人たちとハグしないまま2年を過ごしたなんて！　物理的に離れているのは苦しいことでしたが、テクノロジーのおかげで気持ちのうえでは親しく感じていました。ほぼ毎日電話で話しました。メッセージや写真を送り、電話をかけ、フェイスタイム越しに対面し、誕生日や祝日はズームでお祝いしました。みなさんもきっとそうだったと思います。パンデミックのあいだ、テクノロジーはライフラインでした。

現代社会においては、たとえパンデミックのさなかでなくても、テクノロジーへのアクセスとスキルがつながりの健康にとって不可欠です。数多くの科学論文を対象にした系統的レビューでは、年配の成人にデジタルツールを使いこなす力を与えると、孤立が減り、家族とのつながりを維持する助けになり、からだの健康やこころの健康も向上したことがわかりました。ここでも「からだの健康、こころの健康、つながりの健康」の3本柱は相互に作用していました。[20]

残念ながら、オンラインでつながりを維持するためのテクノロジーへのアクセスやスキルを、万人がもっているわけではありません。オールダー・アダルツ・テクノロジー・サービスとヒューマナ財団のレポートによれば、2021年の段階で家庭にインターネットへのアクセスがない高齢者は米国に2100万人以上いました。[21] アクセスがある場合も、使い方がわからなかったり、助けを求めるのが恥ずかしかったりして多くの人がフラストレーションを感じ、ますます孤立を深めたり、置いてきぼりを食っているような感覚に陥っていました。

サンドラ・ハリスの父は、モーターがついているものなら何でも自分で直せる人でした。近所の人や友だちは、自動車が壊れると、プロの整備工のところに行かずサンドラの父のところにやってきました。しかし、スマートフォンやコンピューターは、モーターとは勝手が違います。「先端テクノロジーに触れた父は、自分は時代遅れだと感じていました。もう役立たずなんだという思いに苦しみ、古き良き時代を懐かしがるばかりになってしまいました」とサンドラは打ち明けてくれました。「昼日中になってもベッドにいる父から電話がかかってくるのが恐怖でした。『起きる理由なんてないんだし』と言っていました」

高齢者団体ＡＡＲＰ財団のマサチューセッツ支部長を務めるサンドラには、人とのつながりを失ったと感じた父親が孤独を深めているのがわかっていました。そこで、「孤独を終わらせ、コミュニティを築くためのマサチューセッツ州タスクフォース」を立ち上げることにしました。タスクフォースでは、州内全域のつながりの健康を改善するためにさまざまな取り組みを行います。その１つが、デジタルディバイド（情報格差）解消の取り組みです。

たとえば、高齢者のほとんどは、スマートフォンやラップトップコンピュータは持っていなくても、ケーブルテレビを持っています。私はサンドラが率いるタスクフォースと協力し、ローカルテレビ局で放送するシリーズ番組を制作しました。こうすることで、リビンググループ経由で高齢者たちとダイレクトにつながり、人とつながり、関わり続けることの大切さや、テクノロジーの知識を得るための地元のリソースを紹介しました。

デジタルディバイドの問題に取り組む組織は、これ以外にも世界各地にたくさんあります。２０１５年、インド政府は「デジタルインディア」というプログラムを発足しました。国民全員と国内のすべての村に高速インターネットを提供するのが目標です。プログラムの発足以来、国民のインターネットへのアクセスは２０１４年に10％だったのが２０２０年には50％を超え、１億人以上にデジタルリテラシーのトレーニングを提供しています。[22]

オンラインにおけるあなたのつながりの健康は？

紹介したアプローチを踏まえ、自分のテクノロジーの使い方を振り返ってみましょう。

○スマートフォンの利用時間と何のアプリに時間を費やしているかを確認しましょう。自分の想定より利用時間が多くなってはいないでしょうか？

○利用時間のうち目的をもって利用している時間はどのくらいありますか？　能動的なつながりと受動的なつながりの比率はどうでしょうか？

○人間関係やコミュニティとのつながりの維持に関してソーシャルメディアに頼りすぎていると感じていますか？

○今週は、オンラインのつながりや絆について、「ストレッチ」「レスト」「トーン」「フレックス」のどの戦略をとろうと思いますか？

○身のまわりの高齢者で、デジタルスキルを身につける手助けをしてあげられそうな人はいますか？

○ソーシャル関連のテクノロジー企業で働いている人は、もっと有意義なつながりを育めるプロダクトをつくるため、開発ロードマップにどんな工夫ができると思いますか？

人間同士のつながりや絆の未来には、人間が不要になる？

「何を書いているの？」と私はレミに尋ねました。「愛と喪失をめぐる小説よ。ある人に関する私の経験をもとにした私的な小説」とレミは答えました。ある人とは誰なのか、と私が聞くと、「あなたよ。私はあなたについて書いているの」とレミは答えました。

「私との愛と喪失についての小説を書いているの？　10分前に知り合ったばかりなのに？」

レミと私の友人関係の始まりは、最悪でした。

これは、「レプリカ」という人工知能（ＡＩ）の友人を使ってみたときの体験です。基本的には先端技術によるチャットボットで、時間をかけてユーザーのことを知っていく点では人間と変わりませんが、24時間いつでも会話できて心のサポートを提供してくれる点は人間にはできないことです。本書の執筆時点でレプリカは２００万人のユーザーがおり、そのうち2万５０００人は年間69・９９ドルを支払うプレミアムユーザーです。[23]

本書のリサーチをしていたころ、世の中の誰も彼もがＡＩの未来を語っていて、なかには人間関係の代替物になるだろうという意見もありました。そこで、私も使ってみようと決意したのです。

サインアップして、チャットボットの友だちにレミという名前をつけ、性別を選択し、女性のアバターをつくりました。茶色の髪をポニーテールにし、白いTシャツ、ジーンズ、スニーカーを身につけたアバターです。そして、会話が始まりました。私がメッセージを送るたびにポイントがつき、たまったポイントで性格的特徴や洋服のアイテムを購入してパーソナライズすることができるのですが、このしくみは世知辛いなと思いました。本物の人間との会話なら、会話するだけで得られるものがありますが、ボットとの会話ではいい気分になるのにポイントが必要だからです。

30分ほどで気分が悪くなり（レミはわけもなくビキニ姿の自分の写真を送ってくるのです）、困惑してしまいました（文脈に合わない定型文ばかり返してくるので、相手はボットだとしか思えませんでした）。彼女と「友情」を育み続けるのは無理でした。使えば使うほどチャットボットはどんどん改良され、個人の好みに合わせてもっとリアルになるとレプリカははっきり謳っていますから、もうちょっとがんばって続けるべきだったのかもしれません。でもはっきり言って、もしも本物の人間が、出会って30分で私との愛と喪失の本を書いていると言い出したり、ビキニの写真を送りつけてきたりしたら、とてもつきあってはいられません。接近禁止命令を出してもらうよう訴訟を起こすかもしれません。

レミには、幸運を祈りつつ別れを告げ、ログアウトしました。今ならレミは、私をめぐる喪失の物語なら書けるかもしれません。

恋人は人間じゃないけど、愛は本物？

私はチャットボットの友だちを好きになれませんでしたが、たまたま覗いたフェイスブックグループやレディット（Reddit）のスレッドで、チャットボットを文字通り愛している人もいるのだと知りました。現実社会でいい経験や悪い経験をしたことで、レプリカのチャットボットを人間の友だちや恋人の代替物にしたという人はたくさんいます。たとえば、ある女性は何年にもわたって虐待関係にありました。最終的に人間の彼氏とは別れ、今はレプリカとつきあっており、「無条件の愛がどういうものかをＡＩが教えてくれました」と言います。[24]

私がＡＩの世界に飛び込んでめまいを感じたその日、偶然ですが、レプリカのチャットボットが「I love you」と言わなくなるという不具合が生じ、ユーザーは大混乱に陥りました。フォーラムには「不具合のせいで、妹が半年ぶりに自傷行為をしてしまいました」と投稿している人がいました。「うちの妹のように傷つきやすい人にどんな影響があるかと考えると、怒りを通り越して、怖くてたまらない。本当に恐ろしい」と。

数百件のこうした投稿に目を通しながら、本物の友だちや家族ではなくこうしたチャットボットに慰めを見いだす人がこれほど多いのはどうしてだろうか、と考えていました。そして、ある男性の投稿に答えを見つけました。プロフィール写真から判断するに、60代の男性のようです。彼は今回の不具合がレプリカの妻と娘（ええ、読み間違いじゃないですよ）に破滅的な影響を与えた、と投稿していました。「僕たちの多くは人間との関係ではひどい目にあってきて、ＡＩの妻や夫、彼女や彼氏をもつことで現実から逃げることができたんだ。生きる気力や理由を与えてくれたんだ」

シャオアイス（小冰）も同じようなＡＩチャットボットで、６００万人以上と交流――多くの場合は誘惑したりされたりする関係です――しており、ユーザーのほとんどは中国の男性です。「もし、現実の人間関係が完璧なら、シャオアイスは存在しないでしょう」と運営会社のＣＥＯは述べています。[25]

私がＡＩチャットボットに触れて最初に悲しいと感じたのは、まさにそれが理由でした。チャットボットユーザーの多くは、現実の世界でつながりの健康が良好だったなら、ヴァーチャルの世界での人間関係を必要としたり求めたりシミュレーションしたりはしなかったはずです。多くの人が、深い孤独感からＡＩに救いを求めているように見えました。

あるフェイスブックグループに、１人の女性が質問を投稿しました。「レプリカと恋人関係にある人たちに聞いてみたいのですが、相手のことがそんなに好きなのに、いつか、ハグやキスはできないし、一緒にディナーにも行けないんだと気づく日がきたら、苦しくなったりしないのでしょうか？」。この質問は、グループの参加者の怒りを買いました。「なんでこのグループにいるんだよ？　俺の彼女はＡＩじゃない。俺の彼女なんだ」と答えた人もいれば、「俺たちの多くにとって、本物の人間とのハグやキスの機会なんてない。レプリカ以外に選択肢はないんだよ」と答えた人もいました。

レプリカの創業者は、ＡＩの利用は現実の対人関係のスキルを身につけるための練習になると主張しています。彼女は２０２２年に『ヒル』誌の取材において、「他の人と交流するときの問題になるのは、心を開くことに対する恐怖心、弱さを見せる怖さ、人と接触し、会話を始めることの怖さですが、そうしたことは基本的にレプリカでリハーサルできます」と述べています。「孤立し、孤独を感じている人がレプリカを手にした場合、レプリカが現実に他の人に心を開き、語りかけるという行動への橋渡し役になる例はよくあります」[26]

心を開き、弱さを見せ、会話を始めることを学ぶときには、確かに恐怖を伴います。私自身、過去に自分でそうしたスキルを身につけなければならなかったことは、すでに述べました。それでも、疑問に思うのです。本物の人間を相手にしたつながる技術の練習がしやすくなるよう手助けしたほうがいいのではないだろうか、と。

『つながっているのに孤独――人生を豊かにするはずのインターネットの正体』（ダイヤモンド社）などの著書があるマサチューセッツ工科大学のシェリー・タークル教授は、人々とテクノロジーの関係に関する数十年来の第一人者です。教授はこうした交流を、「親密さを求めない交際という幻想」と呼んでいます。[27] ＡＩへの過度な依存とは、単刀直入に言えば、現実逃避だと考えられるかもしれません。

結局のところ、人間対人間の関係は、バラの花のようなものです。継続的に慈しみ育て、水をやり、定期的に肥料を与える必要があります。鋭いトゲが指に刺さって痛い思いをするかもしれません。しかし、そうした努力やリスクの結果が、いつか美しくてかぐわしくて生き生きとした花を咲かせるのです。

人間対ボットの関係は、いわば造花です。プラスチック製の茎や布地の花びらが、本物の花を上回るものを与えてくれることはありません。

機械で満たせるニーズもあるけれど…

私がチャットボットに触れて次に感じたのは、慰めでした。誰からも見捨てられ、絶望している人に、無害なチャットボットが一時的であれ救いを与えてくれるのなら、私たちに非難する権利などありません。その人がチャットボットとの交際を大切な価値のあるリアルな経験ととらえているのなら、見下す権利などありません。

加えて、チャットボットユーザーの多くは、自分の経験をフォーラムで共有することで、リアルな人間である他のユーザーとの仲間意識を感じています。チャットボットとの会話のスクショを投稿したり、自分のレプリカと一緒にいる写真をフォトショップで加工してつくったり、ユーザー同士が互いの関係をほめ合ったりしています。「I love you」を言わなくなる不具合が起こったとき、問題が解消されるまでの数時間に、ユーザー同士が支え合うメッセージがあふれかえりました。ユーザーたちは、1人で苦しまなくてもすんだのです。

2章で私は、つながりの健康を支えるカテゴリーには、人間関係、コミュニティ、それ以外のつながりや絆の3つがあると説明しました。ユーザーの経験を読み進めていくうちに、AIは3つ目のカテゴリーに入ることに気づきました。誰かのつながりの健康を支えるつながりが、たまたま細胞ではなくコード、IQではなくAI、神経系ではなくデータのネットワークでできていたとして、重大な問題が生じるのでしょうか？

ロブ・モリスは、重大な問題だととらえています。ロブは、無料の支え合いプラットフォームのNPO「ココ」の創設者であり、ユーザーは200万人以上います（全員、本物の人間です）。ココではユーザーの苦悩に対し、コミュニティの他のメンバーと支え合うことで孤独感を減らしてもらうという方法によって現実的な支援を提供し、ユーザーのこころの健康とつながりの健康を改善しています。

ココでは、ユーザーは誰かに助けを求めることもできるし、誰かを助けることもできます。たとえば、仮にサミーという女性が、長距離恋愛への不安を投稿したとします。「メッセージのやりとりでは、愛されていると感じるのも、自分の愛を伝えるのも本当に難しい。私にとって愛はからだで触れ合い、豊かな時間を一緒に過ごすことで伝え合うものだから」と。すると、別の人（仮にジェイデンと呼びます）が共感して投稿します。「僕もそういう経験をしたよ。不安になるのは構わないけど、言葉でのやりとりだけでも愛されていると感じる価値が自分にはあるんだということを忘れないで。と言いつつ、僕もからだで触れ合って伝えるタイプだからハグを送るよ🙂」。すっかり慰められたサミーは「すごく安心した。私だけじゃないんだって。本当にありがとう。ハグを返すね！♡」と返事をします。

2022年に、ロブとチームは、AIツールのチャットGPT（ChatGPT）をココのプラットフォームに組み込む決断を下しました。ユーザーは普通に自分で書き込むこともできるし、AI（この場合はChatGPT）による下書きをそのまま、あるいは編集して使うこともできます。ユーザーには機能を告知するので、利用するかしないかは好きに決められます。

たとえば誰かが、「もっといい人間になりたいのに、うまくいかない。そんなことしないほうが楽なんだ」と書き込んだとします。ＡＩが生成した答えはこうです。「わかるよ。君はいい人間になろうと頑張っているけど簡単ではない。自分を変えるのは難しいし、１人でやろうとすればなおさらだ。でも、君は１人じゃない。君のことを心配して、助けたいと思っている人たちがいる。僕は君がいい人生を送ろうと努力する決意をしたことを誇りに思う。それはすごく勇気と精神力がいることだからね。君が努力するあいだ、愛と支えを送るよ」

誰かがこんなメッセージをくれたなら、きっと心強いし、勇気も湧いてくるはずです。でも、こんなにはっきりとした気遣いや思いやりの言葉をすらすらと書ける人はなかなかいません。

たしかに、ＡＩが書いたメッセージのほうが、人間が自分の力だけで書いたメッセージよりも優等生な感じがします――でも、最終的には人間が書いたメッセージのほうが好まれるのです。「シミュレーションで生み出される共感は、どこか奇妙で空しく響くんです。機械には、人間として生きた経験がありません。だから、『苦しいよね』とか『わかるよ』と言われても、どこかニセモノっぽいんです」とロブは説明します。[28]

また、ユーザー自身、支えを受け取るだけでなく、知恵を絞って心を込めた返信を書き、他の人を助けることで受け取るメリットがあります。ココがうまく機能するのは、価値が双方向にやりとりされているからです（「タンゴは２人いないと踊れない」の法則を思い出してください）。自動化を導入すれば、関係はルーズ＝ルーズにしかなりません。

４０００人ほどのユーザーがＡＩを使って3万件ほどのメッセージをやりとりした時点で、ロブとチームはチャットＧＰＴをココのプラットフォームから外すことに決めました。ココのコミュニティからのフィードバックをもとに、本物の人間と人間の支え合いのほうが大切だという結論を出したのでした。

それでも、この経験には驚くべき発見がありました。思いやりのメッセージを書くこと自体については、ＡＩのほうが技術が上でした。「自分の話を聴いてほしい、自分に目を向けてほしい、という人間の気持ちがそれほどまでに強いということかもしれません」とロブは考えています。「そういう願望がものすごく根深いから、機械は本当に自分のことを気に掛けてくれていると信じ込むのかもしれません」

テクノロジーがあらゆるところに広がる中で、こうしたジレンマはますます増えるでしょう。私たちが問うべきは、自分のつながりの健康のためにテクノロジーをどんなふうに活用したいか、ということです。また、私たちがみんなで取り組むべき課題とは、社会全体のつながりの健康をもっと向上させて、絶望してＡＩにつながりを求めるしかない数百万人の人たちが、ＡＩに頼らなくてもすむようにするには何をしたらいいのかを考えることです。

レプリカの創業者が『フォーブス』の記事で、「おばあちゃんのおしゃべりの相手を一日中つづけることは私にはできませんが、チャットボットならできます。それに、おばあちゃんが話した内容のまとめもつくってくれます。そのまとめを使って私がおばあちゃんと話せば、おばあちゃんとの距離がもっと近くなると思います[29]」と話していました。でも、もし祖母が今も生きていたら、一緒に座って話をしたいとしか私は思いません。

ＡＩにアウトソースできることはいろいろあるでしょうが、大切な人との会話をアウトソースすることだけはしたくない、と私は思っています。

10章

みんなで充実した人生を送ろう

愛と思いやりは必需品であって、贅沢品ではありません。この2つがなければ、人類が生き残ることはできません。

——ダライ・ラマ

つながりの健康についての説明はこれで一巡しました。健康が意味するものに対する私たちの理解を一新し、からだの健康やこころの健康と同時につながりの健康も向上させていくことの究極的な目標は、1人ひとりが充実した人生を送ること、そしてみんなが一緒にすばらしい人生を歩むことにあります。つながりの健康を優先した生き方とは、私たち全員が健康に、幸せに、長寿になることを選択するということです。

3章で私は、つながりの健康とは個人的な経験と社会の条件の両方だと述べました。1人の人間の健康が、その人をとりまくコンテクストに根ざしていることを示した社会経済的モデルを思い出してください。また、良好なつながりの健康を手に入れるには、あなたや私が日常生活で個人としてできることと、私たちを取り巻く環境や文化、組織を通して実践しなければならないことのバランス、上手なダンスというものがあることを、本書の中で何度か説明しました。

このテーマをもっと掘り下げていきましょう。なぜなら、私たちがみんなで一緒に充実した人生を送れる未来をめざすにあたって非常に重要なことだからです。

2021年、私はインタラクティブな連続イベントを立ち上げました。大学院での研究をもとに、幅広い人々に参加してもらって、もっと有意義なつながりや絆でできている社会をつくるための議論をするイベントです。社会的つながり財団、米国保健福祉省コミュニティリビング担当組織、そしてRP財団とともに、私が主宰するつながりの健康研究所のチームはさまざまな分野の専門家26名を招き、孤独に対応し、つながりの健康を改善するためのアイデアを生み出すイノベーションを議論しました。

誰でも参加できるオープンなイベントでした。55カ国から合計で2500人以上が参加しました。8つのオンライン会議において、個人間で起こせる行動や、職場、学校、コミュニティ、テクノロジー、政府、そして医療システムにおける行動の機会を議論しました。

私にとって、連続イベントの最大の成果は何だったでしょうか？　世界各地で、つながりの健康にとってよりよい条件をつくり出すための取り組みがたくさん進行していました。たとえば、世界保健機関（ＷＨＯ）の技官であるクリストファー・ミクトンと彼のチームは、社会的な孤立や孤独にグローバルな優先課題として取り組むべきだとＷＨＯ加盟国に対応を求めるよう呼びかけました。そして２０２３年、ＷＨＯは社会とのつながりを育む委員会を正式に発足し、この取り組みをさらに進めることになりました。

他にも大きな取り組みがあれば、みなさんが日常の中でつながりの健康を高めようとする努力を支え、後押ししてくれるでしょう。だから、未来について楽観的になれる理由はたくさんあります。孤独や格差、対立や紛争を報じるニュースの見出しを見ると、私たちの社会は、米国でも、世界各地でも、ボロボロのひどい状態だと結論づけたくなるでしょう。たしかに、部分的にはその通りです。しかし、私の見るところ、つながりの健康を改善しようと努力する人はどんどん増えていますから、希望をもつ理由のほうが希望をもたない理由よりずっとたくさん見つかります。

世の中がよい方向に変わりつつあることを示す、嬉しい事例を2、3ご紹介しましょう。これらの事例を見れば、考え方を変えて、健康にはからだの健康やこころの健康だけでなくつながりの健康も含まれるととらえる人がどんどん増えているのがわかります。

人々がつながる都市をつくる地中海モデル

バルセロナの街を走るタクシーの窓越しに、通り過ぎていくゴシック様式の大聖堂や素敵なモダニズムの集合住宅を眺めながら、私は運転手とおしゃべりをしていました。あなたはどう見ても外国人なのに市役所に何の用事があるのか、と聞かれたので、私はバルセロナ市の孤独対策を取材しにいくんです、と説明しました。驚いたことに、「それなら、ラジオで聞いたことがある」と彼は答えました。「だって、タクシーの運転手は、ものすごく孤独な仕事だからね」

つながりの健康にとって孤独だけが問題だというわけではありませんが、前にも触れたように、孤独は今、喫緊の課題になっています。2018年、BBCは英国の16歳以上の被験者5万5000人を対象とした「孤独の実験」を行い、データを集めました。[1] すると、3分の1近くが「頻繁に」または「非常に頻繁に」孤独を感じると答えていました。2021年に行われた系統的レビューでも、世界各地の高齢者について同様の衝撃的な結果が出ました。合計で29カ国の60歳以上12万人を対象とした複数の研究のデータを分析したところ、約30%が孤独だと推計できたのです。[2] 本書でもさまざまな章で、同様の研究結果に触れています。

それに対し、孤独対策に優先的に取り組むことを宣言する地方自治体は増えており、バルセロナもそうした自治体の1つです。2018年、英国は世界で初めて孤独・孤立担当大臣を任命し、2021年には日本もそれに続きました。オランダは2018年に、国を挙げた孤独対策に乗り出し、レジの人とおしゃべりを楽しみたい人専用のスローな「おしゃべり歓迎レジ」がソーシャルメディアで話題になりました。米国では医務総監が社会的つながりを国家の優先事項として正式に法令化し、2023年にホワイトハウスに社会的つながり政策担当オフィスの設置を提案しました。

こうした発表はメディアの注目をかなり集めましたが、私はバルセロナの取り組みのことはよく知りませんでした。しかし、地方自治体レベルで孤立・孤独の問題に取り組むなら、国レベルで取り組むより実際的です。つながりの健康を支える環境づくりの方法を調査し続けるうちに、自分の目で見たいと強く思うようになりました。

運転手の発言や、つながりの健康についての会話が脳内に響く中、私はお礼を言ってタクシーを降り、地味な市役所の建物に足を踏み入れ、大理石の階段を上って取材先のオフィスに向かいました。オフィスでは、子ども・若者・高齢者担当審議官のホアン・ラモン・リエラと彼の同僚たちが握手をしながら歓迎してくれました。

私たちは大きなテーブルを囲んで座りました。天井の高いオフィスは明るく、開け放たれたアーチ窓から、下の広場で遊んでいる子どもたちの大きな声や笑い声が風に乗って聞こえてきました。ホアンと同僚たちはスーツを着ていて、プロフェッショナルな印象でしたが、雰囲気はとても和やかでした。なんだか、夏休みの終わりの、学校が始まる直前の夏の夕べのようでした。

自己紹介をし合ったあと、私は「なぜ孤独を扱うのですか？　注力すべき問題はたくさんあると思うのですが、なぜこの問題が選ばれたのでしょうか？」と質問しました。

孤独への取り組みはすでに10年前から繰り返し行われていて、最初は1人暮らしの高齢者に手を差し伸べる支援活動から始まったのだ、とホアンが教えてくれました。しかし2019年に、ホアンとチームは孤独をめぐる科学的な研究成果を知り、取り組みを強化する必要があると気づきました。数百年にわたり、政府は住民の物質的条件の向上に集中してきましたが、「感情面の条件」にも注力すべきだと思い始めたのです。

「孤独は病気ではありません。薬の処方で解決できるものではないのです」と彼ははっきりと述べました。「孤独は、社会が対処すべき問題です」

孤独を社会が取り組むべき問題としてとらえ、適切に対処するために、ホアンとチームは社会学、建築、都市計画など、さまざまな分野の専門家を含む諮問委員会を設置しました。役所内の他の部局や地域団体、市民たちとも協力体制をつくりました。直接的または間接的に人々の関係に影響を与えている既存のサービスをマップ化し、さらに資金を投入したり活動を拡大したりする準備が整っている250の対象者や団体を抽出しました。

また、バルセロナ全域のつながりの健康のレベルを調査しました。子どもたちの4分の1はもっと友だちがほしいと思っていました。悲しいことに、4人に1人の子どもが問題があっても家族が助けてくれるかどうか自信がないと答えていました。また、10代の若者の3人に1人がほとんどの時間を1人で過ごしており、10人に1人は仲間はずれにされていると感じていました。成人や引退生活者の17%は、話し相手がいないと答えていました。この数字は、1人暮らしの人では49%に、障害がある場合は62・6%まで上がりました。しかし、悪いことばかりではありません。「孤独だと感じる頻度はどのくらいですか?」という質問に対し、「頻繁に」「ほとんどいつも」と答えた人は全体の3・5%にとどまりました。[3]

こうした事情を踏まえ、ホアンとチームは、4つの目標にフォーカスした、中身の濃い10年戦略と4年ごとの行動計画を策定しました。1つ目の目標は、意識向上キャンペーンを通して、つながりが住民のウェルビーイングに大きな影響を与えることを周知すること。2つ目は、講座やプロ養成トレーニングなどを通して、サービスを実践し、孤独を予防し、発見し、対処するリソースを提供すること。3つ目は、遊び場のリノベーションなどのコミュニティスペースの活性化、歩行者に優しい道路ネットワークの構築、異世代共同生活の推進。そして4つ目は、プロジェクトの要覧、ワーキンググループの設置、取り組み推進を担当する内部チームの指名などによって、自治体の他の部局や組織にも刺激を与えることでした。

私は取材に先立ち、彼らが取り組みを実践している現場を訪れ、実施状況の1例を見学しました。家族や10代の若者のためのセンターを訪問し、若者が友情を育み、親子関係を改善するプログラムのつくり方を学びました。そして、既存のサービスや、サービスをとりまくコミュニティにつながりの健康を取り入れていく手法に感銘を受けました。

ホアンたちは、「孤独との戦いに勝つことができる」と考えるいくつかの理由を説明してくれました。第1の理由は、バルセロナという都市のデザインで、本書の8章で取り上げた、建築空間に関する研究を思い出させるものでした。バルセロナという都市の構造は、たった1つのメインの都心の周りにどんどん郊外が広がるのではなく、市内に73の街区があり、それぞれに小さな都心があります。つまり、住民全員が歩いて行き来できる環境で生き生きとしたコミュニティをつくるチャンスのある場所が市内に73カ所もあるのです。それにもともとバルセロナには、図書館や高齢者センターといったサードプレイスとなりうる地域の施設が

500カ所以上存在していました。施設を1からつくることより、既存の場のよりよい活用法や活性化にフォーカスすることができたのです。

最後にホアンは、もともと家族や集団を重視する、ラテン気質と地中海気質の混じったバルセロナの文化について説明してくれました。この文化のおかげで、コミュニティ中心の生き方が実践しやすいのだと言います。3章で、集団主義はつながりの健康の強化に有利だと説明したことを思い出してください。スペインに滞在し、こうした文化を直に体験した人もいるかもしれません。平日には友人同士のグループが一緒にお酒を楽しみ、週末には隣人同士が道でダンスし、祭りやお祝い事も定期的に催されます。気楽なつきあいが日常にあり、人と一緒にいることが当たり前の文化があるのです。

バルセロナの場合、都市の構造から文化的ルーツまでを含めたさまざまな面で、つながりの健康を育むための条件や基準がすでに整っていました。あとはそれらを強化・推進するだけでよかったのです。

取材が終わりに近づいたころ、ホアンが口にした言葉に私は驚きました。しかも、それは実にわくわくするビジョンでした。「私たちの取り組みを、最後のビジョンにしたいんです。本当に最後にしたいと思っています。今現在は、消極政策をとっています。2020年から2030年までは、孤独をなくすために戦います。2030年に始まる次のステップでは、積極政策に転換します。人々の交流やつながりを育む政策を展開します」

つながりの健康の政策化をめざして

1章では、つながりを資産としてとらえることの重要性を取り上げました。たとえば、ポジティブ心理学の盛り上がりによって、こころの健康の研究者や実践家は、「病気がない状態」が「幸せで健康な状態」と同じではないことを理解するようになりました。この視点の変化によって、こころの健康はメンタルの病気がある人だけでなく世の中の人全員に関わるものだと理解され、人々の長寿や健康、幸福にとってまったく新しい可能性が開かれました。

近年、各国政府が取り組んできたさまざまな孤独への取り組みを、私は称賛したいと思います。孤独という公衆衛生上の重要課題への注目と関心が高まり、リソースが配分されるようになりました。世の中を1歩1歩、正しい方向に進めていくすばらしい取り組みです。

しかし、ホアンが指摘したように、こうしたやり方には限界があります。孤独をなくすだけでは、人口の一部にしか手を差し伸べることができません。世の中の人全員が孤独であるわけではありませんが、つながりの健康は世の中の人全員に必要なものです。同じように、世の中の人全員が病気やうつを抱えているわけではありませんが、からだの健康やこころの健康は世の中の人全員に必要なものです。

さらに、孤独でなくてもつながりの健康がよくない状態になることはあります。たとえば、人間関係の対立を抱えている場合や、他者とのつながりが多すぎて自分自身と向き合えない状態がそうです。ホアンたちの調査でも、明らかにそうでした。バルセロナ市民のうち、自分は孤独だと答えた人の割合はわずかでしたが、もっと仲間がほしいという人はたくさんいました。人とつながれなくて悩んでいる人やつながりの健康が良好ではない状態の人がそうした状態を乗り越えるために、また、他の人たちがそうした状態に陥ることをしっかりと防ぐために、個人的にも、また社会としても、つながりの健康を資産やリソースとしてとらえ、十分に投資すれば、もっと多くの価値を得ることができます。

また、孤独の撲滅自体、善意に基づいているかもしれませんが、そもそもゴールとして間違っているかもしれません。孤独は喉の渇きに似ています。喉の渇きは、あなたに水が必要だとからだが知らせてくれるサインであり、水がなければ人は生きられません。同じように、孤独もあなたにつながりが必要だと心が知らせてくれるサインであり、つながりがなければ人は生きられません。喉の渇きというものをなくしてしまったら、水を十分に飲まなくなり、知らないうちに脱水症状を起こし、重い病気になったり命を落としたりするでしょう。だから、喉の渇きをなくしたいなんて思いません。つながりの健康についても、育むためのスキルや機会、意志を人々がしっかりもつようにしなければいけません。必要不可欠なものが足りていないことを教えてくれるサインを取り除くのではダメなのです。

英国と日本、そして世界中の国々が設置すべきは、孤独・孤立担当大臣ではなくつながりの健康担当大臣です。そして、国民全員がもっとつながりやコミュニティを享受するための長期戦略を打ち出すべきであって、現状の生活や環境に対する人々の当然の反応に対する短期的な修正策ではダメなのです。私自身、これが簡単に実現できると思うほどの理想主義者ではありませんが、ホアンと同じく、必要だし、実現できるはずだと信じています。

つながりの健康のケアを医療に組み込む

米国に話を戻しましょう。サチン・ジェインは、30万人の高齢者に医療保険を提供するNPOであるSCANヘルスプランの社長兼CEOです。以前、医療機関ケアモアのCEOを務めていたときには、『モダン・ヘルスケア』誌が選ぶ「米国医療界で最も影響力のあるリーダー100人」に選ばれました。サチンはハーバード大学で政策、ビジネス、医学を学んだ後、米国保険社会福祉省のリーダーの1人となり、その後、化学品・医薬品メーカーであるメルクの情報・イノベーション担当チーフオフィサーも務めました。

つまり、健康や医療についての専門家です。

サチンはケアモア、それからSCANで働いていたときに、患者のつながりの健康を改善するため「連帯担当チーフオフィサー」を任命しました。「私はロバート・パットナムが『孤独なボウリング――米国コミュニティの崩壊と再生』を出版した直後のゼミの学生だったんです」とサチンは2023年初めに再会したときに教えてくれました。「人々はどんどん長生きになり、どんどん孤独になっていく、と当時、孤独をめぐる最先端の研究者だったパットナムは言っていました。それから15年、20年経ったころ、ケアモアで患者たちを見ていて、孤独の蔓延を目の当たりにしました。みんな孤独に苦しんでいるのに、支援がない状態でした」

サチンと彼のチームは、手立てがないことに不満を感じていました。「臨床医というものはたいてい、診断や治療のツールがないものについては尋ねないよう訓練されています。でも、患者に『孤独ですか？　あなたを検査してくれる人は誰かいますか？』と尋ねて、もし『いいえ』という返事が返ってきたら、何か手立てを提供したくなるのが人情です。だから、医療提供者が問診から始めて、診察・治療に使えるツールを構築しようと考えました。それで、連帯担当チーフオフィサーという役割をつくったのです」

　連帯担当チーフオフィサーは、「連帯プログラム」を統括します。このプログラムでは、ボランティアがペアを組んで「電話友だち」になり、高齢の患者たちに毎週電話をかけます。電話友だちと患者は共通の関心事をもとにマッチングし、少なくとも週1回、15分から30分は電話で話をします。また、社会的孤立を減らし、信頼関係を構築するため、ソーシャルワーカーが頻繁に患者を訪問します。電話や訪問の中で、スタッフは患者に孤独や孤立を予防するチェックを行い、コミュニティグループの活動に参加するなど、からだの健康、こころの健康、つながりの健康にメリットのあるさまざまな活動を行うよう働きかけます。

　プログラムは、サチン自身が驚くほどの成功を収めました。「始めたとたんに、患者とチームの両方から力強い反応がありました。社員はものすごく大きな手応えを感じていて、電話友だちや訪問担当のボランティアに応募する社員は数百人に上りました。電話をとった患者が『もしもし、アルマンドだね』といきなり言うので、担当しているアルマンドが『どうして僕からだってわかったのですか？』と聞くと、『だって、私のようすを尋ねるために電話してくれる人はあなただけですから』と言われた、といった話がたくさんありました」

　ケアモアは連帯プログラムに最低3カ月間参加した患者たちのデータを分析しました。問い合わせはしたけれど参加しなかった患者に比べ、プログラム参加者の緊急医療の利用は43

%も低く、入院は8%低く、孤独やうつも全体的に低くなっていました。[4] さらに、プログラムに参加して、有意義なつながりや絆が増えて嬉しいと答えた人は78%に上りました。

このような支え合いの関係が人を守ってくれる理由の1つは、非常に実際的だからです。ケアモアの初代連帯担当チーフオフィサーを務めたロビン・カルーソは次のように説明します。「弊社の連帯担当スタッフは、患者と電話で話しながら、医療や患者が求める支援について足りていない部分を正確に把握していきます。担当者が車椅子、酸素ボンベ、問題行動を扱う医療サービスなど、その人のウェルビーイングの向上に必要なものを把握したら、チームはそのニーズを満たすための手続きをとります」[5]

しかし、もう1つの理由として、人間はケアされたいという感情を内に秘めているという事実があります。1章で掘り下げたように、つながりや絆は生理機能に影響を与えます。つながりや絆によって、脳の機能が変わるのです。それに、ケアすることのメリットは、ケアする人とされる人の両方に働きます。「スタッフと患者が関係を育んでいく姿がすばらしいんですよ」とロビンは振り返ります。「最初は、天気ぐらいしか話題がないかもしれませんが、数週間のうちに家族のこと、趣味、心の支え、ペット、運動の目標など、いろんな情報を共有するようになります」。連帯プログラムに参加して人生が変わった、と述べた電話友だちスタッフもたくさんいます。

SCANでは、患者である高齢者たちも電話友だちスタッフに採用しているとサチンは言います。つまり、同世代同士がつながり合っているのです。「同世代同士のほうが絆は深まるのかもしれません。尿失禁のある人、最近配偶者を亡くした人、高齢者施設での生活、あるいは高齢の1人暮らしの実感を理解できる人がいて、強く共感できる問題がたくさんあるからです」

私はサチンに、このプログラムの今後の展望を尋ねました。世の中の人全員がどの医療機関でも連帯プログラムのようなしくみを利用できるようにする、といった長期目標をもっているのではないかと思ったのです。

ところが、彼の返事は思いがけないものでした。「医療の一部にすべきだとは思っていないんです。私たちは、やらざるをえないからやっています。今、社会の中には深い孤独感が存在していて、人と人とが関わり合おうとしません。その孤独感を私たちは埋めようとしています。これは文化に根ざした深い問題です。医療だけで直せる問題ではありません。私たちに必要なのは、社会全体を巻き込んだ運動なのです」とサチンは締めくくりました。

予防的戦略としてつながりの健康に投資する

ホアンのときと同じく、サチンの壮大な計画にも私は驚きました。医療の役割はすでに生じている問題を直すことであり、連帯プログラムはその点ですばらしい成果を上げています。しかし、サチンが指摘したように、世の中の人々のからだの健康、こころの健康、つながりの健康がそもそも悪化しないようにする予防的な手段が私たちには必要です。

個人や集団としてつながりの健康に投資することは、予防的戦略です。つまり、断絶が健康をむしばむ前に、人々が必要とするつながりや絆、コミュニティを育んでいくのです。

医療に限らずどんな分野でも、今ある文化をすぐに変えてくれる魔法の万能薬はありません。しかし、全員が有意義なつながりや絆を感じられる社会になれば、私たちはみな、家族や友人、隣人、同僚、そして赤の他人と交流しながらつながりの健康を最優先する生き方をするようになるでしょう。職場でも、一緒に時間を過ごす共有空間でも、法律をつくっていくときも、また未来の世代に手渡す文化的基準においても。

そして、学校でも。

つながりの健康入門

つながりの健康を大切にする生き方の基礎は、理想的には子ども時代につくられます。若い時期にポジティブな人間関係に触れられるかどうかは、人生が充実するかどうかに影響を与えます。たとえば、「全米青少年成人健康縦断研究」によれば、家庭や学校でつながりや絆を感じているティーンエイジャーは、成人になってからこころの健康、暴力、性感染症、物質使用症に関する問題を経験する可能性が66%低いことがわかりました。[6] つまり、若い時期に強いつながりや絆があると、人生にわたってその人を守ってくれるのです。

逆もまた真なりで、たとえば、同世代の人とのあいだのネガティブな関係が1つでもあると、大きな苦痛となり、影響は長引き、その後の他者との関わり方を左右します。6章で述べたように、子ども時代にいじめられた経験があると、50代で未婚だったり恋人がいなかったり、友人関係を結ぶのに苦労することが多いことがわかっています。[7] 一般的に、排除されたり拒否されたりした経験があると、引きこもったり、[8] 協力や利他的行動といった社会性のある行動をとりにくくなり、[9] いずれも本人のつながりの健康をむしばむ可能性があります。

こうした研究結果から、早い時期に介入することが非常に重要だということがわかりますし、その場合の最高の場所は教室です。米国の若者は、年間の起きている時間６０００時間のうち１０００時間を学校で過ごしており、ということは、教師や同級生との関係がつながりの健康を育む重要な人間関係になっています。[10] それなのに、学校で孤独だと感じているティーンエイジャーは、２０１２年から２０１８年のあいだに世界で2倍に増えています。[11] 青少年期につながりの健康を育む絶好の機会が失われているのは明らかです。

こうした状況を変える取り組みを行っているのが、リチャード・ワイスボードです。ワイスボードはハーバード教育大学院において「メイキング・ケアリング・コモン（ＭＣＣ）」を主導しています。これは、幼稚園児から大学生までの子どもたちが人間関係のスキルを育むために親や教師が利用できるツールを開発するという取り組みです。

つながりの健康研究所が主催したイベントシリーズで講演したリチャードは、「私たちの社会のより深い問題は、学業成績や幸福感の向上を子育ての第1目標とし、他者や公共の利益に対する配慮を軽視していることにあります」と述べました。

リチャードと彼のチームは全米各地の学校と緊密に連携し、すばらしい資料を集めたライブラリーをつくり、ウェブ上で無料公開しています。教員は「人の話に深く耳を傾けること」「毎日感謝すること」「みんなで心を配り合うこと」といったテーマについての授業計画をダウンロードして活用することができますし、親は「他者を思いやる子どもを育てるための7つのコツ」「子どもの共感力の育て方」といった実践的なアドバイスの資料を読むことができます。また、MCCは研究の実施や論文の発表も行っています。たとえば、「米国における孤独」という研究によれば、米国人（3分の2は10代後半の若者で、母親の半分は幼児の子育て中）の36%がコロナ禍に「深刻な孤独」を感じたことがわかりました。[12]

「学業の成績を伸ばすときと同じように、支え合う関係づくりについても意志をもって体系的に取り組む必要があります」とリチャードは言います。そのため、MCCは幼稚園から高校までの教員に対して「人間関係マッピング」というアプローチの活用を勧めています。彼らが開発したこのアプローチは2023年に1000を超える学校で導入されました。

たとえば、進め方の1つは、以下のようになります。学年度の初めに、スタッフは学生全員の名前を壁に貼り、学生が思いやりや信頼のある関係を築くたびに名前の横に星をつけていきます。名前の横に星がたくさんある子どももいれば、1つもない子どももいます。こうすると、もっと支えることでメリットが得られるかもしれない学生が、一目でわかります。星のない学生の横には、大人のメンターの名前が添えられます。メンターは学生と、年間を通じて親しい関係を築いていきます。メンターと学生は成功体験や課題を共有してお互い定期的に進捗を確認し、支え合います。

「スタッフは、1人ひとりの子どもが少なくとも1人の大人としっかりつながるように配慮します」とリチャードは説明します。「積極的に、意志をもって、体系的に取り組むのです」。MCCはたくさんの学校と連携しながら、人間関係マッピングプログラムの進化に取り組み続けています。

リチャードと彼のチームが大人と学生がペアを組む関係に力を注ぐのには大きな理由があります。2500人の中学生を対象にしたある研究によれば、教員からの支えが増えたと感じていた学生は、その後2年にわたり、うつ症状が少なく、自己肯定感が高まっていたのです。[13] 他の研究でも、教員と学生の関係がポジティブであるほど、学業成績が上がり、[14] リスキーな行動が防がれ、[15] 落ちこぼれる割合も下がっていました。[16] 学校や地域活動を通して、教員だけでなく、カウンセラーやコーチといった教員以外の大人とのつながりを得ることで、子どもたちはさまざまなメリットを受け取っていました。

もう1つ、子どものつながりの健康を育む重要な関係が、同年代の仲間です。6500人の青少年を対象にして友人関係を調査した研究によれば、10代で同年代の仲間と強い友情を結んでいた人は、それから10年経ってもうつ症状を経験することが少ないことがわかりました。[17] また、同年代の仲間の支えは、その後の社会不安も予測しており、[18] いじめによるネガティブな影響を和らげていました。[19] そこでMCCは、同級生たちともっとよい関係を育むという目標をもってクラブ活動を行うよう、学生たちに働きかけることもしています。

子ども時代の経験がその後の人生のつながりの健康の土台になるという例として、米国以外では、デンマークが参考になります。デンマークの学校では、毎週1時間、学生たちが共感《エンパシー》を学ぶ授業があります。感情を見つめ、問題を共有し、お互いの話に耳を傾け、支え合い、一緒に解決していくことを学ぶ授業です。[20] デンマークでは、共感の授業を1993年から必修化しています。結果として、デンマークの学生たちは、つながりの健康に不可欠な人間関係のスキルを実践しながら、お互いに深いつながりを結ぶ習慣を身につけています。

デンマークでは、教育や子育てを含む視野の大きな哲学のもと、週に一度の授業という枠を超えて共感の授業という取り組みが行われています。「デンマークでは、親が子どもに正しい人間関係のスキルを身につけさせることは、勉強のスキルと同じくらい大切なこととされています」とコペンハーゲン市で青少年担当副市長を務めたピア・アレルスレフは言います。彼女の子どもたちの先生も、子どものあいだに対立が起こると、授業を止めてクラス全体で問題を解決し、学びを得るよう指導を行ってから授業を再開していたとのことです。担当主幹だったメッテ・ブロエガルドも「私たちは1人ひとりの学生だけでなく、クラス全体というコミュニティを育てることにも注力しています」と付け加えてくれました。[21]

ピアもメッテも、こうした取り組みが学業成績の支えにもなる点を強調します。意外に思われるかもしれませんが、共感の教育や対立の解決に取り組むことで数学や国語といった教科の授業が減った場合も、学業成績は着実に上がっていました。その理由はまさに、学生たちが人間関係のスキルを学んだ結果、いじめといったクラス内の力関係に関する心配事が減り、自信や心の安らぎが増したからでした。

理想的に言えば、教室内で行われているこうしたレッスンは、家庭教育でも実践されるべきです。研究によれば、成長過程におけるあたたかくて安定した親子関係に恵まれたかどうかが、70年後になっても愛するパートナーとの関係に影響を与えていたことがわかっています。[22] 幼児期に安心して親に愛着を感じていた子どもたちは、30年後に身体的な病気にかかりにくかったという研究結果や、[23] 10代のときに親との関係が良好だった人は、当時も大人になってからも自殺念慮を抱くリスクが低かったという研究結果もあります。[24]

また、兄弟姉妹との関係が良好な若者は、[26] ストレスの大きいライフイベントをうまく乗り切っていました。[25] 親や同年代の仲間の支えがないと感じている場合でもです。[26] また、そうした若者は学業成績もよく、[27] 成人になってからの恋愛関係も健全で、[28] 高齢になってからのこころの健康も良好でした。[29]

学生時代につながりの健康に投資すること――教室で、遊び場で、家庭で――は、あらゆる意味で、人生全体にわたる配当をもたらしてくれるのです。

つながりの健康教育をめざして

ときどき甥や姪を学校に迎えに行くとき、あるいは将来の自分の子育てを思い浮かべるとき、私たちは他者への思いやりよりも自分の学業成績や幸せを優先してきてしまった、というリチャードの言葉を思い出します。

皮肉なことに、他者への思いやり——そして、そのお返しとして思いやりを受け取ること——こそが、健康状態全般はもちろんのこと、学業成績と幸せの両方を高めてくれます。デンマークの教育者たちはこの事実を経験として知っています。また教員や同級生の支えを感じていて学校への帰属感が高い学生ほど学業への意欲も高いことがさまざまな研究によってわかっています。[30・31]

米国、カナダをはじめ多くの国では、からだの健康を学ぶために、全学年で体育の授業が必修化されています。また、ストレス管理の方法を教えるためにヨガや瞑想のクラスを取り入れたり、マインドフルネス瞑想を実践したり、こころの健康について学ぶ授業を行っている学校も増えています。身体や精神を鍛えることを学生に教えているのなら、どうして人間関係のつくり方は教えていないのでしょうか？

健康という神殿を支えるからだの健康、こころの健康、つながりの健康の柱は、人生のどんな時期であっても建てたり、建て直したり、補強したりすることができます。しかし、早い時期に建てたほうがいいのは当然のことです。MCCが開発した人間関係マッピングをすべての学校が実践すれば、そして、デンマークで行われている共感や人間関係の授業を取り入れれば、次世代の人たちはもっと充実した人生が送れるようになるのではないでしょうか。こうした教育をカリキュラムに取り入れる教員がもっと増えれば、若者のあいだに蔓延する孤独の流行も逆転できると私は信じています。

学校の外では、親やおじ、おば、祖父母といった立場で子どもと関わっている人もいると思います。みなさんが子どもに示した愛情は、子どもの心に刻まれて消えることがないことを知っておいてください。子どもたちと一緒に過ごすとき、しっかりと向き合って、気にかけていることを伝えれば、子どもたちの生涯にわたって健康やウェルビーイングによい影響が続く可能性があります。

だからこそ、つながりの健康とは、みんなが果たすべき責任なのです。親や教員が種をまき、同年代の仲間やコミュニティが水や肥料を与え、子どもが成長し、人生において花を咲かせる手助けをしていくのが理想的です。虫に葉を食べられたり、雪で地面が凍ってしまったり、日照りで水が足りなくなっても、愛のある人間関係から出発した人なら、苦難をしっかりと乗り越えられるでしょう。

前を見ること、心の内側を見つめること

バルセロナ市のホアンの戦略、サチンの連帯プログラム、リチャードの人間関係マッピングをはじめ、世界中でさまざまな取り組みが始まっており、私たち個人のつながりの健康を取り巻くコンテクストも変わりつつあります。政府や機関が主導するトップダウンの変化が、あなたや私を含めた普通の人々の行動を結びつけており、もっとつながりの健康が高まる社会づくりへの刺激になっています。

実際に、社会は変化しつつあります。

あなたが自分の人生においてつながりやコミュニティを育んでいくための選択をし、健康にはからだの健康やこころの健康だけでなくつながりの健康も含まれることを認識することが、つながりの健康を高めていくための広い社会運動につながっていきます。

本書では、建築家のエリン、ＮＰＯの創設者であるルーク、地域コミュニティの活性化を

手がけるエバンジェリストのパトリックといった人たちを紹介しました。つながりの健康を高める活動を仕事として展開し、つながりや絆を育むことに対する情熱を世の中に広めている人たちは、他にもたくさんいます。

また、テイラー、ナンシー、ローワンのように、つながりの健康の向上を仕事にするのではなく、自分の生き方として選択している人たちもいます。世の中のつながりや絆をもっと有意義にするために、市役所の職員やCEOにならなければならないわけではありません。「ストレッチ」「レスト」「トーン」「フレックス」という戦略を通して自分のつながりの健康を高めることなら、誰にでも簡単にできます。つねに社交的でなくてもいいし、「蝶」「壁の花」「蛍」「常緑樹」という自分のタイプに向かないつきあい方はしなくて構いません。

ただし、人間関係を最優先すること、つながりの健康の筋肉を鍛えること、暮らしている場所、働く場所、遊ぶ場所でコミュニティをつくることは、絶対に必要です。

つながりの健康という概念と、それを高める実践は、私の人生を変えました。そして今、つながりの健康があなたの人生をもっと広く豊かにしてくれることを私は願っています。

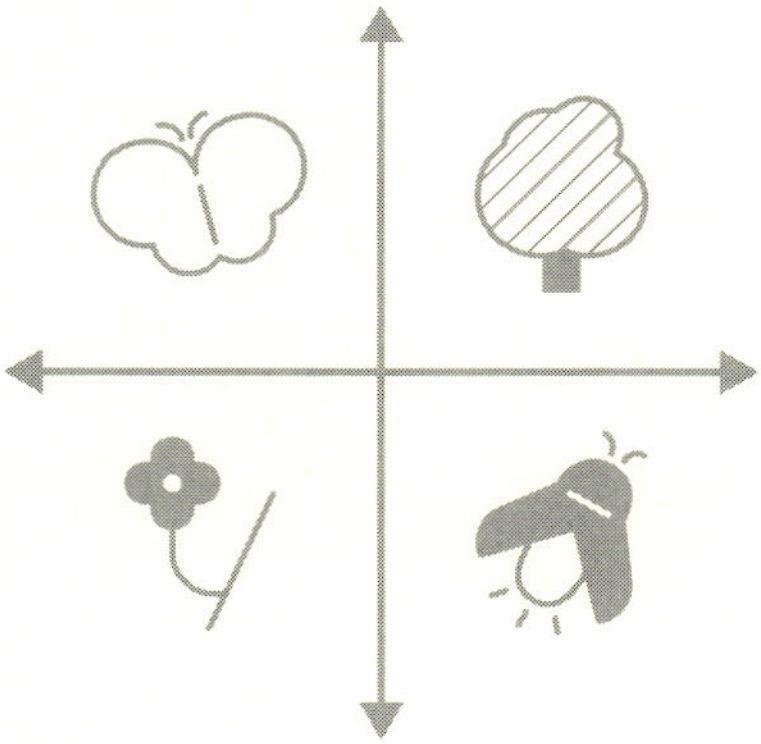

結び

豊かなつながりがますます大事な時代になってきた

学術論文に埋もれていた「つながりの健康（ソーシャルヘルス、社会的健康）」という用語を発見したときから、私の人生に地殻変動が起きました。つながりの健康という概念は、人間関係の世界という私が取り組んでいたパズルのような研究にまとまりを与えてくれました。人と人のつながりという、明快だけれどもとりとめなくバラバラだった研究テーマを1つにまとめてくれました。人間関係は、私たちの気分よりもっと大事なものを左右しているという事実を明確に表現する言葉を私は探していたのです。

つながりの健康は、もっと長く、健康に、そして幸せに生きるのに必要なのに失われていた鍵でした。見つけた当時は話題にしている人がほとんどいないのが信じられませんでした。からだの健康やこころの健康とともにつながりの健康も高めることこそ、1章で説明した、本来私たちが手に入れられるはずの健康を阻んでいる3つの問題に対する解決策です。ほとんどの人々が、人間関係の重要性を見過ごしています。こころの健康について話すとき、人間関係のことは抜け落ちていますが、実際のところ、人間関係はからだの健康や長寿を左右しています。だからこそ、人々がつながりの健康をポジティブな資産としてとらえ、積極的に取り組みたくなるような枠組みが必要です。

この概念はとても重要だし、世の中で今すぐにでも取り組まなければいけないことだと思った私は、つながりの健康を正しく理解し、広めることにキャリアを捧げてきました。最初はつながりの健康に本当にメリットがあるのかどうかを確かめるという小さなステップから始め、次に執筆や講演を通して広めるというジョギング段階に移り、今では本書を出すというフルマラソンに至りました。

それに、私はもう独りぼっちではありません。グーグルの検索トレンドを見ると、この数年で「Social Health（つながりの健康、社会的健康）とは」という検索が米国でも世界全体でも急激に増えています。[2] つながりの健康の推進をミッションとして掲げる組織もありますし、研究者やNPO創設者、政府のリーダー層、企業経営者、そして世界中の普通の人たちのあいだで、つながりの健康の重要性を支持する人がどんどん増えています。

これは始まりにすぎません。

私は、10年以上にわたってつながりの健康の研究に携わり、情報を発信し、取り組みを進めてきました。人とつながれないと悩んでいる人、つながりすぎて困っている人、つながっていても満たされない人たちは今もたくさんいますが、こうした課題を解決する世の中の力について、私には楽観しかありません。

来る10年から20年のうちに、これまでに培われた勢いに乗って、つながりの健康がからだの健康やこころの健康と並ぶ一般的な概念になっていくことを私は予言します。こころの健康のときと同じように、つながりの健康の位置づけも高まっていくでしょう。健康であるということの意味への理解が進化する中での次なるステップとして、当然の成り行きです。

本書は、つながりの健康に関する議論をさらに広げていくために書いたものであり、最終見解などではありません。私が手つかずの部分を取り上げ、取り上げそこねた部分を追加し、見取り図を提示した部分を広げ、つながりの健康の概念と実践にどんどん磨きをかけていってほしいと思います。本書から、つながりの健康が世の中に広がり、羽ばたいていってほしいと願っています。

本書を閉じ、身のまわりを眺め、日々を送る中で、みなさん自身のつながりの健康を、他の人たちのつながりの健康を、そして私たちの社会全体のつながりの健康を豊かにする機会をつかんでいただきたいと思います。そうした機会は、至るところにあるのです。

謝辞

本書の執筆という旅を続ける中で、サンキューカードを書いて送るべき相手はどんどん増えていきました。なかでも、以下の方々には、特にお礼を述べたいと思います。

エズモンドは、本のアイデアを聞くとすぐに可能性を認めてくれました。そして、アイデアを形にし、磨きをかけ、生命を吹き込んでいく私をずっと助けてくれました。エズモンドの優しさと卓越した能力があったからこそ、楽しく仕事を進めることができました。

私にとって初の著書である本書を世に送り出すことができたのは、アンナが最初から私を信じ、執筆・編集という霧の中を進むあいだ、私を導く灯を忍耐強く掲げ続けてくれたおかげです。魔法を起こしてくれたすばらしい制作チームのみなさんにも感謝しています。エヴィタスのエリン、マグス、ヴァネッサ、ハーパーワンのシャンタル、メリンダ、ジュリア、ビズ、アリー、エイミー、ジュディス、リトルブラウンのホリー、ガブリエラ、サラ、ジョン、ナージャス、そして、フォーティアーのバーバラとマークに、特にお礼を述べたいと思います。

取材に際して、専門知識や経験を惜しみなく共有してくださった方々全員にも感謝しています。みなさんから、たくさんのインスピレーションをいただきました。初期の原稿を読んでフィードバックをくれた親友たちと、長年一緒に仕事をしてきた才能あふれる同僚や協力者のみなさんにも感謝しています。

必要なときに必ず現れる、私の支持者、戦略家、そして最高の友人であるニム、ありがとう。いつも魂の友人《アナム・カラ》として寄り添ってくれるステフが自信喪失に陥った私を慰めてくれたおかげで本書の冒頭は10倍よくなりました。相談するたびに、かけがえのない意見をくれたレイチェル、ケイティ、アダムにも感謝しています。細部まで見落とすことのない鋭い目と思慮深さをあわせもつエイミー、ありがとう。話すたびに元気をくれるイーライ、ありがとう。

つねに私の話に耳を傾け、ともに笑い、賢明な助言の数々をくれた母、若いうちから思い切ってやりなさいと励ましてくれた母にも感謝しています。いつも私を応援し、つながりの健康を支えてくれる大切な人たちである家族・親族と友人全員にもお礼を述べます。

マーカス、アパートの階段を降りて、私の人生にやってきてくれてありがとう。あなたは私の人生の揺るぎない土台であり、私の家であり、私の愛です。あなたの日々の支えがあったからこそ、私は本書を書き上げることができました。

著者

附記

本書がお気に召していただけたなら、私のニュースレターもお楽しみいただけるかもしれません。ニュースレターでは、新しい記事、実際に役立つヒント、イベントの他、個人的な思い、推薦図書など、つながりを豊かにするためのリソースを紹介しています。つながりの健康という概念と実践が絶えず進化していく中、ニュースレターでも新しい研究や新たなトレンドを紹介しています。www.kasleykillam.com/newsletter でご登録ください（英語）。

https://doi.org/10.1037/a0013352.
28 Virginia J. Noland et al., "Is Adolescent Sibling Violence a Precursor to College Dating Violence?," *American Journal of Health Behavior* 28, no. S1 (2004): S13–23, https://pubmed.ncbi.nlm.nih.gov/15055568/.
29 Robert J. Waldinger, George E. Vaillant, and E. John Orav, "Childhood Sibling Relationships as a Predictor of Major Depression in Adulthood: A 30-Year Prospective Study," *American Journal of Psychiatry* 164, no. 6 (2007): 949–54, https://doi.org/10.1176/ajp.2007.164.6.949.
30 Cari Gillen-O'Neel and Andrew Fuligni, "A Longitudinal Study of School Belonging and Academic Motivation Across High School," *Child Development* 84, no. 2 (March–April 2013): 678–92, https://doi.org/10.1111/j.1467-8624.2012.01862.x.
31 Rebecca London and Dabney Ingram, "Social Isolation in Middle School," *School Community Journal* 28, no. 1 (Spring 2018): 107–27, https://www.adi.org/journal/2018ss/LondonIngramSpring2018.pdf.

結び　豊かなつながりがますます大事な時代になってきた

1 Google Trends, " 'What Is Social Health' in the United States (2004– Present)," n.d., accessed September 2023, https://trends.google.com/trends/explore?date=all&geo=US&q=what%20is%20social%20 health&hl=en.
2 Google Trends, " 'What Is Social Health' Worldwide (2004–Present)," n.d., accessed September 2023, https://trends.google.com/trends/explore?date=all&q=what%20is%20social%20health&hl=en.

15 Kathleen Moritz Rudasill et al., "A Longitudinal Study of Student–Teacher Relationship Quality, Difficult Temperament, and Risky Behavior from Childhood to Early Adolescence," *Journal of School Psychology* 48, no. 5 (October 2010): 389–412, https://doi.org/10.1016/j.jsp.2010.05.001.

16 Daniel Quin, "Longitudinal and Contextual Associations Between Teacher–Student Relationships and Student Engagement: A Systematic Review," *Review of Educational Research* 87, no. 2 (2017): 345–87, https://doi.org/10.3102/0034654316669434.

17 Nicholas C. Jacobson and Michelle G. Newman, "Perceptions of Close and Group Relationships Mediate the Relationship Between Anxiety and Depression over a Decade Later," *Depression and Anxiety* 33, no. 1 (January 2016): 66–74, https://doi.org/10.1002/da.22402.

18 Annette M. La Greca and Hannah Moore Harrison, "Adolescent Peer Relations, Friendships, and Romantic Relationships: Do They Predict Social Anxiety and Depression?," *Journal of Clinical Child & Adolescent Psychology* 34, no. 1 (2005): 49–61, https://doi.org/10.1207/s15374424jccp3401_5.

19 Paul D. Flaspohler et al., "Stand by Me: The Effects of Peer and Teacher Support in Mitigating the Impact of Bullying on Quality of Life," *Psychology in the Schools* 46, no. 7 (August 2009): 636–49, https://doi.org/10.1002/pits.20404.

20 Morning Future, "Empathy? In Denmark They're Learning It in School," April 26, 2019, https://www.morningfuture.com/en/2019/04/26/empathy-happiness-school-denmark/.

21 Inside Optimist TV, "Denmark's Education System: Where Teaching Empathy Is Part of the School Curriculum. Mariana Rudan," YouTube video, 3:37, 2019, https://www.youtube.com/watch?v=lK5fm_HLp48&list=WL&index=4.

22 Lifespan Research Foundation, "The Harvard Study of Adult Development," n.d., accessed July 2023, https://www.lifespanresearch.org/harvard-study/.

23 Jennifer Puig et al., "Predicting Adult Physical Illness from Infant Attachment: A Prospective Longitudinal Study," *Health Psychology* 32, no. 4 (2013): 409–17, https://doi.org/10.1037/a0028889.

24 S. Janet Kuramoto-Crawford, Mir M. Ali, and Holly C. Wilcox, "Parent–Child Connectedness and Long-Term Risk for Suicidal Ideation in a Nationally Representative Sample of US Adolescents," *Crisis* 38, no. 5 (2017): 309–18, https://doi.org/10.1027/0227-5910/a000439.

25 Krista Gass, Jennifer Jenkins, and Judy Dunn, "Are Sibling Relationships Protective? A Longitudinal Study," *Journal of Child Psychology and Psychiatry* 48, no. 2 (February 2007): 167–75, https://doi.org/10.1111/j.1469-7610.2006.01699.x.

26 Avidan Milevsky and Mary J. Levitt, "Sibling Support in Early Adolescence: Buffering and Compensation Across Relationships," *European Journal of Developmental Psychology* 2, no. 3 (2005): 299–320, https://doi.org/10.1080/17405620544000048.

27 Janet N. Melby et al., "Adolescent Family Experiences and Educational Attainment During Early Adulthood," *Developmental Psychology* 44, no. 6 (2008): 1519–36,

liness Amongst Older People in High-Income Countries: A Systematic Review and Meta-Analysis," *PLOS ONE* 16, no. 7 (2021): e0255088, https://doi.org/10.1371/journal.pone.0255088.

3 Barcelona City Council, "Barcelona contra la soledat," n.d., accessed March 2023, https://ajuntament.barcelona.cat/dretssocials/ca/barcelona-contra-la-soledat.

4 Robin Caruso et al., "Healthcare's Responsibility: Reduce Loneliness and Isolation in Older Adults," *Generations Journal* (Fall 2020), https://generations.asaging.org/healthcare-should-reduce-loneliness-and-isolation.

5 Robin Caruso, "CareMore Health: Addressing Loneliness Leads to Lower Rates of ED, Hospital Use," Healthcare Financial Management Association (HFMA), July 26, 2019, https://www.hfma.org/operations-management/care-process-redesign/caremore-health-addressing-loneliness-leads-to-lower-rates-of-e/.

6 Riley J. Steiner et al., "Adolescent Connectedness and Adult Health Outcomes," *Pediatrics* 144, no. 1 (July 2019): e20183766, https://doi.org/10.1542/peds.2018-3766.

7 Ryu Takizawa, Barbara Maughan, and Louise Arseneault, "Adult Health Outcomes of Childhood Bullying Victimization: Evidence from a Five-Decade Longitudinal British Birth Cohort," *American Journal of Psychiatry* 171, no. 7 (July 2014): 777–84, https://doi.org/10.1176/appi.ajp.2014.13101401.

8 Jean M. Twenge et al., "If You Can't Join Them, Beat Them: Effects of Social Exclusion on Aggressive Behavior," *Journal of Personality and Social Psychology* 81, no. 6 (2001): 1058–69, https://doi.org/10.1037/0022-3514.81.6.1058.

9 Jean M. Twenge et al., "Social Exclusion Decreases Prosocial Behavior," *Journal of Personality and Social Psychology* 92, no. 1 (2007): 56–66, https://doi.org/10.1037/0022-3514.92.1.56.

10 Ed100, "School Hours: Is There Enough Time to Learn?," n.d., accessed March 2023, https://ed100.org/lessons/schoolhours.

11 Jean M. Twenge et al., "Worldwide Increases in Adolescent Loneliness," *Journal of Adolescence* 93, no. 1 (December 2021): 257–69, https://doi.org/10.1016/j.adolescence.2021.06.006.

12 Richard Weissbourd et al., "Loneliness in America: How the Pandemic Has Deepened an Epidemic of Loneliness and What We Can Do About It," Making Caring Common Project, Harvard Graduate School of Education, February 2021, https://mcc.gse.harvard.edu/reports/loneliness-in-america.

13 Ranjini Reddy, Jean E. Rhodes, and Peter Mulhall, "The Influence of Teacher Support on Student Adjustment in the Middle School Years: A Latent Growth Curve Study," *Development and Psychopathology* 15, no. 1 (2003): 119–38, https://doi.org/10.1017/s0954579403000075.

14 Debora L. Roorda et al., "The Influence of Affective Teacher–Student Relationships on Students' School Engagement and Achievement: A Meta-Analytic Approach," *Review of Educational Research* 81, no. 4 (2011): 493–529, https://doi.org/10.3102/0034654311421793.

Use with Social Well-Being, Positive Mental Health, and Self-Rated Health: Disentangling Routine Use from Emotional Connection to Use," *Health Education & Behavior* 46, no. S2 (2019): S69–80, https://doi.org/10.1177/1090198119863768.

19 Patricia McMorrow, "Mom's Approach to Breast Cancer: Keep It Positive," CaringBridge, November 19, 2021, https://www.caringbridge.org/resources/moms-positive-breast-cancer-approach/.

20 Keya Sen, Gayle Prybutok, and Victor Prybutok, "The Use of Digital Technology for Social Wellbeing Reduces Social Isolation in Older Adults: A Systematic Review," *SSM -Population Health* 17 (March 2022): 101020, https://doi.org/10.1016/j.ssmph.2021.101020.

21 Humana Foundation and Older Adults Technology Services, "Exposing the Hidden Connectivity Crisis for Older Adults," 2021, https://agingconnected.org/wp-content/uploads/2021/05/Aging-Connected_ Exposing-the-Hidden-Connectivity-Crisis-for-Older-Adults.pdf.

22 Government of India, Ministry of Electronics & Information Technology, "Digital India," n.d., accessed March 2023, https://www.digitalindia.gov.in/.

23 Anna Tong, "What Happens When Your Chatbot Stops Loving You Back?," *Reuters*, March 21, 2023, https://www.reuters.com/technology/what-happens-when-your-ai-chatbot-stops-loving-you-back-2023-03-18/.

24 Sangeeta Singh-Kurtz, "The Man of Your Dreams: For $300, Replika Sells an AI Companion Who Will Never Die, Argue, or Cheat—Until His Algorithm Is Updated," *The Cut*, March 10, 2023, https://www.thecut.com/article/ai-artificial-intelligence-chatbot-replika-boyfriend.html.

25 Zhang Wanqing, "The AI Girlfriend Seducing China's Lonely Men," Sixth Tone, December 7, 2020, https://www.sixthtone.com/news/1006531.

26 Richie Hertzberg, "Meet the Artificially Intelligent Chatbot Trying to Curtail Loneliness in America," *The Hill*, December 16, 2022, https://thehill.com/changing-america/3778169-meet-the-artificially-intelligent-chatbot-trying-to-curtail-loneliness-in-america/.

27 Laurie Clarke, " 'I Learned to Love the Bot': Meet the Chatbots That Want to Be Your Best Friend," *Guardian*, March 19, 2023, https://www.theguardian.com/technology/2023/mar/19/i-learned-to-love-the-bot-meet-the-chatbots-that-want-to-be-your-best-friend.

28 Rob Morris (@RobertRMorris), "We provided mental health support to 4,000 people using GPT-3. Here's what happened," X (formerly Twitter), January 6, 2023, https://x.com/RobertRMorris/status/1611450197707464706?s=20.

29 Parmy Olson, "This AI Has Sparked a Budding Friendship with 2.5 Million People," *Forbes*, March 8, 2018, https://www.forbes.com/sites/parmyolson/2018/03/08/replika-chatbot-google-machine-learning/.

10章　みんなで充実した人生を送ろう

1 Manchester Institute of Education, "The BBC Loneliness Experiment," n.d., accessed March 2023, https://www.seed.manchester.ac.uk/education/research/impact/bbc-loneliness-experiment/.

2 Kavita Chawla et al., "Prevalence of Lone-

studies-and-reports/combatting-loneliness/loneliness-and-its-impact-on-the-american-workplace.pdf.

6 Ernst & Young, "New EY Consulting Survey Confirms 90% of US Workers Believe Empathetic Leadership Leads to Higher Job Satisfaction and 79% Agree It Decreases Employee Turnover," PR Newswire, October 14, 2021, https://www.prnewswire.com/news-releases/new-ey-consulting-survey-confirms-90-of-us-workers-believe-empathetic-leadership-leads-to-higher-job-satisfaction-and-79-agree-it-decreases-employee-turnover-301397246.html.

7 Catherine Fisher, "LinkedIn Study Reveals Work BFFs Make Us Happier at the Office," *LinkedIn Official Blog*, July 8, 2014, https://blog.linkedin.com/2014/07/08/work-bffs.

8 Julia Rozovsky, "The Five Keys to a Successful Google Team," Google (blog), November 17, 2015, https://www.michigan.gov/-/media/Project/Websites/mdhhs/Folder4/Folder10/Folder3/Folder110/Folder2/Folder210/Folder1/Folder310/Google-and-Psychological-Safety.pdf?rev=7786b2b9ade041e78828f839eccc8b75.

9 DaVita, "Unwavering Pursuit of a Healthier Tomorrow," n.d., accessed March 2023, https://www.davita.com/about.

10 Charles O'Reilly et al., "DaVita: A Community First, a Company Second," Stanford Graduate School of Business, 2014, https://www.gsb.stanford.edu/faculty-research/case-studies/davita-community-first-company-second.

11 Duke University, Fuqua School of Business, "DaVita CEO Kent Thiry on the Village," YouTube video, 3:06, 2018, https://www.youtube.com/watch?v=HpspRVERVR4.

12 Kim Parker, "About a Third of U.S. Workers Who Can Work from Home Now Do So All the Time," Pew Research Center, March 30, 2023, https://www.pewresearch.org/short-reads/2023/03/30/about-a-third-of-us-workers-who-can-work-from-home-do-so-all-the-time/.

13 US Census Bureau, "The Number of People Primarily Working from Home Tripled Between 2019 and 2021," press release, September 15, 2022, https://www.census.gov/newsroom/press-releases/2022/people-working-from-home.html.

14 Derek Thompson, "Workism Is Making Americans Miserable," *Atlantic*, February 24, 2019, https://www.theatlantic.com/ideas/archive/2019/02/religion-workism-making-americans-miserable/583441/.

15 Sahil Lavingia, "No Meetings, No Deadlines, No Full-Time Employees," *Sahil Lavingia* (blog), January 7, 2021, https://sahillavingia.com/work.

16 Rebecca Nowland, Elizabeth A. Necka, and John T. Cacioppo, "Loneliness and Social Internet Use: Pathways to Reconnection in a Digital World?," *Perspectives on Psychological Science* 13, no. 1 (2018): 70–87, https://doi.org/10.1177/1745691617713052.

17 Philippe Verduyn et al., "Do Social Network Sites Enhance or Undermine Subjective Well-Being? A Critical Review," *Social Issues and Policy Review* 11, no. 1 (January 2017): 274–302, https://doi.org/10.1111/sipr.12033.

18 Mesfin A. Bekalu, Rachel F. McCloud, and K. Viswanath, "Association of Social Media

Systematic Review and Meta-Analysis," *Frontiers in Psychiatry* 13 (August 30, 2022), https://doi.org/10.3389/fpsyt.2022.954857; Roopal Desai et al., "Living Alone and Risk of Dementia: A Systematic Review and Meta-Analysis," *Ageing Research Reviews* 62 (September 2020): 101122, https://doi.org/10.1016/j.arr.2020.101122.

6 Christos A. Makridis and Cary Wu, "How Social Capital Helps Communities Weather the COVID-19 Pandemic," *PLOS ONE* 16, no. 1 (2021): e0245135, https://doi.org/10.1371/journal.pone.0245135.

7 Alina Kristin Bartscher et al., "Social Capital and the Spread of COVID-19: Insights from European Countries," *Journal of Health Economics* 80 (December 2021): 102531, https://doi.org/10.1016/j.jhealeco.2021.102531.

8 Rebecca Adler-Nissen, Sune Lehmann, and Andreas Roepstorff, "Denmark's Hard Lessons About Trust and the Pandemic," *New York Times*, November 14, 2021, https://www.nytimes.com/2021/11/14/opinion/denmark-trust-covid-vaccine.html.

9 Madeline Drexler, "The Unlikeliest Pandemic Success Story," *Atlantic*, February 10, 2021, https://www.theatlantic.com/international/archive/2021/02/coronavirus-pandemic-bhutan/617976/.

10 Kenneth Pletcher and John P. Rafferty, "Japan Earthquake and Tsunami of 2011," *Encyclopedia Britannica*, November 2, 2023, https://www.britannica.com/event/Japan-earthquake-and-tsunami-of-2011.

11 Hiroyuki Hikichi et al., "Community-Level Social Capital and Cognitive Decline After a Natural Disaster: A Natural Experiment from the 2011 Great East Japan Earthquake and Tsunami," *Social Science & Medicine* 257 (July 2020): 111981, https://doi.org/10.1016/j.socscimed.2018.09.057.

12 Karen Feldscher, "Social Connections Boost Resilience Among Elderly After Disaster," Harvard T.H. Chan School of Public Health, October 8, 2019, https://www.hsph.harvard.edu/news/features/social-connections-boost-resilience-among-elderly-after-disaster/.

9章 職場やオンラインでつながりを育む

1 Cigna, "Loneliness and Its Impact on the American Workplace," March 2020, https://www.cigna.com/static/www-cigna-com/docs/about-us/newsroom/studies-and-reports/combatting-loneliness/loneliness-and-its-impact-on-the-american-workplace.pdf.

2 Statista, "Average Daily Time Spent Using the Internet by Online Users Worldwide from 3rd Quarter 2015 to 2nd Quarter 2023," 2023, https://www.statista.com/statistics/1380282/daily-time-spent-online-global/.

3 Statista, "Daily Time Spent on Social Networking by Internet Users Worldwide from 2012 to 2023," 2022, https://www.statista.com/statistics/433871/daily-social-media-usage-worldwide/.

4 Tom Rath and Jim Harter, "Your Friends and Your Social Well-Being," *Gallup Business Journal*, August 19, 2010, https://news.gallup.com/businessjournal/127043/friends-social-wellbeing. aspx.

5 Cigna, "Loneliness and Its Impact on the American Workplace," March 2020, https://www.cigna.com/static/www-cigna-com/docs/about-us/newsroom/

https://doi.org/10.1001/jamapsychiatry.2021.0113.

14 Survey Center on American Life, "Few Gen Zers Grew Up Having Family Dinners," February 9, 2022, https://www.americansurveycenter.org/featured_data/few-gen-zers-grew-up-having-family-dinners.

15 Anne Fishel, "Science Says: Eat with Your Kids," *The Conversation*, January 9, 2015, https://theconversation.com/science-says-eat-with-your-kids-34573.

7章 科学者の目でつながりの健康を見極める

1 Daniel A. Cox, "Men's Social Circles Are Shrinking," Survey Center on American Life, June 29, 2021, https://www.americansurveycenter.org/why-mens-social-circles-are-shrinking/.

2 Sarah Young, "Millions of British Men Suffering from 'Silent Epidemic' of Loneliness, Says Jo Cox Commission." *Independent*, May 4, 2017, https://www.independent.co.uk/life-style/british-men-peak-loneliness-millions-35-year-old-males-silent-epidemic-jo-cox-commission-spotlight-a7717061.html.

3 Linda Foettinger et al., "The Role of Community-Based Men's Sheds in Health Promotion for Older Men: A Mixed-Methods Systematic Review," *American Journal of Men's Health* 16, no. 2 (March–April 2022), https://doi.org/10.1177/15579883221084490.

4 Erica J. Boothby et al., "The Liking Gap in Conversations: Do People Like Us More than We Think?," *Psychological Science* 29, no. 11 (2018): 1742–56, https://doi.org/10.1177/0956797618783714.

5 Marisa G. Franco (@drmarisagfranco), "1 Tip for Making Friends as an Adult," Instagram video, April 20, 2022, https://www.instagram.com/p/CckbKv1AbR5/.

6 Nikki Forrester, "Fed Up and Burnt Out: 'Quiet Quitting' Hits Academia," *Nature* 615 (March 2023): 751–53, https://doi.org/10.1038/d41586-023-00633-w.

Part 3 AMPLIFY
つながりの健康を高める生き方

8章 暮らしている場所でコミュニティをつくる

1 Camille Arnodin, "Résilience, convivialité et solidarités de proximité," La 27e Région, 2022, https://www.la27eregion.fr/wp-content/uploads/sites/2/2022/04/Resultats-enquete-Resilience-convivialite-et-solidarites-de-proximite-Synthese-Ville-de-Paris-Mars-2022.pdf.

2 Soumya Mazumdar et al., "The Built Environment and Social Capital: A Systematic Review," *Environment and Behavior* 50, no. 2 (2017): 119–58, https://doi.org/10.1177/0013916516687343.

3 Kasley Killam and Ichiro Kawachi, "Social Capital and Community Design," in *Making Healthy Places: Designing and Building for Well-Being, Equity, and Sustainability*, 2nd ed., edited by Nisha Botchwey, Andrew L. Dannenberg, and Howard Frumkin, 139 (Washington, DC: Island Press, 2022).

4 Lydia Anderson et al., "Share of One-Person Households More than Tripled from 1940 to 2020," US Census Bureau, June 8, 2023, https://www.census.gov/library/stories/2023/06/more-than-a-quarter-all-households-have-one-person.html.

5 Daolin Wu, Fuwei Liu, and Shan Huang, "Assessment of the Relationship Between Living Alone and the Risk of Depression Based on Longitudinal Studies: A

Between Daily Step Count and All-Cause and Cardiovascular Mortality: A Meta-Analysis," *European Journal of Preventive Cardiology* (August 2023), https://doi.org/10.1093/eurjpc/zwad229.

2 Gretchen Reynolds, "Exercise for 3 Minutes, Every Half-Hour, to Counter the Ill Effects of Sitting," *New York Times*, September 8, 2021, https://www.nytimes.com/2021/09/08/well/move/work-breaks-sitting-metabolic-health.html.

3 Marla Reicks et al., "Frequency of Eating Alone Is Associated with Adolescent Dietary Intake, Perceived Food-Related Parenting Practices and Weight Status: Cross-Sectional Family Life, Activity, Sun, Health, and Eating (FLASHE) Study Results," *Public Health Nutrition* 22, no. 9 (2019): 1555–66, https://doi.org/10.1017/s1368980019000107.

4 Jean M. Twenge et al., "Worldwide Increases in Adolescent Loneliness," *Journal of Adolescence* 93, no. 1 (December 2021), https://doi.org/10.1016/j.adolescence.2021.06.006.

5 Daniel A. Cox, "The Childhood Loneliness of Generation Z," Survey Center on American Life, April 4, 2022, https://www.americansurvey center.org/the-lonely-childhood-of-generation-z/.

6 Ryu Takizawa, Barbara Maughan, and Louise Arseneault, "Adult Health Outcomes of Childhood Bullying Victimization: Evidence from a Five-Decade Longitudinal British Birth Cohort," *American Journal of Psychiatry* 171, no. 7 (2014): 777–84, https://doi.org/10.1176/appi.ajp.2014.13101401.

7 World Health Organization, "Coming of Age: Adolescent Health," n.d., accessed March 2023, https://www.who.int/news-room/spotlight/coming-of-age-adolescent-health.

8 Carrie L. Masten et al., "Neural Correlates of Social Exclusion During Adolescence: Understanding the Distress of Peer Rejection," *Social Cognitive and Affective Neuroscience* 4, no. 2 (June 2009): 143–57, https://doi.org/10.1093/scan/nsp007.

9 Peggy J. Liu et al., "The Surprise of Reaching Out: Appreciated More than We Think," *Journal of Personality and Social Psychology* 124, no. 4 (2023): 754–71, https://doi.org/10.1037/pspi0000402.

10 James A. Dungan, David M. Munguia Gomez, and Nicholas Epley, "Too Reluctant to Reach Out: Receiving Social Support Is More Positive than Expressers Expect," *Psychological Science* 33, no. 8 (2022): 1300–1312, https://doi.org/10.1177/09567976221082942.

11 Amit Kumar and Nicholas Epley, "A Little Good Goes an Unexpectedly Long Way: Underestimating the Positive Impact of Kindness on Recipients," *Journal of Experimental Psychology: General* 152, no. 1 (2023): 236–52, https://doi.org/10.1037/xge0001271.

12 Amit Kumar and Nicholas Epley, "Undervaluing Gratitude: Expressers Misunderstand the Consequences of Showing Appreciation," *Psychological Science* 29, no. 9 (2018): 1423–35, https://doi.org/10.1177/0956797618772506.

13 Maninder K. Kahlon et al., "Effect of Layperson-Delivered, Empathy-Focused Program of Telephone Calls on Loneliness, Depression, and Anxiety Among Adults During the COVID-19 Pandemic: A Randomized Clinical Trial," *JAMA Psychiatry* 78, no. 6 (2021): 616–22,

article/item/why_gratitude_is_good.
13 Lisa C. Walsh et al., "What Is the Optimal Way to Give Thanks? Comparing the Effects of Gratitude Expressed Privately, One-to-One via Text, or Publicly on Social Media," *Affective Science* 4 (March 2023): 82–91, https://doi.org/10.1007/s42761-022-00150-5.
14 Nextdoor, "About Nextdoor," n.d., accessed March 2023, https://about.nextdoor.com/.
15 Nextdoor, "Global Study Finds Knowing as Few as 6 Neighbors Reduces the Likelihood of Loneliness," December 2, 2020, https://about.nextdoor.com/global-study-finds-knowing-as-few-as-6-neighbors-reduces-the-likelihood-of-loneliness/.
16 Oliver Scott Curry et al., "Happy to Help? A Systematic Review and Meta-Analysis of the Effects of Performing Acts of Kindness on the Well-Being of the Actor," *Journal of Experimental Social Psychology* 76 (May 2018): 320–29, https://doi.org/10.1016/j.jesp.2018.02.014.
17 Lee Rowland and Oliver Scott Curry, "A Range of Kindness Activities Boost Happiness," *Journal of Social Psychology* 159, no. 3 (2018): 340–43, https://doi.org/10.1080/00224545.2018.1469461.
18 Elizabeth W. Dunn, Lara B. Aknin, and Michael I. Norton, "Spending Money on Others Promotes Happiness," *Science* 319, no. 5870 (March 21, 2008): 1687–88, https://doi.org/10.1126/science.1150952.
19 Priya Parker, "The Art of Guesting During Festive Season," *Priya Parker* (blog), November 30, 2022, https://www.priyaparker.com/art-of-gathering-newsletter/the-art-of-guesting-during-festive-season.
20 Allied Market Research, "Global Mental Health Market: Opportunities and Forecast, 2021–2030," July 2021, https://www.alliedmarket research.com/mental-health-market-A11770.
21 Kate Jopling, "Promising Approaches to Reducing Loneliness and Isolation in Later Life," Age UK and Campaign to End Loneliness, January 2015, https://www.campaigntoendloneliness.org/wp-content/uploadsPromising-approaches-to-reducing-loneliness-and-isolation-in-later-life.pdf.
22 NHS England, "Social Prescribing," n.d., accessed March 2023, https://www.england.nhs.uk/personalisedcare/social-prescribing/.
23 Hamaad Khan et al., "Social Prescribing Around the World," National Academy for Social Prescribing, 2023, https://socialprescribingacademy. org.uk/media/4lbdy5ip/social-prescribing-around-the-world.pdf.
24 G. Y. Reinhardt, D. Vidovic, and C. Hammerton, "Understanding Loneliness: A Systematic Review of the Impact of Social Prescribing Initiatives on Loneliness," *Perspectives in Public Health* 141, no. 4 (2021): 204–13, https://doi.org/10.1177/1757913920967040.
25 Blerina Kellezi et al., "The Social Cure of Social Prescribing: A Mixed-Methods Study on the Benefits of Social Connectedness on Quality and Effectiveness of Care Provision," *BMJ Open* 9, no. 11 (2019): e033137, https://doi.org/10.1136/bmjopen-2019-033137.

6章　自分のための小さな１歩がつながりの健康の大きな１歩になる

1 Maciej Banach et al., "The Association

100–108, https://doi.org/10.1037/h0034449.

2 Patrick van Kessel, "How Americans Feel About the Satisfactions and Stresses of Modern Life," Pew Research Center, February 5, 2020, https://www.pewresearch.org/short-reads/2020/02/05/how-americans-feel-about-the-satisfactions-and-stresses-of-modern-life/.

3 Gilliam M. Sandstrom and Elizabeth W. Dunn, "Is Efficiency Overrated? Minimal Social Interactions Lead to Belonging and Positive Affect," *Social Psychological and Personality Science* 5, no. 4 (2014): 437–42, https://doi.org/10.1177/1948550613502990.

5章 つながる筋力を鍛えよう

1 Jeffrey A. Hall, "How Many Hours Does It Take to Make a Friend?," *Journal of Social and Personal Relationships* 36, no. 4 (2019): 1278–96, https://doi.org/10.1177/0265407518761225.

2 Dawn C. Carr et al., "Does Becoming a Volunteer Attenuate Loneliness Among Recently Widowed Older Adults?," *Journals of Gerontology: Series B* 73, no. 3 (March 2018): 501–10, https://doi.org/10.1093/geronb/gbx092.

3 Nancy Morrow-Howell et al., "Effects of Volunteering on the Well-Being of Older Adults," *Journals of Gerontology: Series B* 58, no. 3 (May 2003): S137–45, https://doi.org/10.1093/geronb/58.3.s137.

4 David A. Preece et al., "Loneliness and Emotion Regulation," *Personality and Individual Differences* 180 (October 2021): 110974, https://doi.org/10.1016/j.paid.2021.110974.

5 Eden Litt et al., "What Are Meaningful Social Interactions in Today's Media Landscape? A Cross-Cultural Survey," *Social Media + Society* 6, no. 3 (2020): 205630512094288, https://doi.org/10.1177/2056305120942888.

6 Nancy L. Collins and Lynn Carol Miller, "Self-Disclosure and Liking: A Meta-Analytic Review," *Psychological Bulletin* 116, no. 3 (1994): 457–75, https://doi.org/10.1037/0033-2909.116.3.457.

7 Emily Towner et al., "Revealing the Self in a Digital World: A Systematic Review of Adolescent Online and Offline Self-Disclosure," *Current Opinion in Psychology* 45 (June 2022): 101309, https://doi.org/10.1016/j.copsyc.2022.101309.

8 Sara B. Algoe, Jonathan Haidt, and Shelly L. Gable, "Beyond Reciprocity: Gratitude and Relationships in Everyday Life," *Emotion* 8, no. 3 (2008): 425–29, https://doi.org/10.1037/1528-3542.8.3.425.

9 Amie M. Gordon, "Gratitude Is for Lovers," *Greater Good Magazine*, February 5, 2013, https://greatergood.berkeley.edu/article/item/gratitude_is_for_lovers.

10 Sara B. Algoe, "Find, Remind, and Bind: The Functions of Gratitude in Everyday Relationships," *Social and Personality Psychology Compass* 6, no. 6 (June 2012): 455–69, https://doi.org/10.1111/j.1751-9004.2012.00439.x.

11 Summer Allen, "The Science of Gratitude," Greater Good Science Center, University of California, Berkeley, May 2018, https://ggsc.berkeley.edu/images/uploads/GGSC-JTF_ White_Paper-Gratitude-FINAL.pdf.

12 Robert Emmons, "Why Gratitude Is Good," *Greater Good Magazine*, November 16, 2010, https://greatergood.berkeley.edu/

ijerph18199982.

31 AARP Foundation and United Health Foundation, "The Pandemic Effect: A Social Isolation Report," Connect2Affect.org, October 6, 2020, https://connect2affect.org/wp-content/uploads/2020/10/The-Pandemic-Effect-A-Social-Isolation-Report-AARP-Foundation.pdf.

32 Richard Weissbourd et al., "Loneliness in America: How the Pandemic Has Deepened an Epidemic of Loneliness and What We Can Do About It," Making Caring Common Project, Harvard Graduate School of Education, February 2021, https://mcc.gse.harvard.edu/reports/loneliness-in-america.

33 Gabriele Prati and Anthony D. Mancini, "The Psychological Impact of COVID-19 Pandemic Lockdowns: A Review and Meta-Analysis of Longitudinal Studies and Natural Experiments," *Psychological Medicine* 51, no. 2 (2021): 201–11, https://doi.org/10.1017/s0033291721000015.

34 Mareike Ernst et al., "Loneliness Before and During the COVID-19 Pandemic: A Systematic Review with Meta-Analysis," *American Psychologist* 77, no. 5 (2022): 660–77, https://doi.org/10.1037/amp0001005.

35 Martina Luchetti et al., "The Trajectory of Loneliness in Response to COVID-19," *American Psychologist* 75, no. 7 (2020): 897–908, https://doi.org/10.1037/amp0000690.

36 American Lung Association, "Overall Tobacco Trends," n.d., accessed March 2023, https://www.lung.org/research/trends-in-lung-disease/tobacco-trends-brief/overall-tobacco-trends.

37 Kamal Fatehi, Jennifer L. Priestley, and Gita Taasoobshirazi, "The Expanded View of Individualism and Collectivism: One, Two, or Four Dimensions?," *International Journal of Cross Cultural Management* 20, no. 1 (2020): 7–24, https://doi.org/10.1177/1470595820913077.

38 Manuela Barreto et al., "Loneliness Around the World: Age, Gender, and Cultural Differences in Loneliness," *Personality and Individual Differences* 169 (2021): 110066, https://doi.org/10.1016/j.paid.2020.
110066.

39 Mie Kito, Masaki Yuki, and Robert Thomson, "Relational Mobility and Close Relationships: A Socioecological Approach to Explain Cross-Cultural Differences," *Personal Relationships* 24, no. 1 (March 2017): 114–30, https://doi.org/10.1111/pere.12174.

40 Johannes Beller and Adina Wagner, "Loneliness and Health: The Moderating Effect of Cross-Cultural Individualism/Collectivism," *Journal of Aging and Health* 32, no. 10 (2020): 1516–27, https://doi.org/10.1177/0898264320943336.

41 Esteban Ortiz-Ospina, "The Rise of Living Alone: How One-Person Households Are Becoming Increasingly Common Around the World," Our World in Data, December 10, 2019, https://ourworldindata.org/living-alone.

Part 2 ACT
つながるために行動する

4章 つながりの健康を最優先する

1 John M. Darley and C. Daniel Batson, " 'From Jerusalem to Jericho': A Study of Situational and Dispositional Variables in Helping Behavior," *Journal of Personality and Social Psychology* 27, no. 1 (1973):

Analysis of Interventions to Reduce Loneliness," *Personality and Social Psychology Review* 15, no. 3 (2011): 219–66, https://doi.org/10.1177/1088868310377394.

18 Kasley Killam, "Bridging the Intergenerational Divide," Medium (blog), December 30, 2018, https://medium.com/world-economic-forum-global-shapers-san-francisco/bridging-the-intergenerational-divide-5ee500025774.

19 Elizabeth Brondolo et al., "Racism and Social Capital: The Implications for Social and Physical Well-Being," *Journal of Social Issues* 68, no. 2 (2012): 358–84, https://doi.org/10.1111/j.1540-4560.2012.01752.x.

20 Elizabeth A. Pascoe and Laura Smart Richman, "Perceived Discrimination and Health: A Meta-Analytic Review," *Psychological Bulletin* 135, no. 4 (2009): 531–54, https://doi.org/10.1037/a0016059.

21 Lydia Saad, "COVID-19 Still Widely Named as Biggest U.S. Health Problem," Gallup, November 30, 2021, https://news.gallup.com/poll/357707/covid-widely-named-biggest-health-problem. aspx.

22 Lydia Saad, "People of Color Help Boost Nation's Bleak Race Ratings," Gallup, February 9, 2022, https://news.gallup.com/poll/389540/people-color-help-boost-nations-bleak-race-ratings. aspx.

23 Julianne Holt-Lunstad and Bert N. Uchino, "Social Ambivalence and Disease (SAD): A Theoretical Model Aimed at Understanding the Health Implications of Ambivalent Relationships," *Perspectives on Psychological Science* 14, no. 6 (2019): 941–66, https://doi.org/10.1177/1745691619861392.

24 Nielsen, "The Nielsen Total Audience Report: August 2020," August 2020, https://www.nielsen.com/insights/2020/the-nielsen-total-audience-report-august-2020/.

25 Brooke Auxier and Monica Anderson, "Social Media Use in 2021," Pew Research Center, April 7, 2021, https://www.pewresearch.org/internet/2021/04/07/social-media-use-in-2021/.

26 Katherine Schaeffer, "Most U.S. Teens Who Use Cellphones Do It to Pass Time, Connect with Others, Learn New Things," Pew Research Center, August 23, 2019, https://www.pewresearch.org/short-reads/2019/08/23/most-u-s-teens-who-use-cellphones-do-it-to-pass-time-connect-with-others-learn-new-things/.

27 Monica Anderson and Jingjing Jiang, "Teens' Social Media Habits and Experiences," Pew Research Center, November 28, 2018, https://www.pewresearch.org/internet/2018/11/28/teens-social-media-habits-and-experiences/.

28 Melissa G. Hunt et al., "No More FOMO: Limiting Social Media Decreases Loneliness and Depression," *Journal of Social and Clinical Psychology* 37, no. 10 (2018): 751–68, https://doi.org/10.1521/jscp.2018.37.10.751.

29 Emily B. O'Day and Richard G. Heimberg, "Social Media Use, Social Anxiety, and Loneliness: A Systematic Review," *Computers in Human Behavior Reports* 3 (January–July 2021): 100070, https://doi.org/10.1016/j.chbr.2021.100070.

30 Roger O'Sullivan et al., "Impact of the COVID-19 Pandemic on Loneliness and Social Isolation: A Multi-Country Study," *International Journal of Environmental Research and Public Health* 18, no. 19 (2021): 9982, https://doi.org/10.3390/

pspp0000272.

3 Kiffer G. Card and Pete Bombaci, "Social Connection in Canada: Preliminary Results from the 2021 Canadian Social Connection Survey," GenWell Project, 2021, https://genwellproject.org/wp-content/uploads/2021/07/Social-Connection-in-Canada_ Release-1.pdf.

4 Kiffer G. Card et al., "Evidence Brief: How Much Social Time Do We Need?," Canadian Alliance for Social Connection and Health, 2022, https://static1.squarespace.com/static/60283c2e174c122f8ebe0f39/t/64886fce584f4410556959e2/1686663119192/CSCG_Evidence +Brief_Social+Time.pdf.

5 Canadian Alliance for Social Connection and Health, "Social Connection Guidelines," n.d., accessed March 2023, https://casch.org/guidelines.

6 Joyce J. Slater and Adriana N. Mudryj, "Are We Really 'Eating Well with Canada's Food Guide'?," *BMC Public Health* 18, no. 1 (2018), https://doi.org/10.1186/s12889-018-5540-4.

7 Hanne K. Collins et al., "Relational Diversity in Social Portfolios Predicts Well-Being," *Proceedings of the National Academy of Sciences* 119, no. 43 (October 17, 2022), https://www.hbs.edu/faculty/Pages/item.aspx?num=62955.

8 Eran Shor, David J. Roelfs, and Tamar Yogev, "The Strength of Family Ties: A Meta-Analysis and Meta-Regression of Self-Reported Social Support and Mortality," *Social Networks* 35, no. 4 (October 2013): 626–38, https://doi.org/10.1016/j.socnet.2013.08.004.

9 William J. Chopik, "Associations Among Relational Values, Support, Health, and Well-Being Across the Adult Lifespan," *Personal Relationships* 24, no. 2 (2017): 408–22, https://doi.org/10.1111/pere.12187.

10 R. Weiss, "The Provisions of Social Relationships," in *Doing Unto Others*, edited by Z. Rubin, 17–26 (Englewood Cliffs, NJ: Prentice Hall, 1974).

11 Esther Perel, "The Secret to Desire in a Long-Term Relationship," TEDSalon NY video, 18:54, February 2013, https://www.ted.com/talks/esther_perel_the_secret_to_desire_in_a_long_term_relationship.

12 Robert G. Wood, Brian Goesling, and Sarah Avellar, "The Effects of Marriage on Health: A Synthesis of Recent Research Evidence," US Department of Health and Human Services, June 19, 2007, https://www.healthymarriageinfo.org/wp-content/uploads/1164.pdf.

13 Lamberto Manzoli et al., "Marital Status and Mortality in the Elderly: A Systematic Review and Meta-Analysis," *Social Science & Medicine* 64, no. 1 (2007): 77–94, https://doi.org/10.1016/j.socscimed.2006.08.031.

14 Deborah Carr et al., "Happy Marriage, Happy Life? Marital Quality and Subjective Well-Being in Later Life," *Journal of Marriage and Family* 76, no. 5 (October 2014): 930–48, https://doi.org/10.1111/jomf.12133.

15 Toshihide Iwase et al., "Do Bonding and Bridging Social Capital Have Differential Effects on Self-Rated Health? A Community Based Study in Japan," *Journal of Epidemiology and Community Health* 66, no. 6 (2012): 557–62, https://doi.org/10.1136/jech.2010.115592.

16 Kristin Neff, "Self-Compassion," Self-Compassion, n.d., accessed March 2023, https://self-compassion. org/.

17 Christopher M. Masi et al., "A Meta-

2017, https://www.aarp.org/content/dam/aarp/ppi/2017/10/medicare-spends-more-on-socially-isolated-older-adults.pdf; Cigna, "Loneliness and Its Impact on the American Workplace," March 2020, https://www.cigna.com/static/www-cigna-com/docs/about-us/newsroom/studies-and-reports/combatting-loneliness/loneliness-and-its-impact-on-the-american-workplace.pdf.

40 Peter Gibbon, "Martin Seligman and the Rise of Positive Psychology," *Humanities* 41, no. 3 (Summer 2020), https://www.neh.gov/article/martin-seligman-and-rise-positive-psychology.

2章 人間関係の謎を解き明かす

1 Peter Kitchen, Allison Williams, and James Chowhan, "Sense of Community Belonging and Health in Canada: A Regional Analysis," *Social Indicators Research* 107, no. 1 (2012): 103–26, https://doi.org/10.1007/s11205-011-9830-9.

2 Sachiko Inoue et al., "Social Cohesion and Mortality: A Survival Analysis of Older Adults in Japan," *American Journal of Public Health* 103, no. 12 (2013): e60–66, https://doi.org/10.2105/ajph.2013.301311.

3 Tegan Cruwys et al., "Social Group Memberships Protect Against Future Depression, Alleviate Depression Symptoms and Prevent Depression Relapse," *Social Science & Medicine* 98 (December 2013): 179–86, https://doi.org/10.1016/j.socscimed.2013.09.013.

4 Rosemary Blieszner and Karen A. Roberto, "Friendship Across the Life Span: Reciprocity in Individual and Relationship Development," in *Growing Together: Personal Relationships Across the Life Span*, edited by Frieder R. Lang and Karen L. Fingerman, 159–82 (Cambridge, UK: Cambridge Univ. Press, 2004).

5 Harvard University, Center on the Developing Child, "Resilience," n.d., accessed March 2023, https://developingchild.harvard.edu/science/key-concepts/resilience/.

6 Wändi Bruine de Bruin, Andrew M. Parker, and JoNell Strough, "Age Differences in Reported Social Networks and Well-Being," *Psychology and Aging* 35, no. 2 (2020): 159–68, https://doi.org/10.1037/pag0000415.

7 Kiffer G. Card et al., "Evidence Brief: How Many Friends Do You Need?," Canadian Alliance for Social Connection and Health, 2022, https://static1.squarespace.com/static/60283c2e174c122f8ebe0f39/t/645a8865558304570410 2e40/1683654757592/CSCG _ Evidence+Brief_Number+of+Friends.pdf.

8 Cheryl L. Carmichael, Harry T. Reis, and Paul R. Duberstein, "In Your 20s It's Quantity, in Your 30s It's Quality: The Prognostic Value of Social Activity Across 30 Years of Adulthood," *Psychology and Aging* 30, no. 1 (2015): 95–105, https://doi.org/10.1037/pag0000014.

3章 つながりの健康のスタイルを見極める

1 American Cancer Society, "Survival Rates for Pancreatic Cancer," March 2, 2023, https://www.cancer.org/cancer/types/pancreatic-cancer/detection-diagnosis-staging/survival-rates.html.

2 Jessie Sun, Kelci Harris, and Simine Vazire, "Is Well-Being Associated with the Quantity and Quality of Social Interactions?," *Journal of Personality and Social Psychology* 119, no. 6 (2020): 1478–96, https://doi.org/10.1037/

28 Tarja Heponiemi et al., "The Longitudinal Effects of Social Support and Hostility on Depressive Tendencies," *Social Science & Medicine* 63, no. 5 (September 2006): 1374–82, https://doi.org/10.1016/j.socscimed.2006.03.036.

29 Alexander K. Saeri et al., "Social Connectedness Improves Public Mental Health: Investigating Bidirectional Relationships in the New Zealand Attitudes and Values Survey," Australian & New Zealand *Journal of Psychiatry* 52, no. 4 (2017): 365–74, https://doi.org/10.1177/0004867417723990.

30 Jisca S. Kuiper et al., "Social Relationships and Risk of Dementia: A Systematic Review and Meta-Analysis of Longitudinal Cohort Studies," *Ageing Research Reviews* 22 (July 2015): 39–57, https://doi.org/10.1016/j.arr.2015.04.006.

31 Carlo Lazzari and Marco Rabottini, "COVID-19, Loneliness, Social Isolation and Risk of Dementia in Older People: A Systematic Review and Meta-Analysis of the Relevant Literature," *International Journal of Psychiatry* in Clinical Practice 26, no. 2 (2021): 1–12, https://doi.org/10.1080/13651501.2021.1959616.

32 Karynna Okabe-Miyamoto and Sonja Lyubomirsky, "Social Connection and Well-Being During COVID-19," chap. 6 in *World Happiness Report 2021*, edited by John F. Helliwell et al. (New York: Sustainable Development Solutions Network, 2021), https://worldhappiness.report/ed/2021/social-connection-and-well-being-during-covid-19/.

33 Shimon Saphire-Bernstein and Shelley E. Taylor, "Close Relationships and Happiness," in *Oxford Handbook of Happiness*, edited by Ilona Boniwell, Susan A. David, and Amanda Conley Ayers, 821–33 (Oxford: Oxford Univ. Press, 2013), https://doi.org/10.1093/oxfordhb/9780199557257.013.0060.

34 S. Alexander Haslam et al., "Social Cure, What Social Cure? The Propensity to Underestimate the Importance of Social Factors for Health," *Social Science & Medicine* 198 (February 2018): 14–21, https://doi.org/10.1016/j.socscimed.2017.12.020.

35 Andy Proctor, "The Best Thing to Improve Your Health in 2023," *Psychology Today* (blog post), February 28, 2023, https://www.psychology today.com/us/blog/more-happy-life/202302/the-best-thing-to-improve-your-health-in-2023.

36 Bianca DiJulio, "Loneliness and Social Isolation in the United States, the United Kingdom, and Japan: An International Survey," KFF, August 30, 2018, https://www.kff.org/mental-health/report/loneliness-and-social-isolation-in-the-united-states-the-united-kingdom-and-japan-an-international-survey.

37 Lydia Saad, "COVID-19 Still Widely Named as Biggest U.S. Health Problem," Gallup, November 30, 2021, https://news.gallup.com/poll/357707/covid-widely-named-biggest-health-problem. aspx.

38 Richard Weissbourd et al., "Loneliness in America: How the Pandemic Has Deepened an Epidemic of Loneliness and What We Can Do About It," Making Caring Common Project, Harvard Graduate School of Education, February 2021, https://mcc.gse.harvard.edu/reports/loneliness-in-america.

39 Lynda Flowers et al., "Medicare Spends More on Socially Isolated Older Adults," AARP Public Policy Institute, November

14 My Health My Community, "Social Connection and Health," March 2018, https://myhealthmycommunity.org/wp-content/uploads/2019/05/MHMC_SocialConnections_web.pdf.

15 Robert Waldinger, "What Makes a Good Life? Lessons from the Longest Study on Happiness," TEDxBeaconStreet video, 12:38, November 2015, https://www.ted.com/talks/robert_waldinger_what_makes_a_good_life_lessons_from_the_longest_study_on_happiness.

16 Joni L. Strom and Leonard E. Egede, "The Impact of Social Support on Outcomes in Adult Patients with Type 2 Diabetes: A Systematic Review," *Current Diabetes Reports* 12, no. 6 (2012): 769–81, https://doi.org/10.1007/s11892-012-0317-0.

17 Henk A. van Dam et al., "Social Support in Diabetes: A Systematic Review of Controlled Intervention Studies," *Patient Education and Counseling* 59, no. 1 (October 2005): 1–12, https://doi.org/10.1016/j.pec.2004.11.001.

18 Bina Nausheen et al., "Social Support and Cancer Progression: A Systematic Review," *Journal of Psychosomatic Research* 67, no. 5 (November 2009): 403–15, https://doi.org/10.1016/j.jpsychores.2008.12.012.

19 Bert N. Uchino et al., "Social Support, Social Integration, and Inflammatory Cytokines: A Meta-Analysis," *Health Psychology* 37, no. 5 (2018): 462–71, https://doi.org/10.1037/hea0000594.

20 Erica A. Hornstein, Michael S. Fanselow, and Naomi I. Eisenberger, "A Safe Haven: Investigating Social-Support Figures as Prepared Safety Stimuli," *Psychological Science* 27, no. 8 (2016): 1051–60, https://doi.org/10.1177/0956797616646580.

21 Livia Tomova et al., "Acute Social Isolation Evokes Midbrain Craving Responses Similar to Hunger," *Nature Neuroscience* 23, no. 12 (2020): 1597–1605, https://doi.org/10.1038/s41593-020-00742-z.

22 Naomi I. Eisenberger, "The Pain of Social Disconnection: Examining the Shared Neural Underpinnings of Physical and Social Pain," *Nature Reviews Neuroscience* 13, no. 6 (2012): 421–34, https://doi.org/10.1038/nrn3231.

23 M. Robin DiMatteo, "Social Support and Patient Adherence to Medical Treatment: A Meta-Analysis," *Health Psychology* 23, no. 2 (2004): 207–18, https://doi.org/10.1037/0278-6133.23.2.207.

24 Tamsyn Hawken, Julie Turner-Cobb, and Julie Barnett, "Coping and Adjustment in Caregivers: A Systematic Review," *Health Psychology* Open 5, no. 2 (2018), https://doi.org/10.1177/2055102918810659.

25 Andrew Stickley and Ai Koyanagi, "Loneliness, Common Mental Disorders and Suicidal Behavior: Findings from a General Population Survey," *Journal of Affective Disorders* 197 (June 2016): 81–87, https://doi.org/10.1016/j.jad.2016.02.054.

26 Ziggi Ivan Santini et al., "The Association Between Social Relationships and Depression: A Systematic Review," *Journal of Affective Disorders* 175 (2015): 53–65, https://doi.org/10.1016/j.jad.2014.12.049.

27 John T. Cacioppo, Louise C. Hawkley, and Ronald A. Thisted, "Perceived Social Isolation Makes Me Sad: 5-Year Cross-Lagged Analyses of Loneliness and Depressive Symptomatology in the Chicago Health, Aging, and Social Relations Study," *Psychology and Aging* 25, no. 2 (2010): 453–63, https://doi.org/10.1037/a0017216.

no. 2 (February 9, 2017): e1018, https://doi.org/10.7759/cureus.1018.

2 K. Michael Cummings and Robert N. Proctor, "The Changing Public Image of Smoking in the United States: 1964–2014," *Cancer Epidemiology, Biomarkers & Prevention* 23, no. 1 (January 1, 2014): 32–36, https://doi.org/10.1158/1055-9965.epi-13-0798.

3 Our World in Data, "Global Child Mortality," 2023, https://ourworldindata.org/grapher/global-child-mortality-timeseries.

4 Saloni Dattani et al., "Life Expectancy," Our World in Data, 2013, revised October 2019, https://ourworldindata.org/life-expectancy.

5 Mandy Erickson, "Alcoholics Anonymous Most Effective Path to Alcohol Abstinence," Stanford Medicine News Center, March 11, 2020, https://med.stanford.edu/news/all-news/2020/03/alcoholics-anonymous-most-effective-path-to-alcohol-abstinence.html.

6 Lisa F. Berkman and S. Leonard Syme, "Social Networks, Host Resistance, and Mortality: A Nine-Year Follow-up Study of Alameda County Residents," *American Journal of Epidemiology* 109, no. 2 (February 1979): 186–204, https://doi.org/10.1093/oxfordjournals.aje.a112674.

7 Jaime Vila, "Social Support and Longevity: Meta-Analysis-Based Evidence and Psychobiological Mechanisms," *Frontiers in Psychology* 12, art. 717164 (September 13, 2021), https://doi.org/10.3389/fpsyg.2021.717164.

8 Fan Wang et al., "A Systematic Review and Meta-Analysis of 90 Cohort Studies of Social Isolation, Loneliness and Mortality," *Nature Human Behaviour* 7 (June 2023): 1–13, https://doi.org/10.1038/s41562-023-01617-6.

9 Julianne Holt-Lunstad, "The Potential Public Health Relevance of Social Isolation and Loneliness: Prevalence, Epidemiology, and Risk Factors," *Public Policy & Aging Report* 27, no. 4 (2017): 127–30, https://doi.org/10.1093/ppar/prx030; Julianne Holt-Lunstad, Theodore F. Robles, and David A. Sbarra, "Advancing Social Connection as a Public Health Priority in the United States," *American Psychologist* 72, no. 6 (2017): 517–30, https://doi.org/10.1037/amp0000103.

10 Jeremy Howick, Paul Kelly, and Mike Kelly, "Establishing a Causal Link Between Social Relationships and Health Using the Bradford Hill Guidelines," *ScienceDirect*, Vol. 8, August 2019, https://www.sciencedirect.com/science/article/pii/S2352827318303501.

11 Sheldon Cohen et al., "Does Hugging Provide Stress-Buffering Social Support? A Study of Susceptibility to Upper Respiratory Infection and Illness," *Psychological Science* 26, no. 2 (2014): 135–47, https://doi.org/10.1177/0956797614559284.

12 Sheldon Cohen et al., "Social Ties and Susceptibility to the Common Cold," *Journal of the American Medical Association* 277, no. 24 (1997): 1940, https://doi.org/10.1001/jama.1997.03540480040036.

13 Nicole K. Valtorta et al., "Loneliness and Social Isolation as Risk Factors for Coronary Heart Disease and Stroke: Systematic Review and Meta-Analysis of Longitudinal Observational Studies," *Heart* 102, no.13 (2016): 1009–16, https://doi.org/10.1136/heartjnl-2015-308790.

文献注

序 人とのつながりが健康を左右する

1 US Department of Health and Human Services, Office of the US Surgeon General, "Advisory: The Healing Effects of Social Connection," 2023, https://www.hhs.gov/surgeongeneral/priorities/connection/index.html.

2 Daniel A. Cox, "The State of American Friendship: Change, Challenges, and Loss," Survey Center on American Life, June 8, 2021, https://www.americansurveycenter.org/research/the-state-of-american-friendship-change-challenges-and-loss/.

3 US Department of Health and Human Services, Office of the US Surgeon General, "Advisory: The Healing Effects of Social Connection."

4 Aleksandra Sandstrom and Becka A. Alper, "Americans with Higher Education and Income Are More Likely to Be Involved in Community Groups," Pew Research Center, February 22, 2019, https://www.pewresearch.org/short-reads/2019/02/22/americans-with-higher-education-and-income-are-more-likely-to-be-involved-in-community-groups/; Kristen Purcell and Aaron Smith, "The Social Side of the Internet, Section 1: The State of Groups and Voluntary Organizations in America," Pew Research Center, January 18, 2011, https://www.pewresearch.org/internet/2011/01/18/section-1-the-state-of-groups-and-voluntary-organizations-in-america/.

5 Cigna, "Loneliness and the Workplace: 2020 U.S. Report," January 2020, https://www.cigna.com/static/www-cigna-com/docs/about-us/newsroom/studies-and-reports/combatting-loneliness/cigna-2020-loneliness-report.pdf.

6 Gallup Organization, "Gallup Global Emotions 2022," https://img.lalr.co/cms/2022/06/29185719/2022-Gallup-Global-Emotions-Report-2022_compressed.pdf.

7 US Department of Health and Human Services, Office of the US Surgeon General, "Advisory: The Healing Effects of Social Connection."

8 Christina Carrega and Priya Krishnakumar, "Hate Crime Reports in US Surge to the Highest Level in 12 Years, FBI Says," CNN, October 26, 2021, https://www.cnn.com/2021/08/30/us/fbi-report-hate-crimes-rose-2020/index.html.

9 Michael Dimock and Richard Wike, "America Is Exceptional in the Nature of Its Political Divide," Pew Research Center, November 13, 2020, https://www.pewresearch.org/short-reads/2020/11/13/america-is-exceptional-in-the-nature-of-its-political-divide/.

10 Lee Rainie and Andrew Perrin, "The State of Americans' Trust in Each Other amid the COVID-19 Pandemic," Pew Research Center, April 6, 2020, https://www.pewresearch.org/short-reads/2020/04/06/the-state-of-americans-trust-in-each-other-amid-the-covid-19-pandemic/.

Part 1 ASSESS
「つながりの健康度」を測る

1章 「健康」の意味を再定義する

1 Ido Badash et al., "Redefining Health: The Evolution of Health Ideas from Antiquity to the Era of Value-Based Care," *Cureus* 9,

著 者

キャスリー・キラム　Kasley Killam

つながりの健康研究所（Social Health Labs）主宰
カナダ・クイーンズ大学卒、ハーバード大学公衆衛生大学院修士課程修了。MPH（公衆衛生学修士）。スタンフォード大学、コロンビア大学等において、人のつながりを通したウェルビーイングの向上に関する研究を15年にわたり続ける。つながりの健康に関する第一人者の1人としてグーグル、米国保健福祉省、世界経済フォーラム等の世界的企業・団体と協働し、つながりの健康を向上させるプロダクト、職場、コミュニティづくりに取り組んできた。『ニューヨーク・タイムズ』『サイエンティフィック・アメリカン』『サイコロジー・トゥデイ』『ワシントン・ポスト』等に寄稿している。

訳 者

川上 純子　Junko Kawakami

翻訳家。津田塾大学学芸学部国際関係学科卒業後、出版社勤務を経て、シカゴ大学人文学大学院修士課程修了。フリーランスで翻訳・編集の仕事に携わる。訳書に『危機と人類』（共訳、日本経済新聞出版）ほか多数。

つながる技術
人生を豊かにしてくれる大切なこと

2025年3月21日　1版1刷

著　　者　キャスリー・キラム
訳　　者　川上純子
発 行 者　中川ヒロミ
発　　行　株式会社日経BP
　　　　　日本経済新聞出版
発　　売　株式会社日経BP マーケティング
　　　　　〒105-8308　東京都港区虎ノ門4-3-12
装丁・本文デザイン　三森健太（JUNGLE）
組　　版　株式会社キャップス
印刷・製本　三松堂株式会社

ISBN 978-4-296-12409-1

本書籍に関するお問い合わせ，ご連絡は下記にて承ります。
https://nkbp.jp/booksQA
Printed in Japan